博瑞森图书 BRACE

企业阅读 本土实践

动销四维

全程辅导与新品上市

高继中◎著

DongXiao
SiWei
Quancheng Fudao Yu
Xinpin Shangshi

企业管理出版社
ENTERPRISE MANAGEMENT PUBLISHING HOUSE

图书在版编目（CIP）数据

动销四维：全程辅导与新品上市/高继中著．—北京：企业管理出版社，2016.11
ISBN 978-7-5164-1328-9

Ⅰ.①动… Ⅱ.①高… Ⅲ.①产品营销 Ⅳ.①F713.50
中国版本图书馆CIP数据核字（2016）第203824号

书　　名：	动销四维：全程辅导与新品上市
作　　者：	高继中
责任编辑：	程静涵
书　　号：	ISBN 978-7-5164-1328-9
出版发行：	企业管理出版社
地　　址：	北京市海淀区紫竹院南路17号　邮编：100048
网　　址：	http：//www.emph.cn
电　　话：	总编室（010）68701719　发行部（010）68701816
	编辑部（010）68701638
电子信箱：	80147@sina.com
印　　刷：	三河市文阁印刷有限公司
经　　销：	新华书店
规　　格：	170毫米×240毫米　16开本　20印张　307千字
版　　次：	2016年11月第1版　2016年11月第1次印刷
定　　价：	72.00元

版权所有　翻印必究·印装有误　负责调换

导读

营销咨询生涯中，笔者经常会遇到一些企业老板旁敲侧击地问，大概意思是："老师，您有什么令新品快速动销一招制敌的营销策略吗？"笔者总是坦诚地告知对方，没有，真没有。新品的动销需要营销系统协同作战，营销的点子时代已经过去了，营销的系统时代早就拉开了帷幕，哪里还有什么一招制敌的捷径呢？

如果您听到有营销大师绘声绘色地描绘他是怎样"点拨"企业，一下就令濒临死亡的企业起死回生，那一定是骗子与傻子的对话。尽管从需求关系上来看，这样的行径非常有市场。笔者以多年操作新产品成功上市的经验来看，没有哪一个新产品的成功是脱离了扎扎实实的营销一步到位的。

因此，写一本全景式的洞察营销本质的书籍，显得非常有必要，因此就有了这本书。

这本书告诉营销界的同仁们，一个新产品要想成功立足市场，最终成为具有持久生命力的品牌，必须从四个维度展开营销工作，缺一不可。

第一个维度是产品维度，即锻造产品力。如今的市场，缺的不是产品，缺的是具有差异化的、能满足消费者未满足点的产品。产品力不济，新产品就失败了一半。

很多营销人也认识到了产品力的重要性，但对于产品力究竟是什么却说不出来，只有知晓产品力的构成，才能有的放矢地锻造产品力。本书首次在营销界揭示了产品力的构成，即品类驱动力、产品概念驱动力、产品包装驱动力、产品价格驱动力和产品品质驱动力。

本书的第一至第四章详细地阐述了如何锻造产品力。在锻造产品力的过程中，本书不仅揭示了其营销原理与具体的操作方法，还提及了常见的误区，以前车之鉴作为后事之师。

产品维度属于营销的顶层设计，是产品经理、产品助理、营销总经理们的必修课程，也是提升销售人员营销素养的重要课程。

第二个维度是渠道维度，即打造渠道力。再好的产品如果没有渠道的逐级向下推动，产品就无法与消费者见面，消费者看不见买不到。

本书也首次在营销界揭示了渠道力的构成，即价差驱动力、客情与管理驱动力、销售人员分销力、渠道促销驱动力和渠道的终端表现力。从这些方面打造渠道力，有效实现了渠道愿意卖的问题。

本书的第五至第九章详细地阐述了如何打造渠道力，揭示了打造渠道力的常见误区和失败原因，并给出了具体操作方法和活动的关键点。

打造渠道力不仅有营销的顶层设计内容，比如价差驱动力设计的三原则，更多的是营销的落地工作，比如六大分销必杀技、八大渠道促销策略、终端动销五要素等内容，是产品经理、产品助理、销售经理、销售代表、市场推广经理、营销总经理们的必修课程。

第三个维度是促销维度，即提升促销力。本书的第十和第十一章详细解读了如何提升促销力。公关、广告、消费者促销是常见的提升促销力的活动，可谓老生常谈，但做得好做得精，深刻理解其要义仍然是一项奢侈的营销能力。一个很常见的现象是，同样的促销活动，有的企业操作起来效果很好，有些企业操作起来效果却不尽人意或者很差，正是简单地模仿不知促销本质要义所致。本书从关键操作点、操作技巧和常见操作误区方面揭示如何提升促销力。

提升促销力也是营销的顶层设计和促销实操相结合，是产品经理、产品助理、销售经理、销售代表、市场推广经理、营销总经理们的必修课程。

第四个维度是上市管理，即提升营销管理能力。不能小看营销管理，策略都对了并不意味着新品的上市一定成功，新品上市的准备工作、推广节奏、推广机制、上市追踪与策略调整等都是保证新品成功上市和健康发展的重要手段。本书的第十二章至第十五章详细解读了如何进行上市管理工作，内容涵盖营销的顶层设计和营销实操，也是产品经理、产品助理、销售经理、销售代表、市场推广经理、营销总经理们的必修课程。

推荐序

动销，需要系统化的营销思维

吉林厚德食品有限公司董事长

高继中老师是我公司的营销咨询顾问，为我公司的金翼卤蛋等蛋制品进行深度的、全方位的营销服务，取得了令人满意的成绩。今天，看到他写的《动销四维：全程辅导与新品上市》一书，我深有感触。动销，将产品卖出去，对企业太重要了，无论是老产品还是新品，动销都是困扰企业的终身大事。与老产品相比，新品更加迫切地需要动销，没有动销，新品就不能立足市场，会很快退市。

中国春秋时期，管仲提出了治国之"四纲"，即礼、义、廉、耻。管仲在《管子·牧民》篇中指出：有礼，人们就不会超越应守的规范；有义，就不会妄自求进；有廉，就不会掩饰过错恶行；有耻，就不会趋从坏人。管仲认为，治国用此四纲，人们不越出应守的规范，为君者的地位就安定；不妄自求进，人们就不巧谋欺诈；不掩饰过错，行为就自然端正；不趋从坏人，邪乱的事情也就不会发生了，于是国可守民可治。所以，"守国之度，在饰四维""四维不张，国乃灭亡"。

高继中老师的《动销四维：全程辅导与新品上市》一书，深刻地指出了新品的动销也需要四维，四维不张，新品的成长之路就不会顺利，甚至夭折。认清动销四维，按照动销四维的方法和规律办事，新品才可能走上健康发展之路。以前，新品在上市过程中虽然或多或少地应用了动销四维中的某一环节和动作，但从来没有这么系统地按照动销四维的思路和模式推进，也走了不少弯路，像我们的卤蛋产品的推广也因此耽误了近一年的时间。我想，如果我们早一点看到这本书，金翼卤蛋产品的推广之路就会走得更顺畅一些。

吉林厚德食品有限公司虽然在蛋鸡养殖和蛋制品加工方面处于全国领先地位，但毕竟刚刚切入快消品行业，我们对动销的理解还不够全面，一谈到动销，就下意识地想到这是终端销售人员、市场推广人员等一线人员的事情，表面上看起来新品的动销一点一滴都出自他们之手。但实际上，终端销售人员、市场推广人员只是新品动销策略的操作者和执行者，他们对新品动销只能负一半的责任，而新品的规划者、决策者应该对新品的动销负另一半的责任。因此，终端销售人员、市场推广人员、产品经理、营销总经理都是新品动销的责任人。

看了这本书，我还有很多的感触想对营销团队说一说。

第一，我想对产品经理说，与其说你们是产品的保姆，不如说你们是产品的父母，产品能否真正动销，不仅仅是促销力决定的。你们孕育了什么样的品种，优化了什么样的产品基因这点非常重要，如果你们诞下的是一只猫，那么它就只会捉老鼠，不要指望它像老虎一样称霸丛林。因此，你们需要为终端销售人员、一线市场推广人员创造出一个有战斗力、有产品力的产品。

第二，我想对销售经理、市场推广经理说，你们的销售政策和推广策略是打造渠道力和促销力的重要武器，这本书里有制造营销武器的思想源泉。

第三，我想对一线销售人员、市场推广人员说，你们是各项营销策略的执行者，再好的策略也离不开执行，没有你们手脑并用的艰辛努力，就没有卓越的执行力，就没有产品真正的动销乃至旺销。你们是最接市场地气的一群人，真正有效的促销策略可能是从你们的工作汇报中总结、提炼出来的。你们也是最具营销道德的一群人,以保姆的名分辛辛苦苦地养育着产品经理十月怀胎生下的孩子。本书的渠道力、促销力、动销等要素,对提升你们的职业素养和营销技能有较大的帮助,其他章节尤其是产品力和上市管理章节也有助于你们理解动销的本质,从而对你们的工作具有重大的指导意义,能让你们从本质上理解动销,并运用到工作中。

第四,我想对企业的营销总经理说,你们是所有策略的决策者,如何孕育、养育产品,你们是最终的拍板者,中层经理提交的方案最终交由你们审核。因此,你们的领导责任非同小可,严格地说,你们对动销负有100%的领导责任,你们的综合素质应该匹配100%的领导责任。因此,本书的每一个细枝末节,你们作为领导层都应该非常熟悉,真正具备高屋建瓴的前瞻性眼光才能担当起这100%的领导责任。

大美之物,与人共赏之而不惑。我也希望这本书能对快消品行业的更多企业有所裨益。

2016 年 7 月 25 日

前言

动销三力，突破市场屏障

在掀开动销四维的神秘面纱之前，我们需要普及和认知一个营销术语——动销三力，这是突破市场屏障的重要武器。

对一个新品来说，市场就像一道坚硬的屏障，新品能否上市成功就看能不能突破这道屏障。突破市场屏障必须聚焦动销三力——产品力、渠道力和促销力。有人把品牌力也归纳为动销力，这固然有些道理，有一定品牌力的知名品牌的确能促进产品动销，但这没有任何意义。因为品牌力是不可以被设计的，它是品牌长期发展过程中积累的内在力量，短期内是一个恒定的量值，所以品牌力在短时期内提升产品动销力上没有实质意义。

市场就是一道坚硬的屏障，产品力就像一枚钉子，渠道力就像一把锤子，促销力就像一根纤绳，钻、锤、拉，劲往一个方向使，新品在钉子、锤子和纤绳的共同努力下突破市场屏障。

钉子越尖越容易穿透市场，因此，产品力在新品能否成功推广的权重中占50%以上的分量。可以肯定地说，在大竞争时代，没有产品力，耗光粮草资源、累死三军也无济于产品动销。所以，我们在产品的塑造上要花费很多精力，让新品一出生就像一把利剑，具有极强的穿透力。

渠道是将产品推向消费者的经纪人，渠道力越强，越容易更快、更好地将产品呈现在消费者面前并促进动销。渠道和产品的关系就像伯乐与千里马，企业打造的千里马如果没有渠道这个伯乐，就不能真正到达消费者手里。渠道力的重要来源是利润空间，因此渠道这个伯乐并不是一盏省油的灯，经纪费用很高，是一个消耗企业资源和利润的主儿。企业需要在多方利润分配上寻求平衡，要充分利用渠道自身的资源、技巧等提升渠道力。

广告、公关、线下推广是打造促销力的常用手段。促销力是动销三力中最直接促进产品动销的力量，它与消费者的接触越紧密、互动性越好，促销力越强，新品就越容易动销。促销力强的产品对渠道力的依赖性就越弱，厂家同渠道商博弈的话语权就越大，甚至能利用消费者托起渠道，迫使渠道商接受厂家的贸易条件。像宝洁公司的洗发水就是渠道不得不卖的产品，不管渠道有没有经营利润，都得经销宝洁公司的洗发水。促销力不仅仅是广告、促销资源的消耗战，它更需要品类价值的传播和品牌定位的心智化，只有这样才能积累品牌资源。只有促销力和产品力完美地结合，新品动销才更有威力、更经济。

产品力、渠道力和促销力三者之间的关系随着市场竞争的程度不同而动态变化。生产时代产品为王，对产品力基本没有要求，只要不是假冒伪劣产品，经销商甚至持币待购；随着市场竞争的加剧，商品过剩、货架空间有限，渠道成为王者，是各品牌争夺的焦点；当市场竞争走向充分竞争时代的时候，产品力被提上日程，没有产品力，仅仅依靠提升渠道力和促销力已经不能促进新品动销了。

动销三力告诉我们，动销不只是终端销售人员、市场推广人员的事情，还需要营销系统各环节的通力合作。坦率地说，对动销的片面认知及缺乏营销大局观是相当一部分营销人都犯过的错，如果不能立体地看待营销全景，势必造成营销人思路狭隘，不利于产品动销。

当然，仅仅打造动销三力并不能完全保证新品成功上市，影响新品成败的关键因素还有很多，新品的上市推广是一项系统的营销运动，是多个关键策略点的和谐共振。

目录

第一篇　锻造产品力

引　言　解构产品力

第一章　驱动产品跳出竞争泥潭

一、品类第一，品牌第二 / 007

二、品类的双轮驱动 / 008

三、品类创新心法 / 010

四、品类创新的两大泥潭 / 015

五、品类化的误区与救赎 / 017

六、反对定位主义，反对定位无用论 / 020

第二章　给产品一支穿心箭

一、产品概念的运用时机 / 031

二、产品概念的两大误区 / 034

三、产品创意开发的三维思考 / 035

四、挖掘概念感知点 / 039

第三章　让包装释放静销力

一、包装设计的六大误区与心法 / 043

二、包装材质的"楂"与"熵" / 047

三、包装创新的销售威力 / 049

第四章　价格定乾坤

一、价格驱动力的认知误区 / 053

二、价格定位和价格标杆原则 / 054

三、消费者价格带认知原则 / 056

四、产品价值差异性原则 / 057

第二篇　打造渠道力

引　言　解构渠道力

第五章　价差驱动力设计的三原则

一、渠道长度设计原则 / 065

二、价格倒推原则 / 067

三、产品推广模式原则 / 068

第六章　客情与管理驱动

一、提升客情驱动力的三大手段 / 073

二、让 CRC 逊色的一图两表 / 077

三、终端拜访的"天龙八部" / 080

第七章　六大分销必杀技

一、必杀技一：阐述产品动销基因 / 089

二、必杀技二：陈述产品利润及销售推广政策 / 090

三、必杀技三：阐述终端动销招式 / 092

四、必杀技四：运用"产品利润与动销排列组合" / 094

五、必杀技五：借助销售辅助工具 / 096

六、必杀技六：推广式销售 / 097

第八章　如何让渠道尖叫

一、经销商新品订货会 / 103

二、经销商进货搭赠 / 109

三、经销商销售竞赛 / 114

四、批发商进货搭赠 / 116

　　五、批发市场陈列奖励 / 118

　　六、零售店分销奖励 / 123

　　七、零售店陈列奖励 / 125

　　八、零售商销售竞赛 / 128

第九章　终端动销五要素

　　一、动销要素一：产品分销率和分销品项 / 133

　　二、动销要素二：产品生动化陈列 / 134

　　三、动销要素三：融入价值的促销推广及规范 / 142

　　四、动销要素四：良好的销售服务 / 144

　　五、动销要素五：压倒一切的稳定价格 / 145

第三篇　提升促销力

引　言　三花聚顶，让产品飞起来

第十章　紧锁公关与广告的"七寸"

　　一、公关传播的时机和条件 / 153

　　二、公关的"穴位" / 155

　　三、怎样做有效果的广告 / 157

　　四、广告创意的误区和技巧 / 163

　　五、文案广告的十二大写作技巧 / 173

第十一章　融入价值的促销推广

　　一、产品消费体验的关键点和活动规范 / 187

　　二、导购促销的瓶颈与突破方法 / 193

　　三、被误用的赠品促销 / 199

　　四、规避特价促销的消极作用 / 204

　　五、有奖销售策划的关键要点 / 207

　　六、路演活动的六大关键点 / 213

七、四大维度抉择终端推广与广告 / 217

第四篇　上市管理

引　言　神童的陨落

第十二章　新品上市前的准备工作

一、新品的评审 / 229

二、拟订新品上市规划 / 229

三、助销品准备 / 231

四、合理的生产计划 / 232

第十三章　新品上市推广的七大节奏

一、上市时机 / 237

二、分销铺市节奏 / 238

三、区域布局 / 240

四、助销品配送节奏 / 243

五、推拉节奏 / 244

六、促销资源配置节奏 / 245

七、产销节奏 / 246

第十四章　建立新品的推广机制

一、如何处理新老产品的推广关系 / 251

二、如何处理不同新品间的推广关系 / 252

三、新品试销机制 / 253

第十五章　新品上市的监控追踪与分析调整

一、销量追踪 / 261

二、市场执行状况追踪 / 264

三、消费者追踪及策略调整 / 273

四、内控追踪与调整 / 275

五、新品的坚持与底线 / 276

第十六章　营销竞争战略的系统论

一、营销竞争战略系统论的内涵 / 281

二、营销竞争战略五环的交叉和驱动 / 282

三、营销竞争战略系统论的五环战略 / 285

四、营销运营"三攻和三要"的两大关键要素 / 291

第一篇
锻造产品力

引言　解构产品力

如果你的产品是一个一出生就躺在担架上的羸弱病残产品，谈何参与市场竞争？新品一出生就只剩下半条命，归根到底是新品的创意规划中缺少对产品力的锻造。

何谓产品力？顾名思义，产品力就是产品自身迸发出的对目标消费者的吸引力，是产品的一种自我销售能力。这一点很容易理解，但关于产品力由哪些方面构成，专家学者们则众说纷纭，莫衷一是。锻造产品力首先必须了解产品力的构成，根据产品力的构成逐一设计和发力，从而打造具有尖锐战斗力的新品。

笔者认为，产品力由两大部分构成：一是外在产品力；二是内在产品力。

所谓外在产品力就是消费者通过对产品的语言描述、视觉感知等可以直接接收的信息，让消费者对产品的外在价值产生认知，从而对产品产生购买欲望的营销元素的组合。外在产品力的构成：品类驱动力、产品概念驱动力、产品包装驱动力、产品价格驱动力。

所谓内在产品力就是不能通过语言、视觉等形式表达出来，需要通过产品体验的方式感知产品品质、产品效果，这种体验效果所蕴含的销售力就是内在产品力。内在产品力也是真正持久的产品力，产品品质和使用效果就是产品的内在产品力。

消费者由于外在产品力的影响，或进行首次购买，或只是对产品感兴趣，这时就是内在产品力发挥作用的时候了。内在产品力是打消消费者对产品的疑虑的最后撒手锏，也是消费者二次乃至多次重复购买、建立持久销售力的重要因素。

某品牌的"非油炸"方便面因为资金链的原因失败了，还有一个非常重要的原因是"非油炸"方便面的口感较差，消费者非常不满意。即便没有资金链的因素，××的销量也会因为产品的口感即内在的产品力而"退潮"。××被收购后为什么不再焕发昔日的光芒？内在产品力没有达到消费者预期是重要原因。

近几年，产品体验式营销很受企业欢迎，成本小、效果好，很多品牌都借助产品体验式营销而实现动销。

2008年，仲景香菇酱上市，并迅速在市场上火起来。仲景香菇酱卖得这么火的根本原因就是"好吃的口感+体验式营销"。仲景香菇酱通过体验式营销将其"好吃的口感"这一内在产品力激发出来，刺激了消费者的购买欲望，从而获得了成功。

2014年，一个全新的品类——笔者服务的普旺茄子面料理酱在短短1个月的时间内火爆河南市场，不仅大受消费者的喜爱，还激活了经销商群体，促进了产品快速招商，河南省调味品协会会长（也是经销商）带队洽谈经销合作。我们采用的动销策略很简单，就是将促销资源聚焦在终端试吃活动上，全省以一个月10000场次的试吃规模"淹没"消费者，让消费者深度接触认知新品类和新品，将产品的内在产品力短期内激发到顶峰，从而爆破市场。

所以，一个产品的产品力由五个方面构成：**品类驱动力、概念驱动力、包装驱动力、价格驱动力和品质驱动力**。从这五个方面锻造产品，新品才有可能立于不败之地。

第一章
Chapter 1

驱动产品跳出竞争泥潭

一、品类第一，品牌第二

在差异化营销大行其道的今天，企业都在追求产品创新。产品创新只是创新的表象，真正的源头在于品类，品类的差异是产品之间最大的差异和创新。

品类具有极强的消费驱动力，品牌竞争的实质是品类之争。艾·里斯在《品牌起源》一书中提到：消费者心智中相互竞争的并非品牌，而是品类。这句话对品类的本质分析得非常精准，让消费者产生购买欲望、推动他们购买的并不是品牌，而是品类。只有在消费者决定品类后，才会说出该品类的代表性品牌，即"用品类来思考，用品牌来表达"。

购买洗发水，首先是根据实际需求，确定是购买去屑洗发水品类还是柔顺洗发水品类。当我们确定了要选择去屑洗发水品类后才会决定选择哪个品牌，是选择海飞丝，还是清扬及其他去屑洗发水品牌。海飞丝是去屑洗发水的指代，所以我们选择海飞丝品牌；当清扬成为男士去屑洗发水的指代时，我们优先选择了清扬。

依托品类打败知名品牌的案例比比皆是，三流的国产智能手机和一流的名牌键盘手机你会选择哪个？毫无疑问，100%的消费者都会选择三流的国产智能手机，这就是品类打败品牌的最好佐证。

统一方便面的崛起是诠释品类驱动力的知名案例之一。康师傅和统一是方便面行业的一对竞争对手，自从20世纪90年代康师傅率先入主中国大陆地区，并成为方便面行业的领导品牌以来，统一方便面就一直作为替补角色出现在消费者的视野里，屈居行业老二。之后，统一又陆续受到后起之秀的夹击，2003年被华龙（今麦郎）超越，2007年被白象挤出前三甲。一直到2011年，统一方便面的销售额只能排在行业第四位，位居康师傅、白象、今麦郎之后。这个状况直到统一推出了老坛酸菜牛肉面才得以改变。

2008年，统一老坛酸菜牛肉面首先作为一个地区性的产品在四川上市，反响良好，随后，统一将其推向全国。2009年，统一老坛酸菜牛肉面的销售额达到 5 亿元，在全国口味排行榜中位居第四。2010 年，销售额迅速蹿升到 20 亿元。2012 年开始，统一方便面从行业第四位跃居第二位。据康师傅、统一发布的 2012 年的年报显示，康师傅 2012 年方便面的销售收入达到 245.92 亿元，占市场整体销售收入的 56.4%，而统一方便面 2012 年也达到 72.69 亿元，占市场整体销售收入的 15.8%。其中，统一老坛酸菜牛肉面单品就达到 40 亿元。根据 AC 尼尔森的统计数据，统一老坛酸菜牛肉面更是占据整个酸菜面市场 60% 的份额。统一老坛酸菜牛肉面的崛起，让统一超过了今麦郎和白象，重回中国方便面市场第二的位子。

统一翻身，并不是因为统一的品牌力在这几年里迅速提升，也不是因为统一的渠道比以前更完善了，统一还是那个统一，统一的渠道还是那个渠道，唯一不同的是统一推出了老坛酸菜牛肉面这个全新的品类，打破了红烧牛肉面一统天下的局面，激活了消费者的需求和欲望，释放出强劲的消费力。

二、品类的双轮驱动

品类产生的消费驱动力表现在两个方面：**一是品类价值驱动力；二是品类指代驱动力。**

"经常用脑，多喝六个核桃""怕上火，喝王老吉""去屑，当然海飞丝"，这些口号向消费者传播的是产品的品类价值，这些价值能够带给消费者需要的某种利益点。消费者因为六个核桃的"益智健脑"、王老吉的"预防上火"和海飞丝的"去屑"品类价值而购买产品，这就是鲜明的品类价值驱动力。

"奶茶，就要香飘飘""果冻布丁，就是喜之郎"，香飘飘奶茶和喜之郎果冻布丁的传播口号中并没有提及任何品类及产品利益点，但为什么能让消费者追捧，产品仍然产生了很强的消费驱动力呢？因为香飘飘奶茶和喜之郎果冻布丁的传播诉求占据的是奶茶和果冻布丁的品类指代，暗指自己是这个品类的第一，消费者如果选择这个品类的产品就是"舍我其谁"。

对这些品牌来说，品类价值不在话下，品类指代才是最终的王者。

品类价值驱动力和品类指代驱动力是逐级递进的关系，没有品类价值的发扬光大就没有品类指代的基础，品类指代驱动力才是品类驱动力的最高一级形式。因此，在进行品类创新时，必须开创产品的品类价值，其次才是向品类指代的方向努力。

品类价值是产品创意者为产品植入的与生俱来的基因，而品类指代则是在品类比较中奠定的至尊地位，没有比较就没有品类指代。

从营销竞争的角度来看，只有当新品类的市场发展到一定程度，同类竞争者日趋增多，多个优秀品牌脱颖而出并争夺市场的"头把交椅"时，启动品类指代才有意义。

六个核桃开辟了核桃乳露植物蛋白领域，在确立了"健脑"的品类价值后，短短5年从一个年销售额不到3亿元的小品牌快速成长为100亿元的品牌。期间，尽管核桃乳市场不断有品牌进入，由于没有威胁性的竞争品牌存在，六个核桃在传播上始终坚持对六个核桃品类价值的教育，最大限度地激发品类价值的驱动力。但是，当面临伊利、盼盼等品牌大鳄的追击时，六个核桃果断地举起了"核桃乳行业领导品牌"的大旗，向品类指代的方向发力。

当然，启动品类指代一定要跟品牌的实际市场地位戚戚相关，能让消费者信任。伊利尽管是牛奶行业的领导品牌，但伊利核桃露就不能宣称自己是"核桃乳行业领导品牌"。消费者虽然没有数据对这句话进行证伪，但消费者有对品牌热销度的感知，而且他们相信自己的感知判断。如果品类指代与消费者的认知背离，不仅不能取得消费者的信任，还会给消费者留下品牌不诚信的印象。

品类价值最终产生驱动力还需要借助传播的力量，没有针对消费者的有效传播，品类价值就是一只被困在笼子里的老虎、一条被困在浅滩的蛟龙，发挥不出任何威力。

传播品类价值需要与品牌进行链接和捆绑，将品类价值嵌入品牌，以品牌为载体形成品牌传播口号，这时，它的外在表现形式就是品牌定位（品牌定位包括但不限于品类价值）。

锻造产品力，提升品类驱动力，企业更多的是从构建差异化的品类价值驱动力入手，而构建差异化的品类价值驱动力的最有效路径就是品类创新。

三、品类创新心法

技术创新无疑是一种最彻底、最革命、最剧烈的品类创新方法，同时也是壁垒最高、可遇不可求的创新形式，它受制于新技术发明的时间或者需要企业有较强的研发团队。技术创新改变的是产品基因，完全刷新了人们对产品的认知，能迅速获得消费者的追捧。因技术革新引发的品类爆发或品类没落常常是不可逆转的，如果不跟上变革的步伐，顺应趋势开发新品类，企业或品牌将会彻底失败。传呼机的消亡，霸主品牌诺基亚、柯达的陨落就是前车之鉴。

技术创新的"高大上"不是一般的快消品企业玩得起或有机会玩的，快消品企业更多适用以下六种方法创新品类。

（一）微创新

微创新是对市场上现有的产品技术、工艺、产品包装等进行较小的革新、升级或改良，通过微创新使新品与市场上的其他产品形成差异化，这种差异化满足了消费者未被满足的需求，从而开创出新的品类。微创新是成本较低、风险最小、效果较好的开创新品类的方式。

微创新可以是工艺微创，也可以是技术微创、包装微创或其他有价值的微创。但微创新不能仅仅停留在工艺或技术的应用层面上，只有将这种微创新进行营销概念的包装、进行传播，微创新的产品才能焕发出卓越的产品力。

椰子汁饮料在市场上已经有20多年的历史了，自从"挡不住的椰风"被椰树打败后，椰子汁饮料市场一直是椰树一家独大，期间虽然不断有小品牌在冲击椰子汁市场，但都波澜不惊。饮料大鳄如娃哈哈、康师傅、统一等也都没有涉入这一领域。可以说椰子汁市场的竞争并不充分，加之椰树作为品类领导者并没有大的作为，产品数十年如一日没有创新，广告宣传落伍，致市场板结固化。

但椰树作为海南地域的代表品牌，在消费者心智中代表正宗的椰子汁饮料，新品牌如果循规蹈矩地推出同类产品，要想在椰子汁市场立足非常困难。

2011年以后，平静的椰子汁市场被一个叫特种兵的品牌打破，打破这种局面的是特种兵推出一款"生榨椰子汁饮料"。生榨工艺与传统椰子汁工艺的不同之处在于，生榨工艺使用物理压榨和超洁净无菌灌装技术，不添加防腐剂、香精、色素，是纯天然的生榨椰子汁。特种兵生榨椰子汁凭借"生榨"这一微创新的工艺，并通过产品概念包装成功地开创了椰子汁市场的新品类，2013年获得了7亿元的销售额，直逼领导品牌椰树。

（二）开创新领域

新领域是开创新品类的重要阵地，在这里，企业可以天马行空地创新产品，新领域不仅是营销学上的新品类，也是产品属性上的新品类。相对于动物蛋白，植物蛋白是新领域；相对于杏仁露，核桃乳是新领域；相对于牛奶，豆奶是新领域……新领域是层出不穷的，是快消品新品类最大的诞生地。当同一产品属性上的品类竞争异常激烈，新品类很难创建或很难在竞争中取得成功时，不妨考虑跳出去，开创新的领域，建立全新的品类。从营销竞争战略上看，开发新领域既避开了竞争的红海，又活跃了消费市场，引领了消费需求，是取得市场竞争胜利的重要手段。

旭日升开创了茶饮料、统一开创了果汁饮料、香飘飘开创了奶茶、蓝月亮开创了洗衣液……这样的例子不胜枚举，新领域的开创者大多成了该品类的领导者和最大受益者。

养元在企业发展初期采取跟随策略，跟随的对象是露露杏仁露及其他领导品牌的饮料，在跟随领导品牌的同时，养元也意识到在这些领导品牌雄霸的领域很难有出头之日，因为这些品类已经形成品牌指代。养元在跟随领导品牌的同时，在植物蛋白的新领域推出了核桃乳品类，也正是这个新品类成就了养元 100 亿元规模的雄伟霸业。

（三）理念引导新品类

新品类不仅是物质形态、产品属性层面的差异，还是心智和理念认知层面的差异，即便不对产品本身做什么，引导消费者的理念认知一样能够开发出消费者心智中的新品类。因此，当你无法创造一个新品类时，那就让你的品牌在消费者认知上成为一个新品类。

2009 年以前，六个核桃在消费者心智中是一款风味型的植物蛋白饮料，它的价值认知是"核桃口味的植物蛋白营养饮料"，与露露杏仁露相比，这样的品类价值在消费者的"营养天平"上没有孰优孰劣，六个核桃也不可能超越植物蛋白饮料的领导品牌露露。而综观整个植物蛋白饮料的市场发展情况，品类发展稳定而缓慢——南椰树、北露露，整个市场销售额长期徘徊在 10 亿元左右，在饮料大市场中属于老而小的品类。

六个核桃作为植物蛋白饮料的跟随者，更是在小蛋糕中分得更小的一块，如果继续在"风味型植物蛋白营养饮料"的市场格局中开展竞争是难以破局的。2009 年以后，六个核桃提出了"经常用脑，多喝六个核桃"的新品类价值传播口号，向消费者明确传导了"益智健脑"的品类价值，将六个核桃从"风味型的植物蛋白营养饮料"中分化出一个具有鲜明品类价值的类功能饮料品类。从此，六个核桃在短短 5 年的时间内飞跃至年销售额 100 亿元。

从六个核桃的案例来看，六个核桃产品本身无论是配方还是产品属性等都没有改变，改变的只是消费者的认知。通过对消费者认知的引导，将六个核桃从"风味型的植物蛋白营养饮料"核桃乳品类转化为"益智健脑"的核桃乳品类，从而在消费者心智中开创了新的品类。

（四）"包装化"创造新品类

"包装化"也是品类创新的重要方式。"包装化"就是将非预包装产品工业化成预包装产品从而形成新品类，这种品类创新的本质是提升消费的便利性。

街边的大碗茶受饮用时间和地点的限制，不能满足外出人群的消费需求，娃哈哈和乐百氏将它装进 PET 瓶子里，开创了饮用水品类，成为软饮料行业的最大品类；八宝粥本来是街边小店的早餐，银鹭将它装进易拉罐里，成为旅游人士喜爱的产品；奶茶本是街边店铺的饮品，香飘飘把它搬进工厂，开创了奶茶品类；凉茶本来是凉茶铺用于治疗或预防疾病的中药饮品，王老吉将其搬进工厂，装入罐中，转变为饮料，开创了凉茶品类；面包本来是面包店里生产的一种代餐食品，盼盼将其包装成小规格的零食，推出盼盼小面包，将其从代餐食品转化为休闲或佐餐食品，从而开创了小面包品类。

"包装化"开创新品类的最大好处是不需要进行过度的消费教育，适度的消费引导就能成就新品类，这能节约很多品类教育成本。无论是饮用水还是奶茶，甚至凉茶，其品类的价值消费者已经知晓或者说有了一定的认知。

当然，"包装化"创新品类并非简单机械地将非预包装产品包装成预包装产品，仍然需要对产品进行创意和升级，包括引进产品概念、界定产品属性、聚焦品类价值。

王老吉凉茶从凉茶铺子走出来被包装成饮品后，首先将品类从凉茶中药饮品归属到饮料领域，为王老吉凉茶扩大了消费人群，奠定了更广阔的市场。从凉茶的众多价值点中提取和聚集一点，确立了"预防上火"的品类价值和品牌定位。凉茶饮料市场能成就 500 亿元的市场份额，这些手段功不可没。

（五）潮流与趋势衍生新品类

社会变革的加剧催生人类不断面临新的问题、诞生新的概念、产生新的需求，尤其是新生代人群迥异的思维和行为习惯导致需求极度活跃，这些观念、思维或行为催生了潮流和趋势,伴随着潮流和趋势的一定是满足这群消费者欲望的新品类。

2000年,负离子直发悄然席卷中国大陆,成为风靡一时的美发技术,备受女性推崇。其实,不仅T型台上的模特们直发飘飘,如迎风摆柳,散发出无穷的女性魅力,放眼大街小巷迎面而来的女性无一不是这样的发型。这一美发潮流并不是停留在发廊的理发师手里,还催生了负离子洗发露这一品类。2001年,索芙特紧抓潮流,推出了负离子直发洗发露。广州日报率先以"负离子弥漫新世纪"的大标题见证了这一新品类的诞生。索芙特负离子洗发露上市仅一个月,在广州的吉之岛、广百、新大新等卖场就刷新了洗发水竞争品牌的售卖记录,甚至一度超越宝洁的飘柔。

当健康意识普遍增强,健康的饮食习惯成为人们追求的趋势时,以零添加、有机、绿色、无糖等为价值诉求的新品类就随之诞生了。2015年,以轻口味、轻功能、健康为特点的轻悦水饮成为饮品行业的一大热词,可口可乐水动乐、统一海之言、百事维动力、达能脉动等先来的和后到的饮料巨头竞相角逐,随后小样乳酸盐也强势介入,再次激活这一品类的市场潜力。2016年,娃哈哈也不甘寂寞,推出一系列清淡饮料——轻透小檬、轻透小椰、轻透小橘,消费主流换档以迎合年轻的消费者。

继"小茗同学""张君雅小妹妹"后,更多逆天的90后饮品横空出世,"软妹子""小鲜肉"等网络名词纷纷嵌入产品创意中。"蜜桃菇凉""青橘妹纸""偶椰帅锅""西柚先森"等紧贴年轻群体生活的语言被包装成产品名称。"可爱有理,卖萌无罪",文化潮流使品类的发育焕发新的活力。

因潮流和趋势而创新的品类的结局是不同的,潮流产品的生命力往往是短暂的,具有短、频、快的特征,来也匆匆去也匆匆,一旦潮流退去,就是新品类露出"鱼肚白"的时候。索芙特负离了洗发露风光两年后归于沉寂,其生命力可见一斑。而趋势产品往往具有旺盛的生命力,因为趋势往往是持久的、不可逆转的。脉动自2003年上市以来,如今已安然度过了

13个春秋并位居行业老大地位。不管是潮流产品还是趋势产品，更大的益处是新品类能借势迅速崛起，对成长型的中小企业来说，这是实现快速发展的重要机遇。

（六）抢占新品类

产品经理非常清楚，在激烈竞争的市场上，在被千军万马踏遍的商业战场上，寻找一个市场上没有的新品类很困难。但不要着急，人民群众的智慧是无穷的，成千上万的中小企业为新品类的创新做出了卓越的贡献，它们储备了容量庞大的新品类库，如果你的企业有足够的实力，需要的时候可以奉行"拿来主义"。新品类的品类价值如果没有被有效传播，没有在消费者心智中占据位置，没有形成品牌指代，那么这个品类就是一个没有归属的品类。

中小企业由于传播资源有限，很多品类虽然被推向市场，实际上只是在小范围内自我表演，并没有在消费者心智中留下划痕。一旦发现这些品类机会，大企业就可以通过资源优势抢先占据消费者心智，成为新品类的品牌指代，这种看似"流氓"的手段却是开创新品类进程中经常使用的。

冰糖雪梨品类并非统一和康师傅首创，这个品类首先诞生于河北一家地方性小企业——××冰糖雪梨。××冰糖雪梨推向市场后，在当地市场反响很好，在这家企业还没有来得及或者还没有积累足够的实力开拓全国市场时，统一和康师傅迅速跟进，以鲸吞之势覆盖原品牌，在消费者心中建立首创的、正宗的品类印记。

果汁市场也并非统一首创，早在20世纪80年代末90年代初，中国区域性的果汁品牌已不鲜见。直到2001年，统一品牌统一了果汁市场，于是在消费者的心智中，统一成了首创的、正宗的果汁品牌。

四、品类创新的两大泥潭

品类创新有两大泥潭：一是伪品类创新；二是误入死海。

（一）伪品类创新

一些表面上看似创新的品类实质上并不是真正的新品类，实则是一个伪品类。将伪品类看成真正的新品类推广，一定不能成功。笔者从市场上曾出现过的伪品类来看，总结出以下两个特征。

一是背离消费者的认知和习惯。"××茶爽"就是其中的代表。"××茶爽"强行组合啤酒和茶两个品类形成一个新品类，消费者说不出"××茶爽"究竟是什么品类：是啤酒还是茶，还是两者的混合体？关键是啤酒和茶的混合并不符合消费者的饮用习惯，消费者不放心这样的"黑暗料理饮料"，没有安全感。这种创新背离了消费者的心智，形成消费障碍，从而不被消费者接受。

二是无论是品类价值层面还是产品属性层面，新品类与市场上的老品类并无二致。洗衣露和洗衣液在产品的功能价值、物质形态、使用方式等方面都没有太大的差异，既不是营销学上的新品类，也不是化学属性上的新品类。而洗衣液和洗衣粉则是两个不同的新品类，啫喱膏、啫喱水与摩丝也是截然不同的新品类，它们呈现的产品物质形态或使用方式完全不同。去屑洗发水和防脱洗发水也是两个不同的新品类，它们的品类价值完全不同，是解决不同问题的两类产品。但是洗衣露和洗衣液不仅呈现的功能价值没有差异（洗衣露诉求的亲肤不足以构成品类差异），两者的产品物质形态和使用方式也没有太大的区别，不具备成为新品类的条件。

（二）误入死海

有些品类的创新表面上有差异，实则进入了沼泽地、死海。这些品类要么进入非常窄的领域，需求者寡，无法形成真正的市场；要么看似需求强劲，实际上是伪需求，也没有形成真正的市场。

事实证明，一些看似竞争不太激烈的蓝海市场和小众市场，可能已经被一些企业证明是一条不归路，只不过影响范围较小没有被关注而已，如果你像捡到金元宝一样扑向这个市场则注定不会有任何收获。

预防头发早白的洗发水就是这样的市场。由于生态环境恶化、工作压力大等多种因素的影响，很多不到 30 岁的年轻人就出现了头发早白现象，预防早白不能等到头发白了使用染发剂是这部分人的需求。于是，看到这一需求的中小洗发水企业尝试进入这一市场，甚至霸王集团也推出了"乌发快"试图抢滩这一市场。但现实无情地夭折了这一品类，勇敢进入的企业无不铩羽而归。

解酒饮料则是伪需求的典型代表。喝酒的人群是非常广泛的群体，表面上看，对解酒饮料的需求应该很旺盛，能形成强劲的市场。从消费者内心的深层次洞察中，我们很容易发现，没有人会真正认为饮料能解酒，功效缺乏可信度。退一步讲，即便解酒饮料真有解酒功效，也极少有人愿意因为这样一款饮料而嗜酒，而不嗜酒解酒饮料也自然没有市场。因此，无论解酒饮料的功效如何，它都是一款不受欢迎的产品，当然不会形成强劲的市场。

五、品类化的误区与救赎

企业开创新品类的目的就是占据这个品类市场，使自己的品牌成为这个新品类的指代，实现最高一级的品类驱动力，从而获得最大化的商业利益。完成品类指代是一个品类化的过程，即促进品类形成旺盛的消费市场，并使品牌成为品类指代。

在品类化的过程中，企业经常会犯以下错误，导致品类化事倍功半甚至夭折。

（一）误区 1：奇异的品类命名

当你听到一些奇怪的名字时，你一定不知道它们是什么。饮料？啤酒？除了有新鲜感外，你的消费欲望一定没有被激发出来。

品类命名的重要原则是通俗易懂，消费者必须在现有的认知条件下理解品类名，这是带给消费者安全感的重要因素。"××茶爽"为什么会失败？因为消费者不理解什么是"××茶爽"，不能清晰地知晓"××茶爽"是什么，没有安全感就不敢消费。消费者很清楚"花生牛奶"是"花生 +

牛奶",是"营养1+1"的产品,因此能接受它。

(二) 误区2:沿用老品牌

不乏国际级或国内的知名企业犯下如此错误。企业钟情于老品牌,因为老品牌具有多年积淀的品牌力,能促进新品销售。但对新品类来说,老品牌就是负资产。老品牌往往已经有专属的品类指代,如果开创的新品类仍然沿用老品牌就会造成两个品类指代相互打架。品类指代混乱,何谈品类化?

××推出××复活头皮净化洗发露,第一个提出以"养头皮"为价值诉求,但××已经代表了去屑价值,成为去屑洗发水的品类指代,就无法为"养头皮"代言。历经5年多的市场培育,该复活系列产品在不同区域市场或苦苦挣扎,或惨淡出局。5年后,××洗发水提出"养头皮"的价值诉求却后来居上,成为"养头皮"的品类指代。

××凉茶的悲壮再一次为这一观点进行了佐证。××为做凉茶,不惜重金从加多宝企业挖走了很多职业经理人,并聘请了某明星为代言人,倾集团资源全力投入,依然改变不了"霸王别姬""亡于垓下"的命运。××就是中药洗发水的品类指代而不代表其他品类。

新品类启用老品牌的唯一可行性是老品牌压根就没有形成原有品类指代。××洗发水是一个老品牌,多年来一直采用跟随领导品牌的策略,模仿奥妮、索芙特,就是没有属于自己的品类。因此,2004年以后,当××品牌树起中药养发的大旗后,成功地在消费者心智中成为中药养发洗发水的代表品牌。

国际和国内知名品牌也犯下如此错误的根本原因在于,仍然习惯于从产品化学属性上划分品类,没有从消费者心智上划分品类。比如,企业不认为去屑洗发水和柔顺洗发水是两个品类,而在消费者心智上,这的确是两个截然不同的品类。

(三) 误区3:不注重激发消费者对品类的需求

在构建完成差异化的品类价值暨为新品牌定位后,不要以为品类化工作万事大吉,可以"马放南山""刀枪入库"了。很多企业的品牌传播工作就在这一步戛然而止,这远远不够。消费者仅仅认知了新品类的价值还不够,还需要将消费者的需求激发出来。消费需求与品类价值并非严丝合扣的对应关系,消费者的需求仍需要激发、提醒,将品类的价值卡进目标消费人群的消费行为、消费场景和消费时机中,唤起消费者的消费意识,才能真正将消费者对品类的需求激发出来,并产生购买行为。

"小饿小困,喝点香飘飘"。以前人们喝奶茶或者喝香飘飘总是找不到合适的理由,现在一日三餐外的大部分时间都处于小饿小困状态,这时你自然想起了奶茶,想起了香飘飘;"经常用脑,多喝六个核桃",提示学生、白领等经常用脑的人要多喝六个核桃;"饭后嚼益达,对牙齿好",提示消费者在什么时候该嚼益达了;益达希望消费者购买的客单量再高一点,于是就向消费者灌输"两颗一起吃才最好";"怕上火,喝王老吉",其背后是"热""辣""爽"的场景氛围,提醒消费者吃火锅别忘了喝王老吉……

(四)误区4:消灭竞争对手

面对竞争对手,几乎所有的企业都是一个想法:灭掉它。但有意识地培养竞争对手呢?对有些企业来说似乎是天方夜谭,掐死它们还来不及,怎么会培养它们。其实,如果企业的负责人仔细想想"为什么扎堆做生意更容易成功",就绝不会有如此冲动的想法。

培养竞争对手的目的是促进品类发育,只有品类发育成一个稳定的市场,品类的首创者才有更多的机会活下去乃至成为品类第一,这是促进品类化进程的重要技巧和方法。新品类的市场仅仅依靠一家企业的实力培育是不够的,如果有更多的品牌加入共同做大市场的蛋糕,市场成长了,最大的受益者往往是新品类的首创者。相反,打压竞争对手导致品类发育迟缓,最终自己的品牌也受到牵连。

2005年,××品牌开创了大骨面品类,在市场上引起了强烈反响,一时间中小企业跟进模仿大骨面品类。面对众多的"蚕食者"，××企业犯了一个大部分企业都会犯的错误，将"大骨面"注册成商标，彻底封杀了众多小企业的跟进。事与愿违，××大骨面的业绩并没有随着竞争品牌的退市而提升，其市场总额在2009年以后逐渐萎缩。

2016年春，一则关于××预调鸡尾酒的消息在微信平台上传播："××神话破灭，经销商一箱亏40元甩货。"不少地方的经销商表示，从2015年第四季度以来，没有人愿意进货了。在传统的春节旺季促销面前，××表现平平，动销很慢。

2015年××实现营业收入23.51亿元，亏损约2亿元。对一个新品来说，这也是一份不错的成绩单，但很快后继乏力、虚脱不起，缘何？××遭遇尴尬现状的根本原因是自己扩张太快而竞争对手跟进的速度太慢。预调鸡尾酒作为一个新品类，竞争对手太少、太小，仅靠一个品牌在广阔的市场天地独舞，培养一个品类的消费习惯，容易吗？

锐澳的未来结局还未可知，笔者想对锐澳说："放慢脚步，等等你的竞争对手吧，也许奇迹就会出现。"

相反，统一推出了老坛酸菜牛肉面后，不惧竞争对手，始终强调自己是正宗的老坛酸菜牛肉面，其他品牌都是跟随者。汪涵"模仿篇"广告开门见山地指出："有人模仿我的脸，有人模仿我的面……"暗指其他品牌是模仿者。统一老坛酸菜牛肉面的市场并没有被竞争品牌蚕食，而是20亿元、40亿元、60亿元向上递增，并成为这一品类的领导者。

王老吉推出红罐凉茶，取得一定的成绩后，并没有马上推出PET等包装形式的凉茶产品，除了聚焦品项形成红罐视觉符号外，还有一个重要的原因是有意让其他品牌以差异化的包装形式跟进凉茶，共同做大凉茶品类。试想，凉茶品类做大后，王老吉再跟进PET包装产品，非常容易重夺领导地位，先进入的品牌只是开路先锋而已。

六、反对定位主义，反对定位无用论

锻造产品力，我们不能不谈品牌定位，这个从王老吉成功后就被营销界推崇至圣的理念已经走火入魔。

定位理论的盛行刺痛了中国本土营销人士的神经，营销界因此出现了两种截然不同的观点，甚至走向两个极端：一种是定位主义，另一种是定位无用论。

定位主义者认为，品牌定位是企业必不可少的重大营销战略，任何企业旗下的品牌都必须构建自己的品牌定位，否则必将死无葬身之地。定位主义者总是以王老吉凉茶或六个核桃的案例来佐证品牌定位无与伦比的正确性。

定位无用论者则认为，定位理论只是一种观念营销，是一种广告学，渠道及系统化的营销操作才是制胜的关键，并认为王老吉的成功其实不是定位带来的，而是系统化的营销操作带来的。美国还有一位同行——乔治·路易斯这样贬低定位："定位就像上厕所前必须拉开拉链一样。"

笔者认为，这两种观点都是极其偏颇的，以"是"或"否"的二元化思维解读定位不仅是对定位的误读，更是对营销的最大误解。

（一）反对定位主义

定位理论是一种工具，是营销系统环节中非常重要的一环和推广加速器，但不是全部，它仅仅解决了营销环节中的一个链条而已。定位有哪些局限性？在什么情况下可以忽略定位理论？

1. 企业的生存阶段不要奢谈定位

定位与企业自身的资源状况及发展的阶段性戚戚相关，对大企业来说，它是重要的大脑及心脏，是营销工作必须围绕的核心。而对处于生存阶段的小微企业来说，它充其量是一根阑尾，有它不多余，切掉它也丝毫不影响营销的运行和业绩的提升。小微企业因资源的限制，在发展的初期或者说生存期，并不适合采用定位战略，而应该采取品类跟随战略，跟随最畅销或处于上升趋势的品类，利用渠道推力、价格竞争优势或强势品牌的薄弱渠道分享市场福利。

为什么这种现状下不适合采用品牌定位工具？

一是企业资源短缺无法传播品牌定位。建立品牌定位有四大步骤：一是从消费需求和竞争导向两个维度寻找定位；二是定位的建立；三是寻找支撑定位的信任状；四是传播品牌定位，在消费者心智中建立认知。前三条可以纸上谈兵，最后一条则是"真金白银"。小企业缺少的恰恰是最后一条，没有"真金白银"就无法在消费者心智中"注册"差异化的品牌，就没有真正的定位。

二是定位必聚焦，违背中小企业的发展战略。中小企业发展初期，品类不能过于聚焦。对生长期的中小企业而言，一开始就给品牌制定聚焦战略，盲目奉行单一品类、单一品牌，甚至单一品项并不可行。在这个阶段，企业应遵循野蛮生长的原则，哪有机会就往哪打，积累渠道资源、积累资金、打造强悍的团队。这一阶段，企业的战略重点和首要问题是度过生存期，定位和聚焦不是关键。

如果企业只聚焦一个单品，短时间难以广泛动销，这让等米下锅的生存期企业每天都面临生死考验。如果只是单一的产品线，在没有足够销量的情况下，生产不可能饱和，人力资源处于闲置、浪费状态，企业将无法养活销售团队、供应链。

中小企业的产品开发不能过早聚焦。市场是最好的伯乐，有前景的品类会逐渐崭露头角，这时，我们将资源向有前景的品类倾斜，逐步砍掉前景不佳的品类。迈克尔·波特认为，战略蕴藏在战术中，由战术发展而来。战略大单品正是从战术产品群中发展而来的。因此，中小企业的产品开发可以遵循先做加法后做减法的原则，从战术产品群向战略大单品迈进。

过于聚焦也会使品类消费进入狭窄地带，消费人群会变小、变窄，排斥大量的人尝试购买，不利于品牌的发展。

养元集团的产品线最开始有八宝粥、杏仁露、核桃花生露、核桃露，产品集群式作战，并没有聚焦在核桃乳而将其作为战略大单品去打造上，直到核桃乳崭露头角时才开始发力这一品类。如果养元集团一开始就采取聚焦战略，优选的不一定是核桃乳，就没有今天的六个核桃了。

单一的产品线也无法让渠道接受。对一些行业来说，渠道商也不愿意接受产品线单一的品牌，除功能性产品外，很多产品都必须抱团打市场，比如，风味型饮料、口味多样化的方便面、日化用品等，如果仅仅推出一个单品，没有经销商愿意接盘。连中间商环节都打不通，更遑论面向消费者。

三是无法前瞻性地判断定位是否精准。 定位不能产生消费驱动力就是一个无效力的定位，哪怕品牌定位成功地在消费者心智中建立认知和区隔。企业背水一战，将产品聚焦在某一领域，并将企业资源全部用在传播定位上，那么如果定位不当，不能促进产品销售，企业的生存会受到威胁，连再次定位的机会都没有。将鸡蛋放在一个篮子里绝不是中小企业可取的做法。今天看到六个核桃和王老吉的辉煌，殊不知这些成功的品类都是当年从众多的品类中分化出来的，是东方不亮西方亮的自然选择的结果。

四是企业无法守住定位而被行业大鳄颠覆。 中小企业往往立足区域市场，没有渠道也没有资源进攻全国市场，即便是区域市场定位成功，倘若不小心被大鳄们看上，就会上演"王老虎抢亲"的游戏。这样的案例比比皆是，统一、康师傅冰糖雪梨鲸吞了××雪梨成为品类代表；娃哈哈营养快线一脚踢开了××奶，抢占了××奶的定位。当你没有实力守住定位时，付出的艰辛和努力都是为他人做嫁衣。

因此，要解决企业的生存问题、挣快钱，最好放弃定位思想；要打造品牌、立足品牌的长期发展，请利用定位思想。

2. 企业的战略目标决定现阶段是否采取定位战略

定位更适合作为企业的长期竞争战略，综观一些企业的营销史，我们会发现，时间越长，定位产生的威力越大。格力聚焦空调领域，成就今天独一无二的领导地位，而那些当年叱咤风云、红极一时而最终被淘汰的企业往往有一个通病，就是不能聚焦某一领域，而逐渐败给专业的品牌。

如果企业的战略目标是要快速扩张到一定的规模，如 3~5 年成为销售额数百亿元的集团企业，显然，采取多元化的手段更快一些。因为在主业务领域触及天花板而增长乏力时，多元化可以利用品牌效应，在多个领域发力从而快速达成战略目标。如果企业的战略目标是快速扩张，定位一定不是最佳的选择。如果企业的战略目标是持久地成为行业第一，定位是最佳的选择。从企业长期的发展轨迹来看，多元化往往是竞争失败的根源，众多日韩模式企业的结局已经为我们书写了答案。当然，在大竞争时代，多元化这条路也越来越艰辛。但如果企业的目标是成为行业老大，定位战略一定是首选。

3. 定位没有解决大众品牌竞争性的问题

代表品类、成为品类第一是定位理论者追求的目标，当你不能成为品类第一或者消费者心智中的前七个品牌时，定位理论者会鼓励你开创新品类，为新品类定位并成为新品类的第一。这种思维模式从竞争角度来说没有错，但对很多生产型的中小企业来说，这是不现实的。企业的设备、技术条件可能只能生产某类产品，不能以"放弃"这个简单的词语为这类企业主做解答，它们需要知道的是企业生产的常规化产品如何参与市场竞争。这样的企业应该占企业总量的90%。我们知道，任何一个行业、任何一个品类都有几百种甚至上千种品牌，90%以上都不是消费者心智中的前七个品牌，它们如何开展市场竞争？定位理论者并没有给出很好的解答，这就需要定位以外的理论工具帮助企业进行市场竞争。

（二）反对定位无用论

如果你只看到了定位理论的种种局限性而认为定位无用时，你就又陷入了另一个误区——定位理论诸多的卓越价值是其他任何理论工具不能代替的。

1. 定位理论对心智的把握及运用无出其右

基于心智的特点和心智认知模式建立起来的品牌定位，强调聚焦和认知的重要性，使得品牌定位价值信息更容易被消费者筛选、接受和认知，进入消费者心智的品牌当然容易从众多的竞争品牌中脱颖而出。定位解决了关键的品牌认知问题，而品牌认知恰恰是影响消费者购买决策的重要因素。因此，品牌定位能更好地产生消费驱动力。同时，品牌定位也可以通过对品牌认知的引导，对消费者的消费方式和行为产生引导作用，进而开辟更广阔的消费市场。

比如，脑白金在建立产品功能认知后，重新将其往礼品方面定位，引导消费者"送礼就送脑白金，收礼只收脑白金"。好想你在建立红枣领导品牌定位后，为了扩大食用人群，重新定位为健康零食，从礼品属性扩大到休闲零食领域，渠道领域也从专卖店领域扩展到商超渠道领域，大大拓宽了好想你品牌的消费时机、消费人群和消费渠道，也拓宽了品类的市场容量。

即便是互联网时代，只要消费者的心智模式没有发生根本性改变，定位理论的价值就不容忽视。

2. 定位从竞争角度看问题的方式更值得肯定

"以消费者需求为核心进行产品开发"本身没有错误，但是站在市场竞争的角度上，这句话不完全正确，至少不全面，定位则从竞争导向上解决了这个问题。当消费者需求被其他品牌满足时，尤其是这种需求已经被强势品牌充分满足时，再以消费者需求为核心开发产品已经成为表面正确而本质错误的决定。就像去屑需求在消费者需求领域中排第一位，但海飞丝、清扬完全满足了这种需求，要进入这个领域势必直面同海飞丝和清扬的竞争，品牌胜算的可能性非常小。

以竞争和消费者需求两项指标为导向的商战思维是定位概念能够立足市场、获得成功的重要战略思想，在竞争的薄弱环节，寻找市场机会远比硬碰硬更容易成功。

3. 定位带来的品牌价值是无法复制的品牌资源

营销的其他系统复制起来并不难，唯有划痕于心智中的品牌定位无法复制。产品可以跟进和模仿，价格可以有针对性地设计，甚至比领导者更有竞争力，对很多大品牌或资源充沛的企业来说，渠道完全可以凭借客情和资源进入。恒大冰泉从房地产跨界到矿泉水领域，从零渠道开始，在极短的时间内就占据了各类终端。广药在收回王老吉商标之前，渠道基础非常薄弱，但用了不到一年的时间就打通了各类渠道环节。促销手段也是各品牌之间相互抄袭、千篇一律，创新乏善可陈。唯有根植于消费者心智中的、先入为主的定位是无法复制和模仿的。×××耗费了数亿元资金，总算成功地实施了换头术，将"怕上火"的定位嫁接到自己的品牌头上，但也没有抢走王老吉"怕上火"的定位，王老吉依然是"怕上火"的代表品牌之一。试想，如果其他凉茶品牌没有类似的事实存在，定位能被抢走吗？

在驱动消费者产生购买行为的诸多要素中，品牌定位起决定性的作用。如果这是一项无法复制的品牌资源，无疑是最有营销价值的，因为它增加了竞争品牌进入的壁垒和门槛，形成独有的品牌核心优势。

有人说，中国大部分企业最缺的是渠道。没错，渠道的确是许多企业的软肋，但是退一步说，即便是占据了渠道，没有精准的、有消费驱动力的品牌定位，也不一定守得住渠道。正像前几年流行的一句话："不做终端是等死，做终端是找死。"一个缺乏定位、没有产品力的产品，连渠道也守不住。

4. 定位是品牌长期竞争过程中的首选战略

在信息繁杂的充分竞争时代，以滴水穿石的精神坚守品牌定位，既强化了消费者对品牌的价值认知，也是品牌专业精神的体现，更专、更高、更强的品牌更值得消费者信赖。

品牌延伸扩张后，品牌认知被模糊化、被稀释带来的恶果就像温水煮青蛙，一开始感觉不到，甚至有一种很舒服的感觉，但随着时间的推移，当品牌的竞争力、品牌的盈利能力等诸多问题暴露出来时已经晚了。这时的品牌既回不到当初的"纯真时代"，也无法向前继续迈进和突破，成为一个虚弱的胖子。很多大品牌乃至跨国企业没落的原因莫不如此，而坚守品牌定位的企业往往表现出越来越强的生命力和竞争力。

从长期竞争的角度来看，品牌定位是最重要的企业和品牌战略，也是定位理论带给中国企业界最卓越的营销贡献。

关于定位主义和定位无用论的争执，让我想起了中学时学过的物理定律。我们现在已经知道，机械物理定律都是在真空的条件下成立的，在自然条件下这些物理现象并不存在，但物理学家恰恰是拨开云雾看本质的人。从理论物理到应用物理，物理学家考虑的是如何规避干扰因素的影响，而不是否认物理定律的正确性。定位理论也一样，不要苛求定位理论能包打天下，也不要苛求任何一派营销理论能解决各种复杂的营销难题。用人要看其长处，用定位理论也一样，择其长处而用之，避其短处而弃之。

反对定位主义，反对定位无用论，绝不是骑墙派的表现，恰恰是一种客观理性的商战思维，商战中唯一不变的是"变化"。如果我们对事物的判别方式还停留在"非此即彼、非对即错"的层面上，不妨读一读中国古典哲学——《中庸》，里面闪烁的哲学思想值得每一位营销人士思考和借鉴。

第二章
Chapter 2

给产品一支穿心箭

第二章
给产品一支穿心箭

如果你的爱车在停车场被人划出了一道痕迹，你的心里一定会有挥之不去的阴影，这就是划痕的力量；如果一个产品的某一个利益点深深地击中了你的内心，你的内心也一定翻滚奔腾。这个利益点就是产品的穿心箭，也就是我们通常说的产品概念。

一、产品概念的运用时机

在给某企业进行"中国本土品牌营销实战管理"培训时，一位产品经理问道："老师，品类价值、品牌定位、产品概念等营销理念都能给消费者带来利益从而促进产品销售，究竟在什么情况下分别使用它们呢？"

我相信这个问题不仅仅是一位产品经理的困惑，对上述营销术语应用时机的迷茫，也是千千万万营销人士的困惑。

品类价值、品牌定位、产品概念的运用时机与营销竞争的阶段性戚戚相关。品类价值的运用是新品类首创者独有的权利，当品类价值与品牌锁定在一起，而且采用单一品牌策略时，品类价值的传播就是以品牌定位的形式出现。比如，"经常用脑，多喝六个核桃"，既是六个核桃核桃乳的品类价值，也是六个核桃的品牌定位。而产品概念则是单品牌策略下，市场竞争到一定程度，定位难以形成品牌差异化而从产品层面上寻找的独特产品价值。

具体地说，当某一消费领域的市场营销竞争到以下阶段时，我们应该启用产品概念创意。

（一）新品类领域的竞争品牌日趋增多，要赶超首创品类的品牌时

产品概念与品类价值在产品发展的不同时期发挥不同的作用。品类价值是品类所具有的价值，我们在开创新品类时需要挖掘品类价值，由于开创的新品类在当前营销竞争阶段是唯一的，所以品类价值可以独立担当起促进消费者购买的重任。但当新品类迅速被竞争品牌跟进，后来者如果要

形成同首创品牌的差异化,就必须立足于产品的独特性而挖掘消费者利益点,这个独特的消费者利益点就是产品概念。从品类观点来看,产品概念就是未完成品类化的产品的价值点。

六个核桃成名已久,为什么至今没有被超越?第二名的销售额甚至连其零头都不到,主要原因在于后来者还在同一品类价值的层面上和六个核桃比拼,只不过是换了一个品类价值传播口号而已。"动脑不怕累,盼盼核桃慧""聪明我的小头脑",盼盼核桃慧在六个核桃擅长的领域"舞刀动枪",焉有不败之理?

海尔热水器为什么能超越众多国际品牌,成为电热水器行业的佼佼者?自20世纪末电热水器在中国市场问世以来,以海尔为代表的民族家电品牌和一些国际品牌就在电热水器领域开展激烈竞争。面对竞争品牌的包围,海尔开发出一个个具有鲜明特征的产品引领消费者需求,销量一直名列前茅,成为电热水器行业的领导品牌。海尔"防电墙"、海尔"3D加热"等产品概念层出不穷,获得了消费者的喜爱、支持和信赖。

(二) 单品牌策略下,新品开发需要挖掘产品概念

为节约推广资源,90%以上的企业采取单品牌策略,即一牌多品,在单一品牌下推出数十个甚至上百个新品。行业大鳄也不例外,食品业的康师傅、娃哈哈,日化行业的立白、纳爱斯等无一不是一牌多品。这些新品没有品牌定位可言,唯有采用产品概念,为产品的销售插上翅膀。

洗衣粉市场是典型的一牌多品,各品牌没有鲜明的品牌定位。宝洁旗下的汰渍和碧浪都不遗余力地诉求"超凡洁净"效果;联合利华的奥妙大声疾呼"去污、去油渍";"不伤手"的立白旗下也针对消费者的不同需求,以犀利的产品概念为子弹头,开发一系列的产品群:立白超洁、立白冷水粉、立白易漂洗、立白皂粉……没有哪个品牌敢于聚焦一款单品,以鲜明的品牌定位立足市场。

事实证明,产品概念的威力不容小觑。立白市场部通过对消费者的调查研究显示,消费者普遍对洗衣服需要多次漂洗感到麻烦,这样费时、费力、费水。针对这一消费者需求,立白洗涤部的研发人员通过对配方的试

验和调整，实现了能减少一次漂洗的目的，从而成功地开创了易漂洗洗衣粉，成为立白旗下的一个亿元级的大单品。

（三）无法为品牌创造差异化的定位时

尽管品牌定位理论认为，品牌定位是为品牌在消费者心智中确定一个独特的位置，即品牌代表什么。要做到这一点并不难，难的是占据这一位置的产品能够对消费者产生吸引力。在一个竞争充分的领域里，是否还有这样的机会？品牌定位的一个重要方法就是抢先定位。所谓抢先，就是要抢占消费者需求最强劲、市场潜力最大的地盘。当肥沃的市场领地纷纷被竞争品牌跑马圈地、插旗为界归为己有时，剩下的大多是不毛之地。

这种情况下，杰克·特劳特会鼓励你放弃，艾·里斯会鼓励你开发新品类。而企业的经营现实情况决定，你必须在一亩三分地里活下去。因此，我们需要用产品概念突破，切割领导品牌的市场份额。我们不需要成为第一、不需要代表什么，只需要立足市场有一口饭吃。自力更生并不可耻，这是中国企业90%以上产品的现状。

××曾是防脱洗发水的开创者，早在2003年，××防脱洗发水的单品年销售额就过亿，但营销管理的失当导致产品窜货现象严重，产品批发价格一度跌破出厂价的30%，经销商、零售商无利可图纷纷死于窜货，产品的销量急剧下滑，加之其品牌在消费者心智中地位尚未稳固，给了霸王防脱洗发水反击的机会。霸王洗发水以"中药世家"为支撑点和壁垒，将××"防脱一哥"的地位抢去，成为防脱洗发水的代表品牌，还将众多竞争品牌阻挡在"中药世家"的门外。

面对地位日益稳固的霸王，××顽强地发起反击，重塑产品概念，以6级防脱为诉求点，成功地切割一部分防脱洗发水的市场，成为防脱洗发水的亚军品牌。

一个完整的产品概念由四部分组成：洞察消费者需求、产品对消费者的利益承诺、产品利益的支持点（概念点）及机理、一句概括性的语言。其中，最犀利、最吸引消费者眼球、最能打动消费者购买的地方就是概念点。所谓概念点就是产品概念的核心利益点或支持点或它们的结合体。比如，"变频""木瓜白"等就是概念点。概念营销的本质是概念点的传播与炒作。

最后，我们用一句话总结：开创新品类时构建品类价值，为品牌建立消费者心智地位时，我们需要品牌定位。当定位无法区隔品牌或者采用一牌多品时，我们需要挖掘产品概念。

二、产品概念的两大误区

（一）概念点不通俗

在创意产品概念时，有一个常见的误区，就是产品概念点不够通俗易懂，需要解释消费者才能够明白。一些产品为了追求技术范或彰显"高大上"，故意使用一些生僻的字眼作为产品概念点，结果大大提升了消费教育的成本。

××品牌"1赫兹"变频空调曾轰轰烈烈地推向市场，但市场反响并不好。消费者迷茫的是"1赫兹"是什么？省电吗？省多少电？"赫兹"这一生僻、技术性的概念，至少多花一倍的广告费才能达到教育消费者的目的。再看"美的空调，一晚一度电"的诉求，多么通俗易懂。

"精彩在沃"是产品概念创意史上最大的败笔，作为一名营销专业人士，一点不夸张地说，我至今没有弄清楚"沃"是什么，何况消费者。我至今也不知道自己是否消费了"沃"，某电信品牌却已为此投入了数十亿元的广告费。

我们再看看经典的产品概念而创造的大单品，哪一个不是通俗易懂，不需要解释的？立白的"易漂洗""冷水粉"，海尔的"防电墙"……

产品概念不能被解释，一旦需要解释，你就输了。

（二）概念机理或理论缺乏可信度

产品概念能否获得消费者的认可，概念机理起非常重要的说理作用。都是减肥产品，为什么你的效果就好一些？你得让消费者理解和信服，否则，产品概念就成了"无源之水，无本之木"。

××木瓜洗面奶推向市场后，深受消费者的欢迎和喜爱，"木瓜白"概念也获得了消费者的认可。但当××推出木瓜浓度洗面奶（0.1、0.3、0.5三款浓度）时却遭遇了滑铁卢。为支撑"浓度"这一概念点，××给出了浓度理论，浓度理论认为，美白成分多加0.1，美白效果就增加97%。受产品概念吸引力及品牌力的影响，一开始××木瓜浓度洗面奶迅速被消费者接受，但很快消费者就对产品产生了质疑。这一理论只告诉了消费者一个结果，却没有任何机理支撑，缺乏可信度，消费者很快放弃了这一产品。

三、产品创意开发的三维思考

无论是开创新品类还是塑造产品概念，都必须建立在三维思考的基础上，这是开发新品的一个基础步骤。没有三维思考，新品开发就好比在黑夜里摸索前行。

那么，什么是三维思考呢？

（一）需求点与痛点思维

市场基于需求，需求是产生一切市场行为的基础，没有需求就没有市场。市场容量由需求容量决定；需求越强烈，市场越容易形成；需求越广，市场容量越大。

对于需求的判断，市场研究者需要从两个方面出发。

一是目前在消费者中已存在的显性需求和未满足点。 这通过消费者研究很容易发现与找到，比如，女性消费者经常染发、烫发，导致头发干枯、毛糙，消费者需要能修复发质的洗发水。女性消费者这一需求就是很容易发现的显性需求。

二是未来可能成为发展趋势的需求。 市场研究者往往判断得不准确，甚至出现严重误判，产品研发出来后，给企业带来很大的损失。比如，近年来，中国环境问题日益突出，污染严重，雾霾天气也成为常态，很多企业认为雾霾这个严重的社会性问题一定能够产生需求，润肺产品将会成为饮料行业的爆点,因此很多企业推出针对PM2.5的饮料产品,以满足和引领需求。

这样的判断是否正确?

这就需要我们必须了解趋势形成的原因和具有"痛点"的思维。

趋势的形成有两种:一种是企业的主动引领;另一种是社会大环境的剧烈推动。比如,国外流行的东西,中国的时尚人士将其引进来,并逐渐获得大多数消费者的追捧,形成发展趋势,这就是企业的主动引领。企业主动引领的需求往往是循序渐进的,中间有一个认知过程,一旦完成认知过程,就会形成一个稳定而持久的市场。方便面首先流行于日本、中国台湾地区,被中国大陆地区消费者认知并接受后,形成一个稳定而持久的近千亿元的市场。

而社会大环境的剧烈推动则带有不得不为之的行为,消费者内心也许是抗拒的,但为了规避或获得什么又不得不为之。比如,中国的中小学教育市场就是在社会大环境的推动下形成的一个稳定而持久的市场。当前中国一方面推行应试教育机制,另一方面又要求学校对中小学生减负,学业的深度只有从课外补习班中获得。在当今充满竞争的社会环境下,孩子的综合素质又是竞争力的必要条件。在三重压力下,中国的父母对孩子的培养已经从婴儿时期就开始了,从婴幼儿开发智力的启蒙教育到中小学生时代各学科的培训班、才艺班。正是这种社会化的推动,催生了中国教育培训的需求,形成一个稳定而持久的市场。

社会大环境对市场需求有很大的推动作用,这种推动作用形成的需求往往具有强烈性、稳定性和广泛性。怎样判断社会大环境的推动能否形成强烈性、稳定性和广泛性的需求呢?这就需要看这种社会性问题有没有形成消费者痛点。没有消费者痛点,需求就难以成立,市场就难以形成。就像教育培训市场一样,不接受教育培训的孩子比受过教育培训的孩子落后一筹,未来一定会在竞争中落败,因此具有强烈的消费者痛点,市场才能真正形成。

亚健康类产品为什么不容易成功?有人做过研究,中国绝大部分30~40岁的人呈现亚健康状态,按理说蕴含巨大的商机,但为什么亚健康类产品不容易成功?原因只有一个,亚健康人群没有明显的痛点,对亚健康产品没有产生实际需求。不少针对亚健康的保健品不得不将自己包装成包治百病的药品进行销售。

回过头来，看看 PM2.5 产品能否形成旺盛的市场需求。我的回答是不能，原因如下：

（1）PM2.5 带给人的健康危害并没有被消费者深度感知，消费者没有明显的痛点，这种没有明显痛点的社会性问题很难被转化为需求，也就难以形成市场。

（2）只有当社会性问题转化为消费者问题时，或者社会性问题带来消费者恐慌时，需求才真正构成。2003 年的 SARS 的肆虐给消费者带来极度恐慌，陈醋市场、板蓝根市场、洗手液市场都被 SARS 激活，也成就了滴露等品牌。

（3）消费者不认为依靠饮料能解决 PM2.5 的问题，缺乏认知和信任状，缺乏信任状自然缺乏产品力。

（4）有认知不一定能转化为需求。比如，枇杷润肺是有认知的，梨子清热润肺也是有认知的，但这些认知如果没有社会大环境的推动很难真正转化为需求。如果 PM2.5 问题真的给人们的健康带来了普遍性的困扰，这种困扰一旦被证实，这类产品想不火都难。现在，还没有到这种程度。

（二）竞争思维

虽然需求是形成市场的根本力量，但需求不会为所有品牌带来市场，满足这种需求的品牌多到不胜枚举。因此，需求只是形成市场的基础要素之一。

现代商业社会，产品同质化严重、竞争白热化，企业产品的开发必须导入竞争思维，不仅要考虑消费者需求，还要考虑这些需求是否被竞争品牌满足，考虑消费者的未满足点。未满足点本质上也是满足了消费者的潜在需求，但这种需求是目前市场上其他竞品都不能解决的消费者需求。因此，竞争思维的本质是满足差异化需求，建立差异化价值。

竞争思维并不是一种正向打造产品力的方式，而是减小外在竞争阻力，反向打造产品力的一种方式。在竞争薄弱的地带开发新品是变相提升产品力的方式，阻力越小，产品力就越大。因此，新品开发一定要考虑竞争导向。不考虑竞争导向，产品就有可能投错了胎，即便付出再多的努力也难以有好的市场表现。

大树之下寸草不生。一旦某行业进入垄断阶段，再进去的品牌只能是炮灰。

2012年开始，白象食品集团进军饮品行业，山泉水、绿茶、冰红茶、核桃露、冰糖雪梨等多品类出击，而且是市场上热销的品类。以白象的营销网络和企业实力，渠道建设不是很难的事情，关键是消费者能否接受、认可产品。现在可以看到，经过几年的运作后，白象的饮料事业没有多大起色。

以竞争思维看待白象饮料今天取得的成绩一点都不奇怪。AC尼尔森数据显示，康师傅茶饮料已占据近70%的份额，加上统一和今麦郎品牌，三强占据了80%以上的市场份额，呈高度垄断状态。白象跟进的都是与领导品牌同质化的产品，没有创新性的产品，也就是说，消费者对这种产品的需求已经被康师傅、统一等品牌满足，不需要其他品牌来满足这种需求，即便它是白象品牌。跟随者在这样的市场环境下根本就没有发展壮大的空间。同时，白象跟进的时机也不对，白象饮品入市时，在高度竞争的形势下，品牌排序已然完成，市场已经固化板结，新生品牌不可能插队成功。白象饮品可以凭借其完善的渠道活下来，但活不出精彩来，除非另辟蹊径开创出新品类。

丝宝集团的顺爽洗发水及感冒药海王银得菲的失败也是因为满足了消费需求，但不符合竞争导向而导致的。顺爽洗发水满足头发顺滑的消费需求，海王银得菲满足快速治感冒的需求，但两者没有站在竞争的角度进行需求考量。因为头发顺滑的需求在市场及认知上已被飘柔占据；快速治感冒的需求，在市场及认知上也被泰诺占据，顺爽洗发水及海王银得菲的市场机会已微乎其微。

（三）趋势思维

产品创意开发一定要借势，如果能抓住市场先机，把握行业的发展大势，锁定正在或即将大幅上升的市场机会，开发出符合大势的产品，新品上市就很容易成功。相反，逆势而行，新品上市离退市只有一步之遥。

2008年9月，三鹿奶粉三聚氰胺事件爆发。紧接着蒙牛等多个品牌也纷纷陷入危机之中，一时间，动物蛋白市场受到极大的冲击，可谓哀鸿遍野。消费者迫切需要蛋白营养的替代品，这给了植物蛋白极大的市场机会，如果当时露露或椰树能在动物蛋白陷入市场困境的当口振臂一呼，担当领导者的角色，它们远远不止今天的成绩。恰逢六个核桃完成对核桃乳品类价值的构建，于是果断登临央视平台，振臂高呼成为植物蛋白的领导者。六个核桃的成功既有品类价值的卓越贡献，也与当时的市场大势有很大关联。

背离行业发展趋势开发产品也一定会被市场抛弃。摩丝品类是20世纪90年代非常热的美发品类，某品牌曾经是这个品类的代表品牌。然而到了21世纪初，摩丝品类逐渐萎缩，被新兴的美发品类啫喱膏和啫喱水取代。某品牌作为美发类产品的领导品牌，不但没有主动引领美发市场，而且在行业发展趋势面前反应迟钝，坚守摩丝品类。最终，某品牌美发市场领导品牌的地位被美涛取代，摩丝品类也没有因为这一个品牌的努力而生存下来。

四、挖掘概念感知点

如果一个产品概念具有显著的感知点，是非常容易成功的。相反，没有感知点的概念，消费者往往半信半疑，需要企业耗费较大的教育成本才能让消费者接受和认可。

感知点也是消费者的痛点或舒适点，当消费者感觉到产品有痛点或舒适点时，产品非常容易通过消费体验获得成功。

感知点化抽象的理念为可体验、可验证的认知，为产品概念提供了信任状。

白象大骨面宣称自己是"有骨汤"的方便面，当你冲泡一碗大骨面时，那浓浓的骨香味道就是大骨面的概念感知点。看到加酶洗衣粉里一个个有颜色的小颗粒没有？与洗衣粉的白色颗粒形成鲜明对比，消费者相信,这就是加了"酶"的。用超洁洗衣粉洗衣物时,更丰富的泡沫让你坚信:果然是超洁的。

相反,缺乏感知点的产品,如果要得到消费者的信任,需要付出相当大的教育成本,而且还不一定成功!

2000年,某集团针对海飞丝洗发水推出一款去屑的洗发水,其诉求是"去屑不伤发",暗指海飞丝是一款伤头发的去屑洗发水。这款洗发水针对海飞丝从空中到地面发起一波又一波强势的攻击,两年下来海飞丝毫发未伤,而自己却在几年后逐渐消失在消费者的视线里。这款洗发水失败的一个重要原因是不伤发是一个没有感知点的诉求,消费者既感知不到海飞丝伤头发,也感知不到这款洗发水不伤头发,品牌信任度难以建立。

如果一款产品难以从产品体验中寻找功效方面的感知点,也可以在电视广告中通过道具或画面呈现这种感知,让消费者觉得这种概念和功效是真实的。

飘柔洗发水诉求的是柔顺,既是产品的功效也是产品的概念,但消费者很难直接通过产品体验立即感知到柔顺的效果。为了让消费者感知飘柔洗发水的柔顺效果,飘柔电视广告画面中设计了一把梳子,梳子从头发上"零摩擦"般顺滑而下的画面,让消费者极大地感知到飘柔洗发水的柔顺效果。

感知点也并非只有正面的功效体验,消费者的痛点也能从反方向刺激对产品的购买欲望。

为了感知霸王防脱洗发露具有防脱发的效果,霸王防脱洗发露的广告画面中设计了一棵叶子快要枯萎脱落的树,枯萎脱落的叶子就象征着快要脱落的头发,惨淡的画面强烈刺激消费者的视神经,刺激脱发消费者的购买欲望。

当然,并非所有的概念都能找到感知点,如"防电墙""1赫兹",消费者只能通过对企业技术的信任,相信这个概念。如果有挖掘的机会,一定要为之努力。

第三章
Chapter 3
让包装释放静销力

产品包装设计、产品营销信息、产品包装材质和产品包装创新是产品包装驱动力的四大要素,这四大要素中产品包装设计与产品营销信息的应用处理最考验产品经理和产品设计师的营销素养,处理不当就会影响产品的销售力。产品经理和产品设计师常常在这一环节出现偏差和失误。

一、包装设计的六大误区与心法

(一)误区1:唯美主义割裂了产品营销信息

产品的包装设计一定要准确地向消费者传递最具销售力的产品信息。产品包装是产品的第一广告位,是产品最大的自媒体,是消费者认知产品最直接、传播成本最低廉的地方。向消费者传递最具销售力的产品信息是进行产品包装设计的第一要义,将销售的理念融入包装设计,让产品自己会说话、会自我推荐,产品才能产生强大的销售力。

产品包装的本质是什么?包装不仅是一件商品外衣,更是一个信息炸药包,通过包装设计提高产品销售力才是产品包装设计第一位的要素。

然而,企业在产品包装设计中常常出现产品重要信息被割裂的现象,根本原因是"设计的唯美主义",过分强调包装的美观设计而忽略了具有销售力的信息。有人不客气地指出设计师这么做是希望自己的作品出现在《设计年鉴》上,能够得到行业的承认。当然,设计师缺乏销售理念,只有唯美主义也是重要原因之一。

唯美主义的产品经理或产品设计师担心产品营销信息会影响产品包装设计的美观度并走向极端——"一切以美为唯一标准",造就了一个个美观却缺乏重要产品营销信息的产品包装设计。

包装设计的"丑"能导致产品失败,这是被大家广泛理解和接受的。正是因为大家都能认识到这一问题,所以在进行产品包装设计时都能规避它,虽然做不到"高帅富",但也不至于"矮穷矬",真正死于"丑"的产品并不多见。但产品死于包装设计的"美"很难被理解,正因为难以被人理解，所以很多产品是悄无声息地被"美"死。从这一点来看，包装设计的"美"可谓是"红颜祸水"。

2012年，某集团推出一款玫瑰花汁饮料，优雅的玫红色，简约的画面设计尽显国际大牌风范。但从消费者接受的信息来看，除了产品包装美轮美奂，能唤起消费者的好感外，没有任何产品信息激起消费者的购买欲望。而且语言只有品牌和品类名称，没有任何产品价值的提示。代言人也没有出现在包装上，因为会破坏美感，消费者只能依靠其他传播形式"偶尔"知道这是一款由女神代言的饮料，不能有效地借助代言人的影响力推介产品。该饮料到今天也没有全渠道销售，固然原因很多，但与产品的包装设计不具备销售力脱不了干系。

反观六个核桃，"知性主持人××的大头像"的确破坏了产品整体的美观设计，但对产品的销售却产生了不可低估的促进作用。

××维生素水在产品包装设计上完美地体现了产品的营销信息，尽管在产品包装设计上不能直接诉求维生素水的功能信息，但××巧妙地打了一个擦边球，将B族维生素的主要功能设计在产品包装的正面，并告诉消费者"水里富含大量的B族维生素"。对于一款富含B族维生素的水饮料来说，它的功效不言而喻。

（二）误区2：产品营销信息的主次性排布不当

品牌LOGO、品类名称、产品价值、产品原料、品牌代言人、包装容量、品质认证、各类信任状等信息繁多，对这些信息的主次性排布不当是设计师常犯的错误之一。设计师有不同的处理方式，但从营销角度来看，正确的处理方式是唯一的。这些信息的主次性该如何排布呢？

看看六个核桃的产品包装对我们认知产品营销信息有什么启发。六个核桃是一款长相一般的产品，但产品包装设计非常具有销售力。六个核桃映入消费者眼帘的第一视觉是"六个核桃"四个大字和核桃仁原料，清晰地向消费者传达了"这是一款以核桃为原料的饮料"的信息，紧接着映入消费者眼帘的是"知性主持人××的大头像"，给消费者传达了"这是一款名人代言的、可信度高的、上档次的饮料"的积极信息，同时也暗示消费者，"喝六个核桃，像代言人一样聪明"。更形象的是，××的聪明大脑壳就像一个核桃。第三个映入消费者眼帘的是"经常用脑，多喝六个核桃"，进一步提示消费者、目标人群六个核桃的功能价值。最后才是品类名和包装容量等次要信息。

抛开产品背后所隐藏的品牌或者企业背景实力等因素，如果面对的是一个全新的品类、全新的产品，从消费者角度看，产品价值、产品原料、独特品类、代言人形象是最重要的、最具销售力的促销信息。这些信息应该放在产品包装设计的正面中心位置和显著位置，而产品名、细分品项、包装规格等放在次要位置，其他信息要么放在产品包装的背面，要么以辅助物料的形式出现。

品牌名称为什么要放在显著的位置上？对知名品牌来说，品牌具有销售力，而对新品牌来说，需要迫切让消费者认知品牌。因此，从品牌培育的角度看，企业也需要将品牌名称放在重要的信息位置上。比如，六个核桃就是对具有销售力的信息进行排序，最大限度地凸显产品的销售力。

如果你认为上述产品营销信息的主次性排布是一成不变的，就大错特错了。营销的复杂多变性就在于此，因为产品无法抛开其背后隐藏的品牌因素、企业因素、产品发展的阶段性等，而产品营销信息主次性的排布与之密切相关。

（三）误区3：没有考虑产品发展的阶段性

产品发展的不同时期，产品营销信息处理的方式是不同的。

产品导入期或成长期，新品的信息以传播品类价值为核心，信息不能过于简洁，文字传播以中文为主。也许有读者会问："有限的版面无法处理那么多信息怎么办？"办法总比问题多，霸王洗发水前期的产品包装，为了直观地展现中草药养发，将花花草草展示在包装上，甚至连老板的大头像都为它们腾出位置。

产品进入成熟期后，信息可以适度简化，比如只保留产品价值等重要的产品信息。霸王洗发水后期的产品包装，"中药世家"已深入消费者内心，花花草草也减少了。

六个核桃走到今天这一步，品类价值已经深入人心，完全可以更加国际范，以唯美和简洁的包装设计，以品牌的力量驱动产品的销售，因为它已经走过产品驱动的原始阶段。

经常发现一些喜欢披着洋装的中国品牌，用英语或者类英语作为品牌名称，这不利于消费者之间的传播和记忆。真正的外资品牌却恰恰相反，它们在做着本土化的工作，目的就是让更多的中国消费者认知和理解。

玉兰油进入中国市场初期，产品名称的传播以汉字玉兰油为主，直到品牌认知完全建立后，才以OLAY正式作为品牌名称出现在产品的包装上。欧莱雅等品牌莫不如此。

（四）误区4：没有考虑产品的销售方式

产品的销售方式也与产品营销信息处理紧密关联。

以人员导购员、电视购物、电子商务等形式销售的产品，或者借助高密度的空中广告销售的产品，产品价值的传播不是以产品包装为主，而是以人员介绍、网页文字介绍、媒体传播为主。产品包装可以采用简洁大方的包装设计方式，而依托货架销售并缺少媒体大规模传播的产品则需要借助产品包装进行自我销售，产品营销信息需要适度。

比如，化妆品的专柜产品——兰蔻、资生堂等，产品的营销价值等信息通过导购员一对一沟通、POP资料及电视广告等传播，在强大的广告及地面促销资源的驱动下进行产品销售，其包装设计往往简洁大方，因为有其他手段促进产品销售。但是国内的一些化妆品品牌喜欢模仿外资成熟品牌非常简洁的包装设计，但又没有实力在卖场设立专柜，摆在货架的一角默默地等待消费者光顾。这是不可取的，没有力量会弥补产品营销信息不全的缺憾，你需要借助产品自身的驱动力——产品的静销力来促进销售。

（五）误区5：没有考虑企业的背景和资源

面对的竞争平台表面上是一样的，其实背景和资源不同。

代言人形象放在产品包装上当然会促进产品的销售，可宝洁旗下的洗发水产品包装上没有哪一个使用代言人头像。

如果企业的实力非常雄厚，品牌的广告传播量非常大，消费者会清楚地知道品牌是谁代言的，产品就不需要代言人出现在产品包装上。宝洁洗发水产品的年广告费数以十亿元计，消费者闭上眼睛就能说出哪位明星代言了海飞丝、潘婷，还用在产品包装上印上代言人的头像吗？

（六）误区6：没有考虑竞争品牌及货架环境

红色很抢眼，如果你的凉茶产品也设计为红色，你能打过加多宝、王老吉吗？你能独立于凉茶市场之林吗？如果你就把自己定位为山寨品牌，那么把自己装扮得和领导品牌越像越好。

很多设计师孤立地看待单个产品的设计效果，没有考虑竞争品牌及货架效果，导致产品在设计师的计算机里非常有视觉冲击力，一旦产品生产出来到了终端，就淹没在众多的竞品中。好的包装设计一定是能够在货架陈列中脱颖而出的设计，以获得传播优势、降低营销传播成本。只有与竞争对手形成差异化，并能在货架环境跳脱出来，才有机会被消费者认知。因此，在与主要竞争对手形成差异化的基础上，包装设计还必须进行货架效果的测试。

二、包装材质的"椟"与"熵"

包装材质对产品的形象起到很大的作用和影响，是产品包装驱动力的重要要素。材质好，产品就显得高档，自然更受消费者喜欢，"人靠衣装马靠鞍"就是这个道理。买椟还珠的寓言典故说明了包装材质具有巨大的销售力量，很多行业产品包装的成本甚至比产品原料的成本还高，也反证了包装材质的重要性。

包装材质的优质不仅使产品看上去更高档、美观，还会建立消费者对产品品质的信赖感。对消费者来说，大多数产品品质是不可以感知的，也就是说消费者不是专业人员，更没有检测工具，产品的品质无法从内容物上辨别出来。而且大部分产品是预包装产品，消费者不能直接接触产品。在技术无壁垒、产品同质化的今天，即便接触产品，也无法判断产品品质的优劣。这种情况下，消费者只能通过包装材质感知产品的品质，消费者更愿意相信包装精美的产品品质比包装低劣的产品品质好。走进百货商场化妆品的专柜就会发现，欧珀莱、资生堂、兰蔻等品牌产品的包装就像一件艺术品一样精致、精美，那你一定会相信，这些艺术品里包裹的化妆品当然是最好的。

包装材质的重要性对任何一家企业来说都是毋庸置疑的，但让企业摇摆不定的是，如何找到包装材质价格与产品销售价格之间的最佳平衡点。即在零售价、渠道利润、包装成本之间进行平衡，在平衡的基础上尽可能选用好的包装材质，提升产品的档次和形象，从而提升产品的销售力。

包装材质的选择对企业来说就是"椟"与"熵"的结果。"椟"就是"买椟还珠"之"椟"，即包装材质起驱动消费的作用。"熵"在物理学中指的是系统中的无效能量，这里指包装材质过高的成本抵消了产品利润，使得包装材质成为产品的利润之"熵"。因此，包装材质并非越贵越好，一定要找准成本与利润之间的平衡点。

不要以为包装材质是由产品经理或者老板决定的，其实真正决定包装材质的是以下两个核心营销要素。

（一）产品的销售渠道

渠道首先决定产品的销售价格。产品价格的制定不是按照 4P 顺序而定的，是根据企业的实际状况优先考量渠道而后确定产品及价格。消费心理认为，专柜产品比货架产品更高档、价格更贵，大卖场、大超市比夫妻店所售卖的产品更知名、更真、更贵。确定进入哪类渠道后，这类渠道的主要竞争对手就确定下来了，包装材质的主体也就确定下来了。只要比渠道圈内的竞争对手强，你的品牌就能保持竞争优势。

试想，如果你的护肤类产品走的是批发流通渠道或商超货架，你没有必要去同自然堂、珀莱雅等专营店产品比拼包装，更没有必要同资生堂、雅诗兰黛等专柜产品比拼包装。

（二）产品的推广模式

从表面上看，产品的价格定位和渠道商利润的设计决定了产品的毛利率，从而决定了产品的成本空间有多大，决定了产品包装的材质，但实际上影响产品价格定位和渠道利润设计的则是产品的推广模式。

高举高打的产品，以广告为主要促销手段，市场促销费用的空间要大。那么，渠道的利润空间可以小一些，产品的零售价可以高一点，产品的包装材质中上标准即可，不必追求最奢华的包装，也不要给消费者留下低档次的产品印象。

如果产品采取的是渠道驱动模式，动销的主要力量是渠道商的积极推荐和产品自身的静销力，这就要求渠道利润空间要大，产品的包装材质要高档，宁可零售价高一些，也必须保证这两点。

当然，如果产品确定了匹配的渠道类型，产品零售价的上限只能是该类型渠道圈内高档价格定位，不要跨越到更高一级渠道商圈的价格带。比如，货架上的护肤品零售价上限不要超过100元/瓶，超过了就越级到了专柜领地，必然不被消费者接受。

三、包装创新的销售威力

包装创新会使自身产品与竞争对手产品之间产生差异，这种差异因符合消费者的某些利益而产生了销售力。包装的创新形式很多，通常来说，以下形式的创新给产品带来了销售力。

（一）产品包装迎合了特定消费人群的喜好

喜欢也是一种偏见，喜欢是没有任何道理可言的。因喜欢产品包装爱屋及乌而喜欢产品的，古有"买椟还珠"者，所以有这种消费心理的人有很多。消费者调研显示，一部分人群的购买动因就是因为喜欢产品包装。某中小企业开发了一款大象形状的儿童沐浴露，一改传统的瓶装沐浴露形象，非常受妈妈群体和儿童的喜爱。于是在没有任何广告拉动的情况下，该儿童沐浴露在流通渠道销售得很好。

（二）产品包装方便实用

保鲜膜是家庭必备的食品保鲜用品，但家庭主妇经常感到截断保鲜膜不方便。妙洁洞察到消费者的这一困惑，推出了锯齿状包装的保鲜膜，家庭主妇只需将保鲜膜在锯齿上轻轻一拉，就能轻松地截断保鲜膜。这使妙洁比同类品牌更受消费者喜爱。

碗装方便面主要是在办公场所和旅途中食用，调查显示，消费者反映很多品牌的碗面很好吃，但在泡面时碗盖的铝膜受热后会上翘，必须用东西压住，很不方便。所以，华龙集团推出今麦郎碗面新品时专门设计扣盖式的碗盖，以及相应的面饼防尘、防潮密封包膜，解决消费者的这个抱怨点。一个简单的产品包装创新使产品更受消费者的喜爱。

大米包装一般采用纸塑复合袋、普通编织袋等，主要堆砌在货架的粮油区。但有些品牌的大米，其包装完全跳出传统的包装形式，采用牛皮纸筒或芦苇编织桶等新颖的包装材质和形式，不但提高了包装档次，形成差异化，而且这些包装还可以当作收纳箱使用，包装的实用性是某些消费者购买该品牌大米的真实动因。

（三）产品包装打破传统，消除了消费者的审美疲劳

牙膏一直以来都是横向设计包装，佳洁士等品牌创新采用了竖向设计的包装形式，让消费者耳目一新，非常受消费者的欢迎，进而爆发出巨大的销售力和产品力，还是原来的产品和配方，只不过包装形式改变了，颠覆了传统，销量就上升了一个台阶。

产品包装创新也是生产力，也具有销售力。创新无止境，在产品包装的创新上，没有最好只有更好。

第四章
Chapter 4

价格定乾坤

第四章
价格定乾坤

产品价格是产品力的重要一环,"价格定乾坤",一个产品的价格定对了,销售就成功了一半。

什么样的产品定价才叫价格定对了呢?

一、价格驱动力的认知误区

通常来说,价格越低的产品越容易销售,金字塔的底层永远是价格最敏感、消费力最弱的一群人。超市里的大妈在选购洗衣粉时,比较来比较去最后选择了一款价格比较便宜的洗衣粉;超市的导购员在促销产品时,经常有消费者以价格贵为理由拒绝购买……久而久之,一部分营销人的认知中形成一个观点:产品价格越低越具有竞争力,产品的销售力越强。

这是一个非常有害的观点和误读,不利于指导产品的定价。价格并不是越低越有产品力,当你将茅台卖成二锅头的价格时,茅台反而没有了产品力。即便是处于同一价格带的产品,产品力也绝非同产品价格成反比,恰恰相反。

2009年,××推出头发洗护系列产品,其作为护肤品领域的佼佼者,面临的最大对手当然是宝洁旗下的洗发水(主要对手是宝洁旗下的潘婷洗发水)。假如××推出的洗发水价格低于宝洁的潘婷洗发水,无疑告诉消费者:××洗发水是一款产品品质和品牌形象不如宝洁潘婷洗发水的产品。这样的价格定位就不能让××品牌的消费者群满意,不仅令××的消费者群失去信心,还无法吸引宝洁洗发水的消费群。因此,××洗发水的零售价定位比宝洁的潘婷洗发水高,只有这样,产品才具有销售力。

产品价格代表什么?产品价格能反映产品实惠、产品品质,消费者的尊贵、身份、面子等信息,它是消费者表达需求、反映自身的社会地位、身份、购买产品时的一个投射。当你的产品选择一类人群为主要目标群时,产品定价就应该紧紧抓住目标消费群的真实想法。通俗点说,就是让他们"乐得买"。因此,价格的高或低并不是主导价格的驱动力,"乐得买"的价格才是价格驱动力的核心动力。

"雕牌洗衣粉，只要一点点就能洗很多衣服"，对于追求实惠的消费者来说，低价格才具有产品力。国酒茅台，是身份和地位的象征，"高处不胜寒"的高价才能彰显其身份和地位。

消费者"乐得买"是检验产品价格是否恰当的重要因素，产品价格一定要与消费者对产品的整体认知相匹配，即消费者觉得这个产品应该值什么样的价格才更愿意接受它。反之，价格如果超出了消费者的预期，消费者就不愿意购买。

产品如何定价才能让消费者"乐得买"呢？制定一个具有产品力的产品价格必须掌握一些定价原则。

二、价格定位和价格标杆原则

价格定位是决定产品零售价进而决定产品竞争力的先锋策略。一个品类的生态圈往往都有高、中、低的价格带，价格定位首先要确立自己的品牌占据哪一类价格带。比如水市场，昆仑山、依云占据的是 5~8 元的高端水市场；康师傅、娃哈哈占据的是 1~2 元的低端水市场。确立价格定位是确立零售价的第一步。

价格定位的依据是什么？做出这个判断一定要胸怀全局，评估企业自身的资源状况，从进入的渠道、品类价格带、主要竞争对手等多维度考虑。

确立价格定位后，必须树立价格标杆，价格标杆是确立主要竞争对手后根据主要竞争对手情况而设计得更精准的零售价。比如，选择昆仑山作为竞争对手，零售价就根据昆仑山而定；选择依云作为竞争对手，零售价就根据依云而定。

选择竞争对手的依据是渠道和品类价值的相似性，同一类型的渠道而且价值相似，锁定的同一目标群的品牌就是你的竞争对手。

比如，某公司推出一款去屑洗发水品牌 A，A 品牌的定价策略（零售价）如下：

去屑洗发水品类价格带分析：以 200ml 为例，去屑洗发水品类高、中、低端的价格带分别是24元以上、17~22元、10~15元，A品牌需要从这三个价格带中选择最适合自己的价格带。

企业渠道资源分析： 现有渠道为流通渠道，不擅长终端渠道运作。

A品牌价格定位： 根据企业的渠道资源现状分析，24元以上、17~22元的价格带匹配的是终端渠道，不适合流通渠道，因此，A品牌的价格带应该选择10~15元。

主要竞品分析： B品牌目前是流通渠道去屑洗发水的领导品牌，C品牌以第二的市场占有率紧随其后。B品牌的零售价为12元/200ml，年销售额约8亿元；C品牌的零售价为11元/200ml，年销售额约6亿元。

企业资源状况分析： 企业的洗涤类产品年销售额超过10亿元，具有挑战领导品牌的资源实力，企业的渠道网络也匹配洗发水。

A品牌战略目标： 成为流通渠道去屑洗发水第一品牌。

A品牌零售价确定： 根据上述分析和A品牌战略目标，A品牌选择B品牌作为自己的主要竞争对手，零售价为13元/200ml。

对于成熟的品类来说，可以参考老品类进行价格定位，但没有任何参照品牌的创新品类如何进行价格定位呢？

对于新品类，我们需要参考相似品类和相似功能的产品进行价格定位，因为消费者会下意识地启动类品类或类功能模式判断新品类的价格应该对应的价格带位置。比如，核桃乳品类刚推出时，由于市场上没有核桃乳品类，消费者往往利用市场上杏仁露的价格标尺衡量核桃乳品类。假如核桃乳上市的价格与消费者的心理预期接近，消费者就容易接受这款新品。否则，消费者会排斥这款新品，给销售带来障碍。

假如市场上没有近似品类或近似功能的产品作为参照，品牌的定价空间更大。没有已知品牌做标杆，自己就会成为标杆。但消费者往往会启动风险和收益模式，即使用收益和使用成本比是否在心里承受范围内。企业在进行价格定位时，应充分考虑消费者对待价格的心理活动，从而来指导自己进行价格定位。

2014年，笔者服务于普旺茄子面料理酱项目。这是一个全新的品类，市场上没有同类产品，近似的品类是亨氏番茄酱，零售价为4.5元/120g。

但两者的功能完全不一样，茄子面料理酱经过热炒，辅以秘制调味料，味道更好。企业一开始的定价参考亨氏番茄酱 4 元/150g，笔者团队介入后，果断将零售价上调为 7.5 元/150g，并重整渠道，依托地面促销推广，市场销售依然火爆，当年河南市场销售额突破 2000 万元。

普旺茄子面料理酱价格能够成功上调的根本原因：一是新品类没有价格标杆，前期定价为 4 元/150g，由于产品上市初期品牌影响力小，消费者对普旺茄子面料理酱的价格认知没有建立起来；二是消费者认为 7.5 元的价格风险和好吃的收益在其心理承受范围内。试想，如果市场已经有成熟品类并且价位在 5 元以下时，普旺茄子面料理酱不可能调价成功。

三、消费者价格带认知原则

消费者对价格带的认知有两个地图：品类价格带地图和品牌价格带地图。受品类价格带现状或品牌价格定位潜移默化的影响，消费者对品类的价格带和品牌的价格定位有一个潜在的认知，一个品牌如果没有充分理由或具备引领趋势的企业实力，产品的定价不要跳出（主要是高出）这个认知范围。

纯牛奶的盒装价格长期徘徊在 1.8～2.5 元，伊利、蒙牛、光明等领导品牌都在这个价格带。十几年来，先后有二三线品牌进入牛奶行业，但没有哪一家敢于突破价格底线，因为消费者已经认为纯牛奶品类的价格带就是 1.8～2.5 元，高了就不能接受。1.8～2.5 元的价格区间就是纯牛奶的品类价格带地图。

海飞丝是去屑洗发水的中高端品牌，200ml 的海飞丝洗发水的价格通常是 20～25 元，在消费者的认知里，海飞丝品牌的价格带在 20～25 元，如果海飞丝新推出的产品超过了 25 元/200ml，甚至跨进了 30 元以上的价格带，消费者就难以接受。20～25 元的价格区间就是 200ml 海飞丝品牌的品牌价格带地图。

拉芳洗发水在消费者的认知中就是 10 元左右/200ml 的流通洗发水品牌。2006 年，拉芳集团试图冲击中高端洗发水市场，推出了定价 18 元左右/200ml 的洗发水。为了扶持这款洗发水，拉芳集团投入了大量的广告和地面推广费用。历经3年多的时间培育和沉淀，这款高价格的洗发水依然没有逃脱夭折的命运，被迫退市。

当然，品类或品牌价格带认知也是可以改变的，这需要时间，而且品类或品牌价格带的建立往往是领导品牌或实力雄厚的公司应做的事情，中小企业不宜担当这样的重任。比如，消费者对水市场原来的价格认知是1~2元，但当昆仑山建立了5~8元的高端价格带后，消费者由此建立了高端水的价格带认知。纯牛奶十几年来价格一直徘徊在1.8~2.5元，特仑苏以高端牛奶的形象打破了这一价格认知，消费者也逐步建立了高端牛奶的价格认知。

四、产品价值差异性原则

产品价值不同，对应的产品价格就会有差异性。

产品价值差异性主要从两方面体现：

一是产品的功效价值。一般来说，产品的功效价值越难实现，对应的产品价格就越高；产品的功效价值越稀有，对应的产品价格就越高。

防脱发是比较难以实现的功效价值，相比柔顺、去屑来说，防脱发更难做到。因此，防脱洗发水的价格远远高于柔顺和去屑洗发水的价格，消费者是能够接受并乐得买的。减肥、祛斑、去皱等无一不是越难实现的功效价值，因此产品价格较贵。

普通矿泉水的价格是2~3元一瓶（500ml），恒大冰泉声称其水源自世界三大黄金水源地长白山深层矿泉，是经过地下千年深层火山岩磨砺、百年循环、吸附、溶滤而成。昆仑山号称水源来自青藏高原海拔6000米的昆仑雪山，那里常年冰雪覆盖，无污染，积雪慢慢融化，渗入地下岩层，经过50年以上的过滤和矿化，成为珍贵的雪山矿泉水。于是，它们都卖到4~5元一瓶（500ml）。依云天然矿泉水告诉消费者，它的水源地是法国依云小镇，背靠阿尔卑斯山，面临莱芒湖，远离任何污染和人为接触，经过长达15年的天然过滤和冰川砂层的矿化，漫长的自然过滤过程为依云矿泉水注入天然、均衡、纯净的矿物质成分，适合人体需求，安全健康。依云天然矿泉水在水源地直接装瓶，无人体接触、无化学处理，理所当然地将一瓶 330ml 的水卖到了 8~10 元。

二是产品外在的可直接感知的价值。比如，产品在包装、原料等方面有消费者能清晰觉察、可以支撑高价格或高于竞争对手的理据，可以在定价策略上反映出来。

碗装和袋装的方便面内容物完全一样，但因为包装的差异，碗装方便面具有更好的便利性，这可以支撑碗装方便面有更高的价格。

果粒橙比普通的橙汁饮料更受消费者欢迎，是因为消费者能从果粒橙中看到和品尝到橙粒，从而认为果粒橙是一款品质和营养更好的饮料。果粒橙的产品力也因此强于普通的橙汁味饮料，价格也高于普通的橙汁味饮料。

掌握了产品定价的三原则，产品的价格真正实现了让消费者"乐得买"，从而使得产品价格真正起到驱动消费的作用。

第二篇
打造渠道力

引言　解构渠道力

所谓渠道力就是产品在渠道之间的推送能力和在渠道上的表现力。渠道力越强，产品就越容易面向消费者、被消费者接触，越有机会被消费者购买。

渠道力通常由五方面构成：**价差驱动力、客情关系与销售管理、销售人员的分销力、渠道促销力和渠道终端表现**。打造渠道力必须从这五个方面发力，整体上提升渠道的驱动力。

第五章
Chapter 5

价差驱动力设计的三原则

价差就是渠道各成员销售产品时赚取的利润。利润越高，渠道商越愿意销售，只有渠道商"愿意卖"，消费者才有机会"乐得买"。

价差是渠道的常态驱动力，通过价格体系的设计形成渠道成员之间的价格利润差，是渠道推广的关键环节。尽管渠道的利润来源有很多形式，但相对恒定的价差是渠道商最看重的，是渠道商衡量一个产品值不值得经销的重要参考因素。

对渠道商来说，价差越大，经销利润越高，越愿意分销产品。站在厂家的角度看，这无异于"吸血噬肉"。渠道利润高了，向上推高零售价不利于产品动销，向下倒逼市场费用和厂家毛利，消耗厂家的元气。因此，站在全局的角度看，价差并非越大越好。市场不仅仅是由渠道商构成，消费者、厂家毛利、市场操作空间等各环节的利益也需要通过价格体系的设计来平衡。价格体系的设计需要在公司毛利、渠道商毛利、零售价竞争力、市场操作空间之间寻找平衡点。

如何合理地设计渠道层级之间的价差，最大化提升产品价差带来的渠道力呢？必须把握三大原则。

一、渠道长度设计原则

为了使产品快速流通到零售终端，需要根据产品的特点、发展时期和适配渠道，进行渠道长度的设计。有了渠道长度，价格体系的设计才能兼顾各渠道成员。明确了渠道有多少级成员，才能设定包括产品出厂价在内的各级渠道成员的进销价。

（一）产品特点

如果你的产品是低价值的产品，批量销售才能支撑流通费用，那么渠道长度的设计更适合长渠道，让更多的渠道成员参与，分摊渠道流通费用，食品饮料等快消品都适合长渠道。相反，如果你的产品是高价值的产品，渠道长度的设计可以是短渠道，如电器类产品。

产品对服务的依赖性也决定渠道设计的长短，对服务依赖性强则适合短渠道，如电器产品要求厂方有及时的售后服务，过长的渠道无法满足消费者的要求。

（二）发展时期

企业在产品的不同发展时期，对渠道的要求不一样，渠道长度的设计也应随之变化。新品导入期需要借助渠道的力量迅速地从广度上将产品推向消费者，这时需要长渠道、更多的通路成员协助推进。但当产品进入成长期后，需要深度精耕市场时，渠道需要扁平化，企业需要缩短渠道的层级，拓宽渠道的宽度和深度来满足通路精耕的需求。

大流通时代，很多快消品在导入市场的时候采取省级经销制或地区总经销制，这些经销商下面还存在二批经销商乃至三批经销商，渠道长度设计为：厂家——省级经销商——地级经销商——二批经销商——三批经销商——零售终端六级渠道架构。随着产品的发展，这一渠道设计的弊端就展现出来了。市场做得太粗，厂家也不能掌控市场，于是通过缩短渠道层级，砍掉省级经销商和三批经销商，直接对接地级经销商的方式，从六级渠道架构缩减为四级渠道架构，从而实现对市场的掌控和精耕。

（三）适配渠道

产品适配的渠道不一样，渠道长度的设计自然也不同。高端化妆品适配百货商场的专柜渠道，渠道的层级设计只能是"厂家——经销商——零售终端"三级渠道架构。洗发水适配KA和便利店，渠道的层级设计就是"厂家——经销商——二批经销商——零售终端"四级渠道架构。而食品饮料，则需要深入到食杂店、路边摊等毛细终端，其渠道长度的设计更长："厂家——经销商——二批经销商——批零商——零售终端"五级渠道架构。

那么，各渠道层级之间的利润空间究竟应该多大呢？现在，还不是精算渠道利润的时候，还必须综合考虑两个原则后决定。

二、价格倒推原则

产品价格体系设计即价盘设计必须遵照市场导向,由外而内先确定零售价,再倒推出各级价格体系。即"零售价——渠道价格体系——出厂价(到岸价)",而非生产时代的"成本价——出厂价——渠道价格体系——零售价"。根据价格定位确立零售价后,充分考虑产品的推广模式,设定渠道商较为满意的利润率才能推导出合理的结算价。渠道商满意的利润率的参考标准往往是竞争对手,当然也与自身的品牌力戚戚相关。宝洁、联合利华等一线品牌的渠道利润率只有3%~5%,经销商已经很满意了,而三、四线品牌如果没有15%以上的利润率,经销商理都不会理。

倒推法进行价盘设计方式也是检验一个新品能否有机会上市的重要手段,通过倒推设计出的出厂价与产品成本之间的利润空间不够大时,新品就不具备上市的条件。否则,强行上市必将以失败告终。

2014年,桂林西麦生物技术开发有限公司拟开发一款燕麦粥产品,笔者作为其战略营销顾问,为其评判新品是否具备上市的可行性。笔者从竞争角度出发,首先为其新品的各类包装形式确定有竞争力的零售价,如表5-1所示。

表5-1 新品的各类包装形式的零售价

包装形式	品牌	外包规格	单包装规格建议	包装及规格建议理由	建议零售价(元)	克单价(元)	说明
碗装	西麦	碗	40g	碗装符合消费者吃粥的习惯,与竞品形成差异,降低价格敏感度	5.5	0.138	品牌力、有料包、碗装等支撑克单价高于竞品
杯装	迪士尼	杯	40g		5	0.12	
盒装	西麦	6小袋/盒	30g	若单包规格大于竞对手,容易造成零售价高于竞争对手的假象	15	0.083	有料包支撑克单价高于竞品,虽零价高但仍属于同一价格带

续表

包装形式	品牌	外包规格	单包装规格建议	包装及规格建议理由	建议零售价（元）	克单价（元）	说明
盒装	桂格	6小袋/盒	30g		12	0.067	
袋装	西麦	12小袋/袋	30g	单包规格小于竞争对手，零售价感知上能形成价格优势	22	0.060	零售价看似低于竞品，其实克单价高于竞品
袋装	哎呦	15小袋/袋	35g		29	0.055	
备注	西麦以桂格、金味、雀巢等品牌为主要竞争对手，但因上述品牌没有杯装和袋装的包装形式，只能选择其他品牌作为竞争对手							

由于西麦当时还没有自己的燕麦粥生产线，需要代加工，而代加工的产品成本较高。从我们设计的西麦燕麦粥的零售价来看，已经高于竞争对手，如果零售价再高势必削弱产品的竞争力，产品上市风险较大。从零售价推算成本价时，如果要支撑合理的价格体系和市场操作空间，产品成本价必须小于目前实际的产品成本价，因此，出于竞争的考量，我们不建议西麦推出燕麦粥产品。

三、产品推广模式原则

产品推广模式与市场费用空间是相互影响的关系。受价格定位和产品成本的制约，市场费用空间往往是一定的，它影响着产品的推广模式。而推广模式一旦决定，在进行价盘设计时反过来又决定究竟在哪一个渠道环节分配多少资源，这些资源包括对市场费用空间的挤占。

产品推广模式通常有以下两种。

一种是高举高打的推广模式。厂家敢于在没有见到效益的情况下投入硬性资源，广告及终端推广的投入资源分配得较多，不仅产品动销较快，以广告的力量推动产品从高势能渠道向低势能渠道流通时遇到的阻力还小，渠道成员对产品的毛利率要求就低一些。康师傅、统一、娃哈哈、宝洁、联合利华等行业领导品牌一般采取高举高打的推广模式。这些品牌的经销商毛利通常只有3%~5%，甚至更低，零售商也不过只有10%左右的毛利，各级渠道商大都能接受。

另一种是渠道推力模式。厂家没有实力或不敢在没有见到效益的情况下投入硬性广告或终端资源，产品终端动销较慢，渠道成员对产品的毛利率的要求就高一些。三、四线品牌大多以这种推广方式。这些品牌的经销商毛利通常为15%左右，甚至更高。零售商毛利通常在25%~30%，各级渠道商才能接受。

我们运用三原则为一款苹果醋饮料产品进行价盘设计，以期产品能在渠道流通环节发挥出最大的价差驱动力。

1. 根据苹果醋饮料的产品特点、发展阶段和适配渠道设计渠道长度

这是一款低价值的快消品，适合长渠道运营，但苹果醋作为一款类功能性饮料，满足的不是消费者解渴或口味型的需要，它无法像矿泉水、茶饮料一样实现即饮式销售。因此，它的渠道不可能是毛细终端，它只适合在餐饮店、家庭式的场所消费，适配渠道是餐饮店和商超。在新品导入阶段，品牌的认知度不高，便利性并非消费者购买的首选，只有在完成品牌认知后，才逐步向便利性渠道迈进。因此，该苹果醋饮料的渠道长度设计为：厂家——经销商——二批经销商——零售终端（商超及餐饮店）四级渠道架构。

2. 产品推广模式的初步确定及市场费用空间的设定

苹果醋饮料并非是成熟的品类，消费者对其认知还不充分。没有竞争的同时，也缺少对市场的教育，对新生品牌不是一件好事。因此，苹果醋饮料市场还面临消费者教育的问题。基于此，该品牌苹果醋饮料必须走高举高打的广告或者地面推广模式，对消费者进行品类教育。对一个新生品牌来说，高举高打的推广模式其市场费用空间不能低于40%~50%。

3. 倒推法设计产品价盘

除部分小品牌走餐饮渠道外，该市场的苹果醋饮料基本属于新品类，消费者没有对苹果醋品类的价格带认知。根据我们前述产品价格定位原则，苹果醋饮料作为类功能饮料，消费者对其价格的期望是在市场其他类功能饮料价格带的认知区间范围内。类功能饮料的王老吉和六个核桃零售价在3.9~4.2元/罐。作为企业实力一般的苹果醋饮料，零售价也定在

3.9~4.2元/罐。

在了解了产品成本后,根据产品零售价定位、市场费用空间、渠道成员能接受的利润分配、企业利润等综合信息,我们设计了以下三套价格体系(如表5-2所示),进行比较、平衡和优选。

表5-2 苹果醋价格体系设计

(单位:元)

本品	厂家			经销商				二批经销商				B、C类终端			市场费用空间	全渠道加价率
	产品成本	内部结算	产品利润率	进	出	利润	利润率	进	出	利润	利润率	进	出	利润	利润率		
1	36	40	11.11%	70	76	6	8.57%	76	80	4	5.26%	80	99	19	23.75%	42.86%	41.43%
2	36	40	11.11%	70	74	4	5.71%	74	76	2	2.70%	76	96	20	26.32%	42.86%	37.14%
3	36	40	11.11%	60	68	8	13.33%	68	73	5	7.35%	73	90	17	23.29%	33.33%	50.00%
竞品	33	37	12.12%	65	70	5	7.69%	70	73	3	4.29%	73	90	17	23.29%	43.08%	38.46%

在产品成本一致的情况下,究竟哪一套价格体系更有竞争力?第一套价格体系中,经销商、二批经销商和零售商的渠道利润均比竞争对手高,市场费用空间也高于竞争对手;第二套价格体系中只有零售商的利润比竞争对手高,经销商和二批经销商的利润均不如竞争对手,新品会面临招商及分销困难等问题;第三套价格体系虽然经销商、二批经销商和零售商的渠道利润均高于或等于竞争对手,但市场操作空间较低,新品会面临市场拉力不足的问题。综合来看,第一套价格体系的设计能考虑各方面因素,是最好的选择。

第六章
Chapter 6

客情与管理驱动

一、提升客情驱动力的三大手段

产品能不能展现在终端并同消费者见面,经销商与零售商的客情关系起决定性的作用。客情关系是上下级渠道成员之间进行产品推送的重要手段。我们经常会看到一个现象,零售店更认可某个经销商,更愿意接受某个经销商代理的产品,这正是客情关系的结果。客情关系是长期积淀形成的,不是一朝一夕之力。

经销商如何提升与二批经销商或者零售店的客情关系呢?

(一) 建立合作信任状

合作信任状的取得来自以下两个方面。

一是凭借言行一致的商业品质。经销商在销售与服务过程中对下一级客户承诺过什么,不但要兑现而且要及时兑现,不能出现不诚信的情况。经销商与下一级客户之间是长久的合作关系,失去了客户的信任就断送了商业合作机会。

在新品上市的过程中,笔者曾经走访不同行业的多家经销商,在聊到调换货政策时,经销商普遍反映,不管厂家给不给调换货,自己必须给零售店调换货,否则,客情关系慢慢地变淡了,再推新品就难了。

二是经销商经销的产品中有畅销的通货型产品。比如,你经销的是康师傅、娃哈哈的产品,这类产品卖得快,让下级客户相信你是一个能长期立足市场的可靠合作伙伴,而不是商业大潮中朝不保夕的过客。过客不能保证你对他的承诺兑现,不能保证他的经销利益。

行业的大经销商能在极短的时间里——半个月甚至一周内,将新品铺进街边的大大小小零售店。如娃哈哈号称能够在新品上市后一周内迅速铺进全国各地60万家零售店。这么短的时间内完成产品的分销工作,小经销商是不可能做到的。

2014年,笔者为普旺茄子面料理酱进行营销咨询服务。普旺食品集团原来是一家出口贸易转型的企业,开始转做国内市场。为了更好地掌控终端,企业一开始采取直销模式，仅郑州市场就配置了100多人的销售团队对市场进行密集的分销覆盖。但效果乏善可陈，一个月仅仅销售了20多万元，销售网点不足千家。实行经销制后，充分利用经销商的客情关系做分销，厂家成立推广特攻队，专做市场推广。经销商不到一个月的时间，只用了不足10人的销售队伍，就将网点做到近3000家，月销售回款近百万元。

（二）良好的销售服务

服务是经销商与下一级客户之间商业合作的润滑剂，是一项必须长期坚持的销售管理项目，千万不要把销售服务看成是负担，实质上它是提升销售业绩的重要法宝。销售服务通常包括及时送货、及时补货、及时调换货、及时兑现促销奖励等形式，销售服务做得不到位，客情关系受到影响，最终受损的还是市场。

因为没有及时兑现促销奖励，某品牌"再来一瓶"的促销活动因零售商的抵触被迫中止。2010年，某品牌推出"再来一瓶"的消费者促销活动，中奖率颇高，活动深受消费者的欢迎，效果很好。但随着活动的深入，兑奖数量的增多，不少手持"再来一瓶"瓶盖的消费者发现，走了好几个便利店、超市都无法兑奖。因产品储备及生产线产量不足导致厂家无法为经销商兑奖，经销商也无法给零售商兑奖，进而零售商拒绝为消费者兑奖。由于经销商没有及时给零售商兑现促销奖励，影响了零售商与经销商之间的客情关系，零售商开始拒绝进货，拒绝销售某品牌茶，促销活动也被迫终止。

（三）不定期的促销激励

对零售商来说，尤其是社区便利店，不能只是在推销新品，或者做终端生动化时才想到他们，有促销政策时更要想到他们，这样才能激发零售商的经销热情，保持品牌经销的忠诚度，才会认为自己在经销商眼里很重要。你很重视零售商，帮零售商赚钱，零售商才能把你当自己人，从而提升经销商与零售店的客情关系。

任何时候，你仅仅扮演推销者的角色时，你是令人生厌的，必然受到零售商的排斥和拒绝。但是，当你还扮演服务者和建设者的角色时，零售商一定持欢迎态度，同零售商的客情关系也会进一步提升。

第六章 客情与管理驱动

有些品牌非常重视与传统零售商的合作，在推广政策的设计上直接下沉到零售商一级，以帮助经销商打造与零售商的稳定的合作关系。

立白洗衣粉为什么能在洗涤市场屹立不倒？与其重视传统渠道有很大关系。2010年，立白推出"五统一""终端三个表现"乡镇市场标准店覆盖计划，统一规划标准店的形象，并给予标准店特定的促销支持，这一促销活动大大提升了零售店与立白专销商之间的客情关系，给主要竞争对手很大的压力。经此一役，乡镇市场的主流客户被立白牢牢把控，大大促进了立白产品的销售。

附："立白标准店"合作协议书

甲方（经销商）_____   乙方（店名）_____

为加强双方生意的长期战略合作关系，共同提升立白产品的生意，甲乙双方本着互利互惠的合作原则，达到共赢目的，经双方协商达成以下合作协议：

（1）经双方协商，乙方自愿成为"立白2010年标准店"（会员店）资格门店。乙方作为甲方生意战略合作伙伴，将享受甲方给予的待遇与相应的生意支持。

（2）乙方作为甲方会员店，分销标准、陈列标准及综合表现应达到表6-1的要求：

表6-1 分销标准、陈列标准及综合表现要求

销量	分销标准	陈列标准	促销活动	终端宣传
自2011年__月—2011年__月，每月销售额不低于____万元，全年销售额不低于____万元（其中，洗衣产品不低于____万元，牙膏不低于____万元）	分销条码总数不低于__个，其中，洗衣粉__个、洗洁精__个、洗衣皂__个、洗衣液__个、消杀系列__个、牙膏系列__个、其他品类__个	①粉/精皂/液/消杀系列产品需保持第一陈列位置，并占其同类产品1/2以上位置 ②其他品类产品陈列要求 ③特殊陈列要求	乙方必须优先安排甲方的促销活动档期，同时积极配合甲方开展促销活动，并提供活动需要的特殊陈列与宣传。保证甲方每档期促销活动执行优于同品类竞品，并及时反馈活动执行效果	作为甲方的会员店，乙方需配合甲方进行产品及品牌宣传，优先提供甲方产品、品牌宣传需要的场地，并确保甲方终端宣传物料的使用和维护到位

（3）乙方作为甲方会员店，如能达到会员店要求标准，则可享受甲方提供的优惠政策支持，如表6-2所示。

表6-2 优惠政策支持

销量返利支持	新品推广支持	陈列费用支持	促销活动支持	终端宣传支持
①季度返利支持：如乙方季度达成＿＿万元销售额，可享受＿＿%返利支持 ②年度返利支持：如乙方年度达成＿＿万元销售额，可享受＿＿%返利支持	优先享受甲方新品分销及新品上市相关政策支持，并作为新品上市后重点宣传和推广的终端	①可参与甲方月度、季度、年度会员店排名奖励竞赛，并可参与星级会员店评比，如达到相关标准可享受每月＿＿元陈列费用支持 ②甲方优先选择乙方进行阶段性特殊陈列费用支持	①乙方作为甲方会员店可优先享受甲方促销活动支持，包括促销装、特价、买赠等支持 ②同时，甲方将协助乙方进行库存管理，协助乙方对滞销产品进行处理	①乙方可优先享受甲方提供的形象店包装支持，优先享受广宣物料支持 ②乙方可优先享受甲方的终端推广活动支持

其他：＿＿＿＿＿＿＿＿＿＿＿＿＿

（3）合作时间：2010年＿＿月＿＿日—20＿＿年＿＿月＿＿日，支持费用＿＿＿＿元/月，共计＿＿＿＿元。

（4）乙方应当配合甲方积极进行产品销售、终端陈列，并接受甲方销售人员的监督与指导，主动维护甲方产品的陈列位置、陈列面积、产品宣传广告等。如果乙方随意改动甲方的系列产品的陈列位置，甲方有权中止双方的合作及所支持的费用。

（5）如果乙方因店面装修或位置改动，甲方有权优先选择陈列位置并保持不低于原来的陈列面积和陈列占比。

（6）甲方销售人员有义务协助乙方进行价格和库存管理，乙方配合甲方提供库存数据。

（7）乙方有义务和权利维护立白系列产品的价格及市场秩序，杜绝销售仿冒或假立白产品，一经发现立即中止合作关系。

（8）奖励支付时间及方式：＿＿＿＿＿＿＿＿＿＿＿＿＿

本协议自签订之日生效，甲乙双方各执一份。凭着良好的商业操守和保密约定，严禁乙方将本协议条款内容透露给其他商家或其他公司。

甲方_____　　　　　　　　乙方_____
区域销售公司（经销商）名称：　商店名称：
负责人：　　　　　　　　　　　负责人：　　　电话：
联系电话：　　　　　　　　　　商店地址：
日期：　　　　　　　　　　　　日期：

二、让 CRC 逊色的一图两表

科学的销售管理是提升渠道力和渠道效率的重要手段。快消品企业最常采用的是 CRC 客户资料记录卡管理手法，这的确是有效的销售过程和目标管理手段，但仍存在瑕疵和弊端。销售人员的天性是喜欢动口、动手，就是不喜欢动笔。当前，企业设计的管理表格五花八门，有的过于复杂，给销售人员带来不必要的负担。因此，根据管理需要简化表格，减少销售人员的行政办公时间也是提升效率的重要手段。

下面是笔者为一饮料品牌做营销咨询时，为客户销售团队设计的不一样的一图两表。

（一）一图：《客户拜访线路图》

通过对城区市场的扫街查点，统计出城区所有网点的数量，并绘制出城区渠道网点的分布总图。根据渠道网点的数量结合城市行车路线的实际情况对城区市场进行业务分区。一般来说，按每名销售代表每周管理 180~240 个终端网点的业务量进行分区和配置销售代表。每个区域建立 6 条拜访线路，线路的确立要充分考虑出行的效率，最后绘制出客户拜访路线图。线路图对应的线路卡如表 6-3 所示。

表 6-3　线路图对应的线路卡

线路	路、街	线路客户编号	合计（家）
线路一（A-1）		例，L-C-001、N-D-006、X-C-008	40

续表

线路	路、街	线路客户编号	合计（家）
线路二（A-2）			42
线路三（A-3）			41
线路四（A-4）			42
线路五（A-5）			40
线路六（A-6）			38
说明	L代表便利店、N代表餐饮店、X代表校园店，L-C-001、N-D-006、X-C-008分别代表本线路上第一家C类零售店、第六家D类餐饮店和第八家C类校园店。		

需要注意的是，在确定每条线路上的客户拜访数量时一定要考虑分级拜访及必要的客观因素，线路规划才会更加合理。

分级拜访意味着有些重点客户每周会拜访2~3次，拜访的时间也比普通客户长一些，花费的服务时间和精力更多一些。一名重点客户相当于2~3名普通客户，因此，重点客户分布较多的线路，每天拜访的数量可以适当少一些。如表6-4所示。

表6-4 某企业对客户分级拜访的要求

零售店等级	店数	拜访次数（次/周）	拜访时间（分/次）	合计（次/周）
A	5	3	40	15
B	10	2	20	20
C	15	1	15	15
D	20	0.5	10	10

划分客户拜访数量时还要考虑以下要素。

（1）办公地点所处的地理位置与应拜访路线的距离远近。

（2）各地区的客户密集度大小。

（3）目前所服务的产品多少。

（4）销售代表工作成熟度的高低。

（5）客户等级的不同。

(二) 两表：《销售代表每日业绩达成表》《客户记录表》

表6-5 《销售代表每日业绩达成表》

姓名	线路	应访店数	实访店数	今日销量与销售额						今日成交率	今日新开户	今日新增品项	今日减少品项
				品项1		品项2		……					
				数量	金额	数量	金额	数量	金额				
奖罚项目与标准	①拜访量：未完成拜访量的90%，扣罚20元 ②销售额：销售额满××元，当天微信红包奖励20元 ③开户奖：新开户且销售额达到××元以上，奖励30元 ④维护处罚：已合作店品项减少，扣罚10元												
当日奖罚情况													

通过这张表格，销售经理就能清晰地知道：

(1) 销售人员今天拜访的是哪一条线路。

(2) 这些线路都有哪些网点（线路图清晰地记载着网点明细）。

(3) 今天应该拜访的店数和实际拜访的店数。

(4) 今天各品项销售的情况。

(5) 截至今天本月各品项销售的累计情况。

(6) 今天成交了几家客户，成交率是多少。

(7) 今天有哪些新的品项进店。

(8) 今天新开了几家店。

然后根据制定的奖罚标准，即时性地对该销售人员进行奖惩。

《销售代表每日业绩达成表》能清晰地反映该销售代表当天的工作绩效，管理者根据绩效快速、及时地对销售人员进行激励和处罚，激浊扬清，从而提升销售团队的士气和战斗力。

《销售代表每日业绩达成表》是一个目标管理性质的表格，只能粗犷地了解销售代表当天的绩效。目前企业常用的CRC客户记录卡也仅仅从销售层面上记录门店业绩状况，如果需要进一步了解本品在门店的表现和存在的问题，还需要销售人员认真填写《客户记录表》，如表6-6所示。

表6-6　《客户记录表》

编号	终端店基本信息				销售情况和终端表现							
	店名	店主姓名	电话	地址	本月销售	库存	分销品项	陈列	生动化	促销	价格	服务
L-C-001												
L-B-002												
L-A-003												
X-A-001												
X-B-004												
竞品信息	L-C-001：　　　L-B-002：　　　……											
问题与机会点	L-C-001：　　　L-B-002：　　　……											
备注	网点编号中字母分别代表商业形态和等级，数字则代表网点按照顺序排列。如L-C-001代表第一家C级便利店，L代表便利店、C代表店的等级、001代表该线路上第一家											

通过这张表格，销售代表能清晰地知晓自己管理的门店终端表现情况，知道下一次拜访时该做什么。销售经理也能清晰地知道该销售代表在每家店的业绩情况，知道销售代表在每一家店围绕着分销品项、陈列及生动化、促销、价格、服务五项重要的动销五要素做了哪些具体工作。

通过《销售代表每日业绩达成表》和《客户记录表》，销售经理分别掌握了销售代表当天的总体业绩、每家店的业绩、每家店的详细工作情况及每家店的终端表现。

随着移动互联网技术的发展，特别是微信的迅猛发展，传播的管理方法与新技术融合，开发了销售人员外勤管理系统，这种外勤管理系统将传统的表格式管理与微信结合，将管理表格电子化，大大提高了管理的可靠性和真实性，既提升了管理效率，又降低了营销成本。

三、终端拜访的"天龙八部"

终端拜访的"天龙八部"就是笔者重新修缮的终端拜访八步骤。终端拜访八步骤是古老而经典的销售人员终端销售管理模式。囿于当时的市场环境，有些步骤与方法显得落后，各企业流传的版本也残缺不全或改动得各具特色。本书结合知名品牌及多年实操经验对终端拜访八步骤的内容进行重新修缮,将《客户记录表》的使用融入终端拜访八步骤中,使得终端拜访八步骤更具有目标性。

(一) 步骤一:出门准备五部曲

曲1:明确工作任务和目标。主管下达的或自己计划的销售目标是什么?对照拜访线路图,今天拟拜访的客户有哪些?《客户记录表》中显示的当天拜访应解决什么问题?围绕这些销售目标需要做哪些工作……

曲2:广宣物料的准备。根据今天的工作任务,明确今天需要带哪些广宣物料——海报、爆炸贴、围膜、门贴、餐巾盒、客户服务卡……销售工作必须与终端生动化工作一同开展。

曲3:销售辅助工具的准备。客户记录表、拜访线路图、各类销售报表、空白陈列或者动销协议、美工刀、胶带、产品样品、产品画册、促销活动照片、抹布、订货单、签字笔等一个都不能少。缺少这些工具不仅有碍销售工作的开展,还给客户留下不专业的印象,不利于客情关系的建立。

曲4:销售话术的模拟演练。今天要和客户谈什么,客户可能有哪些异议需要处理,怎样诉求才能令客户更好地接受新品或答应自己的陈列条件?上次谈判时有哪些异议没有处理好?今天应该如何处理?在大脑里默默地进行推销场景的沙盘演练,或者分享给主管及同事,集思广益寻求最佳的应对方案,这样面对客户时才更容易成功,而不是重复昨天的悲剧。

曲5:仪容仪表检查。刷脸时代,帅一点、漂亮一点、干净一点,不但是基本的尊重,而且是重要加分项。不要认为卖货的大婶青春不再、不注重面子,大婶也有少女心。

如果采用车销的模式,还需要准备货品。今天要推哪些产品?什么规格?什么包装形式?是24罐箱装,还是礼品装、利乐包,并根据预计达成的销售目标确定准备的数量。

(二) 步骤二:店外检查五细节

首先检查店外广告,检查店外还有哪些本品的广宣品布置的机会。

细节 1：检查店外空白地带，看还有哪些地方可以布置本品的 POP。扫描店外的空白地带，弄清楚哪些是不可以张贴 POP 的，哪些经争取还有机会。

细节 2：检查本品 POP 是否有破损需要更换；不仅维护了本品形象，还不给竞品替换的机会。

细节 3：检查竞品的 POP 哪些长时间无人维护，是否可以替换。比如，多次拜访时发现竞品的 KT 板泛黄或缺了一角始终没有更换，看是否属于"无人管理""无人维护""无费用修缮"的三无品牌，并同店主协商能否更换成本品，既美化了店面环境又宣传了本品。

细节 4：检查本品 POP 是否与店内主推的商品保持一致。比如，春节节点的时候主推礼品装，检查店外的 POP 宣传是否以礼品宣传为主。

细节 5：再次进行仪表检查，整理服装、端正仪表，让店主更容易接受你，对你产生好感。

（三）步骤三：入店问候两要领

要领 1：老板姓名要记牢。对照客户记录表，核对店名是否与记录一致，并记住老板姓名，以便称呼。试想，如果老板是张三，你进门就叫李老板，店主肯定会想：来了那么多次了，还记不住我姓什么，看来也不重视我。于是，今天该订货的也故意不订了，该订 2 件货的，只订 1 件货算了。

要领 2：进门先不谈工作。进门和客户寒暄时，不要直接谈及订货的事情，待店情检查完毕再谈销售层面的工作。

我们设想一下这样的场景：销售人员小李和老板张三打完招呼后，一屁股坐在老板的店里："张老板，××销得怎么样？再进一些货吧？"老板摇摇头说："销得不好，都没有卖。"实际上，货已经卖得低于安全库存了。接下来小李怎么办？撤吧，没有达到目的；不撤吧，继续检查店情，发现老板说得有问题，再去推翻老板说的，无异于打老板的脸。

销售工作也不止订单，陈列、生动化等都是销售工作的范畴，都可能需要同老板谈判，不了解店内情况贸然进入谈判流程，只会以失败告终。

即便是从未进场的新品，销售人员也应该进店了解该店经营竞品的状况、产品结构、卖点、价格等信息后再进行销售谈判，有助于根据店内情况处理店主的异议。

（四）步骤四：店情检查六大项

经店主同意后进行产品生动化陈列、POP 生动化、清点库存、清理货架、擦拭产品，并进行信息收集等六项工作。

产品生动化陈列。若有公司产品销售，则要开展产品生动化陈列工作，按标准陈列，抢占货架排面以及堆箱陈列的位置、数量。若无公司的产品销售，则观察该店的主要陈列面是什么产品，了解产品的价格、卖点是什么，产品的定价是多少，考虑公司的产品恰当切入的机会。

POP 生动化。检查爆炸贴等生动化广宣品是否缺少或残损，现场还有哪些 POP 生动化的机会。

店外 POP 生动化。根据店外检查发现机会点，进行本品的广宣品布置，撕掉或覆盖别人的海报，张贴自己的海报，海报要与店内商品保持一致。

检查本品。检查货龄，按照先进先出原则进行调整；检查产品价格是否正常。

清洁。用抹布清洁本公司产品及 POP。

信息收集。收集竞品信息。

陈列及生动化的检查过程中，如果是微调 1~2 个排面及张贴一些跳跳卡、爆炸贴等可以直接动手；如果是大面积地调整，应该同老板认真谈判后予以改变，否则未经许可进行激烈地改动容易引起老板的不满。

有一种情况需要注意，即便店主没有进我们的产品，如果可以也要张贴上本公司的 POP。只要有宣传，就有被消费者指名购买的机会；只要被消费者指名购买，产品进店就是轻而易举的事。

（五）步骤五：清点库存找机会

盘点货架、陈列架、堆箱及店内的所有库存，发现销售机会点。

（六）步骤六：销售陈述模型化

针对未销售本品的店，目标是铺货进店。 在说服性销售过程中，一定要包含但不限于以下内容。

第一，陈述产品的价值点，产品价值的差异化给消费者带来的独特利益是竞争的空白地带。这是产品能够被消费者接受、在市场销售的根本，我们将在后面的分销技巧中具体讲述。

第二，陈述公司对产品的市场投入措施，这是帮助产品动销的重要招式，树立客户经销产品的信心。

第三，借助辅助工具，如广告排期表、其他店的销售订单、促销活动照片等佐证产品能动销，是一个在其他地方已经动销的产品。

前三步都是向老板灌输产品能够动销的理念。接下来就是向客户谈销售及促销政策，给客户讲产品利润，告诉客户本品不仅能够销售，还比竞品更赚钱。

第四，再从产品利润与销售的八个排列组合（即利润高畅销、利润低畅销、利润高能动销、利润低能动销、利润高动销慢、利润低动销慢、利润高不动销、利润低不动销，下一章将详细描述）方面谈本公司的产品是一款利润高能动销的产品。如果客户认可这一结论，新品不可能被拒之门外。

针对已经销售本品的店，仔细看客户记录表，明确在店里要做什么，按照终端动销五要素的管理模型向客户进行销售陈述。

表6-7 销售陈述

门店类型	动销五要素管理	标准	现状	改进措施
明星店（签署明星店协议）	品项管理及改进	全品项分销		
	陈列、生动化及改进	按照明星店协议要求进行		
	价格管理及改进	公司标准零售价		
	促销落地及改进	活动告知、宣传及执行到位		
	服务目标	时间：2次/周 内容：及时处理调换货、奖励兑现及价格投诉		

续表

门店类型	动销五要素管理	标准	现状	改进措施
多品项店（分销2个以上单品的店）	品项管理及改进	2个以上品项向全品项分销努力		
	陈列、生动化及改进	2排面/品项，达成销量给陈列奖励		
	价格管理及改进	公司标准零售价		
	促销落地及改进	活动告知、宣传及执行到位		
	服务目标	时间：×次/周（根据店的规模而定） 内容：及时处理调换货、奖励兑现、价格投诉		
单品项店（只有1个优势单品的店）	品项管理及改进	1个品项向多品项分销努力，谨防因销量小而被清理		
	陈列、生动化及改进	依靠客情获得最大陈列、最优生动化		
	价格管理及改进	公司标准零售价		
	促销落地及改进	活动告知、宣传及执行到位		
	服务目标	时间：×次/周（根据店的规模而定） 内容：及时处理调换货、奖励兑现、价格投诉		
问题店（单品逐步减少的店）	品项管理及改进	通过促销或服务逆转单品逐步减少的状况		
	陈列、生动化及改进	依靠客情获得最大陈列、最优生动化		
	价格管理及改进	公司标准零售价		
	促销落地及改进	活动告知、宣传及执行到位		
	服务目标	时间：×次/周（根据店的规模而定） 内容：及时处理调换货、奖励兑现、价格投诉		

（七）步骤七：下订单的四技巧

技巧1：安全库存为依据。 当销售人员拿到库存数据后，再说服客户进货就理据十足了。一般情况下是按照安全库存原则（1.5倍实际销量）

向客户下订单，除维持特殊陈列的库存外，订单数应为安全库存与现有库存的差值。当有促销政策时，可结合促销政策下订单。

技巧2：填好订单要签字。销售人员填写好订货单，一定要让店主签字并确定送货的时间。这一点非常重要，只有明确签上店主名字，送货时才不会节外生枝，小店经常出现不同人看店的现象，如果没有签字就不会获得他们的认可。还有一种情况是防止老板反悔，完成订单后他可能觉得是在你的"忽悠"下货订多了，这种情况下如果签上名字，反悔的可能性就很小。

技巧3：当时记录莫拖延。完成订货后，一定要在现场填写销售管理报表，更新客户记录卡。好记性不如烂笔头，几十家店记不住、记混了的情况很正常，一店一记录才是正途。

技巧4：临走别忘说谢谢。最后向客户致谢，预约下次拜访时间。

（八）步骤八：回顾与总结重提升

拜访完当天的客户后，销售人员要赶回办公室，处理客户销售订单，提交给销售部订单处理人员。汇总今天的销售业绩并填写未完成的相关表格，如果有晚例会，整理当天工作情况进行晚会汇报、经验交流等。通过汇报和经验交流提升谈判技巧，今天的收获就非常完美了。

第七章
Chapter 7
六大分销必杀技

销售人员是产品分销的执行者，销售人员的分销力是渠道力的重要支撑，一支训练有素、素质过硬的钢铁销售团队是产品分销的重要保证。销售人员的分销能力来源于个人的勤奋度、持之以恒的毅力、与零售店良好的客情关系及掌握良好的分销技巧。

勤奋、毅力、良好的客情关系是对销售人员的基本要求，具备这些基本素质，零售店主会从感情上接受你，愿意认真地同你洽谈业务。但仅有这些基本素质还不够，至少不是最有效率的。掌握必要的分销技巧，使销售人员从感性营销跨越到理性营销，能快速帮助销售人员达成产品分销目标，实现渠道力的扩张。要成为快消品行业里一名优秀的销售人员，必须熟练掌握六大分销必杀技。

一、必杀技一：阐述产品动销基因

一些销售人员一进店就向客户谈经销政策、经销利益，这是本末倒置的做法。品牌鱼龙混杂、长短线品牌的战略目标不一样，政策也五花八门，一些短线品牌的销售政策更是无止境、无底线，没有最好只有更好，长线品牌很难同它们硬拼政策。离开产品谈政策，政策就像空中楼阁，中看不中用。

必须回归产品，谈产品的差异化价值，给消费者带来独特利益，这是产品能够被消费者接受、在市场动销的根本原因，也是零售店愿意接纳产品进店的重要原因。

店主考量新品的首要因素是动销，而动销的基因就是产品的差异化价值。讲透产品的差异化价值是树立店主经营信心的最有效手段之一，要告诉店主自己的产品为什么是一个能动销的产品，因为自己的产品：

（1）是一个满足目标消费人群某些特定利益需求的产品。

（2）是一个具有广谱消费需求的产品。

（3）是一个其他品牌不具备的、有差异化价值的产品。

（4）是一个能够动销的、创造利润的产品。

比如，王老吉的动销基因是"预防上火"。王老吉新品上市时，销售人员可以向客户这样阐述产品："预防上火"是一个具有广谱需求的产品，市场容量很大，"火锅一族""熬夜一族""加班一族"，甚至日常饮食不当的人群等都是容易"上火"的人群，需求很强烈，市场很容易形成。目前市场上没有其他品牌是"预防上火"的，王老吉的差异化价值和市场需求决定这是一款能动销的产品，一定能帮助您创造满意的利润。

二、必杀技二：陈述产品利润及销售推广政策

给客户树立了产品一定动销的信心后，就需要给客户讲解产品利润及销售政策。天下攘攘，皆为利往。给客户讲产品利润，就是告诉客户本品不仅是一款具有动销基因的新品，还是一款比竞品赚钱的产品。讲述产品利润一定要在讲述动销基因后面，只有客户对新品动销有信心后，产品利润才能锦上添花。

产品利润产生的源泉是"常态的产品价差＋各类奖励政策"。销售人员首先对比本公司产品和竞品的产品价格体系，并告知客户这是常态的利润源。接下来根据当前公司制定的销售政策，计算因各类销售政策和促销带来的利润。快消品促销带来的利润如下：

返利产生利润：月度、季度或年度达到公司规定销量，公司给予的返利。

销售竞赛产生利润：年度或半年度达成一定销售目标，给予的销售奖励。

渠道搭赠产生利润：为激励零售店进货而采用的"多搭1"促销活动。

陈列奖励产生利润：堆箱陈列、端架陈列、专架陈列、陈列竞赛等产生利润。

促销赠品产生利润：食用油、毛巾、脸盆等可以销售的赠品转化为利润。

特殊协议产生利润：经销商与店主签署的销售奖励协议等会产生利润。

回收包装产生利润：参与回收瓶盖或罐子等包装会产生利润。

促销活动产生利润：在本店举行地面促销活动，除活动本身销售产品带来利润外，给店里带来人气和客流，多销售店内经销的其他产品，也会间接带来利润。

……

由于这些销售政策和促销带来的利润是隐性的，客户不能直接看出来，销售人员需要将其计算出来，以具体的数字明确告知客户经销自己的产品利润更加丰厚。尤其是当产品的常态价差低于竞争对手时，只有精确地计算销售政策等所隐藏的利润才能更好地说服客户。

我们知道，价差是最直接的常态驱动力，为什么不直接将销售政策和促销利润打入价格体系中呢？对一个目光远大的品牌来说，这是一个能够立足未来的顶层设计。为了使品牌有更大的发展空间，必须保证企业满意的利润，如果在常态的价格体系设计上挤压企业的利润空间，缺少利润的支撑是不利于企业的长期发展的。因为价格是刚性的，是不可以轻易动摇和谈判的，一旦价格定下来，就需要长期的执行。而销售和促销政策则是灵活的。在产品导入期，通过销售和促销政策弥补产品利润不足，能够让经销商快速接手，一旦产品进入市场并实现了良好动销后，这些销售和促销政策会逐步被抽走，公司保留更多的利润。

表7-1通过A品牌饮料的价格体系和产品导入期的销售政策，看看产品导入期的销售政策如何弥补价格体系的短板。

表7-1 A品牌产品导入期的销售政策

（单位：元）

品牌	经销商				二批经销商				终端				零售价
	进	出	利润	利润率	进	出	利润	利润率	进	出	利润	利润率	
A品牌	70	74	4	5.71%	74	76	2	2.70%	76	96	20	26.32%	4
竞品	65	70	5	7.69%	70	73	3	4.29%	73	90	17	23.29%	3.75

A品牌因为产品成本和提升市场费用空间等原因，导致产品的出厂价高于竞争对手5元，经销商和二批经销商的利润也低于竞争对手，在竞争中处于弱势地位。为此，A品牌在产品导入期时实施以下重磅销售政策。

(1) 月度返利 4 元/件（利润率 5.71%），达成销售目标年度返利 3%。

(2) 百件搭百罐试饮品（利润率 4.17%）。

(3) 年度达成任务者根据实际回款奖励各档次汽车（获奖客户所获利润率 10% 以上）。

(4) 零售终端开展 10 赠 1 铺市促销活动，进货直接返给经销商（利润率 10%）。

(5) 明星店给予 1 件/月的陈列奖励（利润率 10%）。

(6) 零售店销量达成旅游奖励（获奖零售店利润率约 8%）。

不含其他市场推广费用的支持，仅在销售政策层面上，经销商固定获得的政策奖励为 5.71% + 4.17% = 9.88%，业绩较好的经销商还将额外获得 3% 的年度返利和 10% 的汽车奖励。而零售商固定获得的政策奖励为 10% 的铺市奖励，明星店则获得共 20% 的分销和陈列奖励，个别在销售竞赛中达成目标的零售店还将额外获得 8% 左右的旅游奖励。这些销售政策与产品的常态利润结合，有效地改变了 A 品牌利润较低、渠道力较弱的不利局面。

三、必杀技三：阐述终端动销招式

向店主陈述公司对新品的市场推广计划和投入措施，即终端动销招式，帮助客户树立新品一定能动销的信心。我们知道，产品的差异化价值是动销基因，是动销的基础，如果仅仅有好的基因而没有有效的传播推广等动销措施，产品动销也是一句空话。新品在全国和当地市场的广告投放计划与投放时间，地面促销活动的计划与时间、产品陈列和生动化措施、节点或平时有哪些针对消费者的促销活动等，这些市场推广计划需要告知店主，让店主知道产品在本地市场有哪些动销招式，推广思路是否能打动他。这些动销招式有些与本店有关，更多的是与店主没有直接关系，多是在大卖场或城市广场举行，但对整个市场的动销仍然起重要的作用，店主根据新品的动销招式在自己认知的条件下判断新品能否动销、是否有经营风险。

一般来说，成熟的快消品企业在新品上市前，市场部都会有一套完整的新品上市计划，销售部市场推广人员根据新品上市计划的资源分配情况，针对当地市场做一套市场推广执行案。销售人员一定要烂熟于心，这是你向客户推销时重点讲述的内容之一，是向客户秀"新品肌肉"的重要方式，让客户觉得该产品是一个值得跟随共同发展的潜力股。

二批便利店推广专案——明星店策略

某饮料企业为了拓展传统通路市场，针对二批和有影响力的便利店举办打造明星店活动，希望通过该活动的影响，起到"以点带面"的作用，激活传统通路市场。推广专案的主要内容如下：

1. **针对对象**：位置较好的批发市场和便利店（含烟酒店）。
2. **明星店数量**：1000家明星店，含批发市场。
3. **推广时间**

第一波：2015年4月1日—2015年5月31日（上市初期）。

第二波：2015年9月15日—2016年2月15日（中秋春节节点）。

4. **明星店选择标准**

（1）位置和面积：十字路口或档口两端优先、人流量较大、对周边店起辐射作用、营业面积适中（建议标准：批发市场不低于30平方米，零售店不低于100平方米，各地根据实际情况微调）。

（2）最低进货量：首批最低进货量为批发市场15箱、便利店6箱。

（3）陈列要求：

针对食品批发市场：在档口外最前端位置陈列堆放10箱。

针对零售店：在进门处最前端位置或店外醒目位置陈列堆放5箱，货架陈列不少于6罐，位置在第3层、第4层。

（4）补货要求：明星店必须确保促销期陈列产品的数量符合要求，库存产品一经销售，必须及时补货，不得因缺货影响标准陈列数量。

5. **明星店奖励政策**

（1）陈列奖励。每月给予1件陈列奖励，月底支付，每周不定期抽查一次，每次抽查不合格扣除6罐。

陈列时间：第一波：2015年4月1日—2015年5月31日；第二波：2015年9月15日—2016年2月15日。

表7-2 陈列奖励

促销时间	针对产品	陈列门店数量	陈列奖励政策
2015年4月1日—2015年5月31日，2个月	310ml	1000家	1箱/店·月
2015年9月15日—2016年2月15日，5个月		1000家	1箱/店·月
合计			

（2）进货激励。首批进货给予10搭1促销支持，一次性进货满1000元，另送价值50元食用油1桶。

（3）旅游激励计划。针对明星店，年度累计1万元以上，均给予不同级别的旅游奖励，不参与旅游奖励的，可申请折成产品以外的实物奖励，不给予现金、产品或折扣奖励。

表7-3 旅游激励计划

年销量	陈列配合	旅游或实物奖励
1~3万元	按照陈列协议规定的陈列标准陈列	价值800元省内游
3~5万元		价值3000元港、澳、台5日游
5万元以上		价值6000元"新、马、泰"10日游

经销售人员向零售店讲解该专案后，零售店店主争当明星店，没有资格成为明星店的也很快达成了经销合作意向。

四、必杀技四：运用"产品利润与动销排列组合"

一般来说，零售店评估是否接受新品，主要考量的两个因素是"产品能否动销"和"产品的利润是否满意"。这两个因素需要综合考量，因此产生了产品利润与动销的八个排列组合，即利润高畅销、利润低畅销、利润高能动销、利润低能动销、利润高动销慢、利润低动销慢、利润高不动销、利润低不动销。

表7-4 产品利润与动销的八个排列组合

利润动销组合	利润高畅销	利润低畅销	利润高能动销	利润低能动销	利润高动销慢	利润低动销慢	利润高不动销	利润低不动销
店主态度	最受欢迎	很受欢迎	欢迎，努力推广	能接受	勉强接受	努力接受	不接受	不接受
现实情况	不存在	知名品牌老产品	知名品牌新品或有差异化的产品	知名品牌非畅销产品	多为非知名品牌的新品	多为非知名品牌的新品	多为非知名品牌的新品	较少存在

从店主对这八个排列组合的态度来看，店主对新品能否动销的考量比重更大。销售人员要说服店主的是，努力让他们相信新品不是一个利润高不动销的产品，而是一个利润高能动销或利润虽低但能动销的产品，至少也是一个动销虽慢但利润高的产品，否则就不可能成功说服店主。

零售店店主是不知道有"产品利润与动销排列组合"这个工具的，但是他选择产品时，潜意识里有这样的影子。因此，需要让销售人员用通俗易懂的语言阐述这一组合，引导零售店跟随你的思路选择产品。

2015年，笔者为山西顶吉食品企业进行"快消品这样玩转终端"销售培训时，针对顶吉苹果醋饮料如何利用"产品利润与动销的排列组合"进行分销铺市时，总结了八大说服性销售步骤，按步骤的先后顺序向零售店阐述合作的理由。

（1）向店主介绍产品的差异化价值。从产品功能价值来看，顶吉苹果醋是一款能够解油腻的饮料，在大鱼大肉充斥日常生活的今天，这个需求很强烈。从产品文化价值来看，顶吉有"大吉大利"的寓意，符合中国人追求好兆头的心理，适合作为亲朋间来往的礼品。

（2）向店主介绍产品的目标消费群。女性塑身需要、中老年人远离

"三高"的需要等，有广泛的目标消费群，是一个具有广谱需求的产品。

（3）向店主介绍产品的销售政策，进行利润分析。全方位利润计算显示，优于主要竞品（但不要同短线品牌比利润）。

（4）向店主介绍产品的推广手段、动销手法。让店主对市场拉动有整体认知，树立顶吉产品能够动销的信心。

（5）向店主分析店内产品的生态。让店主明白顶吉产品与店内经营的产品相比是具有差异化的产品，能吸引不同的消费者前来购买，并带动店内的整体生意。

（6）运用"产品利润与动销排列组合"。分析顶吉产品是处于利润高能动销的维度，并引导店主建立一个认知：对于新品来说，利润高能动销是新品上市的最佳状态。

（7）其他手法。根据店主的反映，灵活使用一些销售技巧处理异议。

（8）临门一脚，快速将生米煮成熟饭，实现销售。

五、必杀技五：借助销售辅助工具

辅助工具有两种用途：一是提高销售人员销售言论可信度和言论准确性；二是借助辅助工具进行必要的展示，更直观地说明某种观点。两种用途都能帮助销售人员进行说服性销售。

销售言论的可信度与销售现状的残酷性彼此关联。不可否认，迫于业绩压力，一小部分销售人员没有守住底线，为了达成业绩目标欺骗客户屡见不鲜，而店主"一朝被蛇咬，十年怕井绳"。因此，面对销售人员的言论，店主半信半疑。尤其是当品牌不是知名品牌或者经销商不值得信赖时，销售人员言论的可信度会大打折扣。这时，借助辅助工具提高销售人员言论的可信度就很有必要。

销售人员通常使用哪些辅助工具呢？产品广告排期表、门店销售订单、促销活动照片、门店产品陈列照片等都可以成为销售辅助工具。

已经签订广告合同的广告排期表是很好的销售辅助工具。一份企业同广告代理公司或当地媒体直接签署的广告投放计划的扫描件胜似几句话的重复和解释。而且排期表上有投放时间、投放频道，店主还可以验证信息的真实性。

其他门店的销售订单也是非常重要的销售辅助工具。晒一晒其他门店的销售订单，等于给潜在客户吃了一颗定心丸。人具有从众心理和风险意识，销售订单无形中向客户传达：别人都经销了，我也应该经销，利益当前我不能不抓住；别人都不怕风险，我为什么怕？这时其他门店的订单起到分摊风险压力的作用。

促销活动照片也是重要的销售工具。客户可以从照片中直观地感受到新品热销的氛围，树立其对新品能够动销的信心。

言论传达的准确性是达成销售目标的根本。销售人员在推销的过程中会出现言论传达不准确的情况，或是由于销售人员言语表述不清晰有偏差，或是由于客户理解能力有偏差，使得客户不能准确把握销售人员言论的核心要义，从而对达成目标产生障碍，这时借助销售工具能清楚地向客户表达出来。比如，当销售人员向客户描述如何在店内开展特色陈列时，语言是无法精准地表达出来的。销售人员展示出特色陈列的效果图，客户就能瞬间明白究竟是怎么回事。

六、必杀技六：推广式销售

推广式销售就是与意向门店合作前，在该门店开展一场或几场终端推广活动，让店主亲眼见证新品动销，树立店主经销新品的信心，从而愿意进货销售新品。推广式销售可以由推广团队自带产品到意向门店开展活动，活动结束后进货，也可以让店主先进少量货，承诺店主新品进店后帮助其做1~2次的地面促销推广活动，帮助其消化新品。推广式销售一方面促进新品销售，另一方面也向商圈内消费者告知新品上市的信息，也可以针对新品开展陈列及生动化活动。

2014年，新品类普旺茄子面料理酱在攻坚局部市场时，以推广式销售成功地实现了分销。由于茄子面料理酱是从未听说过的新品类，很多保守的零售店主不愿意经销，哪怕花几十元进货都不肯。面对"铁板一块"的市场，普旺茄子面料理酱首先从菜市场的面条店入手，与面条店合作在面条摊前由两名导购员举办试吃活动（产品利润归面条店）。由于产品的口味很好，买面条的消费者纷纷购买茄子面料理酱。亲眼见证了产品动销的面条店都表示愿意合作，面条店首先被激活并包围社区便利店，然后选择有代表性的社区便利店进行推广式销售。同样，亲眼见证了产品动销的便利店也开始合作。推广式销售凭借以点带面的影响，逐步打破了新品分销不力的局面。

除了上述六大分销必杀技外，以下分销技巧也常常出现在销售人员的销售行为中。

1. 用态度和良好的服务换客情

我们已经知道客情是最有效的分销力，但很多销售新手缺的恰恰是客情。对于未曾合作没有良好客情、经数度谈判都无果的客户，销售人员一定要以良好的态度换得客情。比如，采用抹布工程，多为店主提供无偿劳动，擦拭落满灰尘的货架或货品；在店主业务忙的时候，见机帮助店主搬货，逐渐获得客户的好感。"功夫在诗外"，营销也一样。

销售不是客户工作的结束，而是下一项销售工作的开始。一次销售工作结束后各类售后服务接踵而至——调换有质量问题或不动销的产品、及时兑现促销奖励、及时补货等服务需要销售人员及时做到。如果客户满意了，再推荐新品客户才会更容易接受。

2. 用畅销品带动新品

生活中有熟客带新客的现象。新品销售也一样，用强势产品的影响力将新品带进去比硬铺新品容易得多。比如，某娃哈哈的经销商拟将代理的高利润新品铺进店，可以采用进货套餐的形式将新品带进店里：进"3件营养快线+1件新品"，奖励1件营养快线。但是不能做成进"4件营养快线送1件新品"的形式。如果将新品做赠品赠送会让店主从根本上忽视新品，最终导致新品夭折。进货套餐最好结合终端陈列生动化，给新品一个绝对优势的陈列位置和陈列面积，更利于新品成长。

3. 频繁拜访

对于难以谈判的新老客户，要多次定期拜访，并帮助客户做一些服务性工作，比如帮助整理货架和库存、兑换老产品的奖励，进行广宣品布置、让客户感受到你的真诚服务，以提升客情关系，等时机成熟再推销新品就容易了。

4. 利用分销商客情

如果你选择的经销商在某些领域的确不擅长，重新建立关系是一件较为漫长的事情，不利于新品的快速分销，最好的解决方法是寻找分销商，利用分销商的客情关系进店。比如，某流通经销商缺乏现代 KA 卖场的运作能力，如果该经销商硬着头皮做 KA，不但难以进场，即便进去了也会由于缺乏现代 KA 运作和管理能力，从而无法让新品很好地存活。

饮料的主要渠道是 KA 卖场和传统流通渠道，选择的经销商也通常是这些渠道的大鳄，但一些新品因推广需要进入餐饮渠道。那么如果现有经销商不擅长餐饮渠道或此前从未操作过餐饮渠道，就需要借助餐饮渠道的分销商完成对餐饮渠道的覆盖。

5. 降低铺货坎级

终端店不愿意大量进货，可以通过拆箱铺货或综合箱铺货的形式，以提高成交率，通常对较小的店面采用这种方式铺货。对新品来说，提高分销率比单店大量压货更重要。

6. 鼓励试销

鼓励试销的方式有很多种，一种是短期赊销法，通常是一周时间的快速试销。比如某饮料品牌，零售店赊销进货 1 件零 6 瓶，一周试销后如果新品能够动销，就转为经销。如果愿意进 1 件货，那么 6 瓶当作奖励给店主。如果不愿意经销，只需退回未销售的产品并结算已经销售的产品即可。

还有一种试销方式就是向门店承诺，在一定的时间范围内，如果新品不能动销，可以帮助门店调换畅销产品，不过只有经销知名品牌的经销商可以做出这样的承诺。

7. 新品赊销

对于新进某一领域的新经销商，客情关系较差，代理的也是三、四线品牌，当其他分销方法不能奏效时，只有鼓励经销商采用赊销的方式进行分销。

8. "围魏救赵"法

一些比较顽固的、观念保守的"钉子店",风吹不动、雨泼不进,其他方法都使用无效的时候,只有采用"围魏救赵"法,将周围店都做进去。当看到竞争对手都在经营该产品时,再谈判就很容易了,甚至"钉子店"会主动要求进货。

第八章
Chapter 8

如何让渠道尖叫

产品价差带来的驱动力通常只能令经销商满意,鲜能令经销商兴奋。因此,我们在价盘设计阶段必须为渠道促销留下一定的操作空间。否则,渠道就像一潭死水波澜不惊,不能在关键时刻激励渠道商的积极性,不能在关键时刻冲击销量,也不能在关键时刻打击竞争对手。如果说产品价差驱动力是一种常态驱动力,那么渠道促销才是真正的高潮,没有渠道促销,渠道就没有尖叫。

针对渠道商常用的促销措施有经销商新品订货会、经销商进货搭赠、经销商销售竞赛、批发商进货搭赠、批发市场陈列奖励、零售店分销奖励、零售店陈列奖励、零售商销售竞赛等形式。这些招式并不鲜见,但我们经常发现一个现象:两家企业采用相同的促销手法,结果却大相径庭,有的效果很好,有的效果很差。原因固然是多方面的,但缺乏对渠道促销本质的理解也是重要原因之一。

一般来说,决定促销效果的主要因素有两个:一是促销策略应用得当,即在什么样的时间、条件和市场环境下运用最恰当的促销方式;二是促销执行很到位,即对促销活动的每一个细节工作都做得很完美,不存在纰漏。下面我们分别剖析八种形式渠道促销操作的常见误区或者实施关键点,以期窥探渠道促销的本质。

一、经销商新品订货会

(一)经销商新品订货会失败的四大原因

经销商新品订货会是快速构建一级经销商网络的最佳方法,不少企业都尝试过这种招商方式,但效果参差不齐,要么订货会失败,要么存在很多瑕疵,浪费大量的企业资源。经销商新品订货会失败或存在瑕疵的原因有哪些?怎样操作才合适?

1. 失败原因一:企业没有成熟的经销商网络

一般来说,如果企业已经有成熟的经销商网络,再推新品的时候就能够邀约到一定数量的经销商，这是订货会成功开展的重要前提。这些经销商基于对公司的信任合作意愿高，订货会能使经销商更积极地经销新品。

如果企业进入的新领域、新项目没有成熟的经销商，就必须要求销售人员有成熟的客情关系，能够邀约客户，或者企业具有很强的实力能吸引陌生的客户参与。比如，恒大冰泉凭借雄厚的企业实力、高举高打的媒体广告，能够吸引经销商积极参与。

如果上述条件都不具备，没有成熟的网络或者销售人员没有良好的客情关系，经销商订货会的风险就很大，勉强组织也达不到预计的客户数量。不仅会人少冷场、没有会议氛围，到场的经销商也会没有信心，订货会也难以成功。事后新品招商的负面信息也会在经销商圈子里发酵开来，不利于以后的招商。

新企业新品牌召开新品宣导及订货会失败概率是最大的，通常不建议新企业召开这样的会议。如果企业自认为销售人员有成熟的客情关系，能够邀约来客户召开新品订货会，也一定要准备好预案，谨防约好的经销商爽约，充分考虑人少的情况下如何应对。

成都某企业拟召开300名经销商参加的新品订货会，为防止部分经销商爽约，公司提前储备了200名内部人员。一旦经销商人数较少，氛围受到影响，这些内部人员就挺身而出，成为一个个"经销商"，烘托现场招商的氛围。

2. 失败原因二：只有订货政策没有新品宣讲

很多企业认为订货会就是将经销商召集在一起宣导订货政策，用优惠的政策刺激经销商，促进经销商订货。对成熟产品来说，这种方式是可行的，但尚未上市推广的新品仅仅有政策还不够，经销商最关心的还是新品的市场前景和动销问题，不解决这个疑虑，订货会很难成功。因此，产品的市场潜力和发展前景如何、新品上市后公司有哪些市场推广手段等这些才是经销商最关心的。促销力度没有最高只有更高，与竞争对手比拼政策是不适当的。过量的渠道促销，必然会侵占消费者拉动时的促销资源，造成公司没有足够的费用进行消费者拉动，最终会导致新品推广夭折。

2015年3月，笔者因工作关系曾在山西参加了两家饮料企业的新品订货会。两家企业的订货会前后相差一周左右，但因为操作细节不一样，结果大相径庭。A 企业的新品经销商订货会，订货政策力度非常大，首批订货买一送一，渠道促销费率高达 50%，还有其他优惠的渠道促销政策。而 B 企业设定的全年渠道促销费率仅仅 12% 左右，首批订货仅仅 20% 左右，但在宣布政策前对新品的市场前景、新品的差异性和产品力进行了详细的描述。实际的招商结果是 B 企业现场成功签约了 50 多家客户（仅限山西省），并于现场或事后全部打款。而 A 企业签约效果并不理想，经销商并没有像 A 企业想象的那样兴奋。当然也有部分冲动型经销商经销了，但货砸在仓库里，不见动销。有一家经销商一次性向 A 企业定了 68 万元的货，半年过去了，90% 的货还压在仓库里。由于渠道促销挤占了市场推广资源，导致 A 品牌后续缺乏资源进行市场拉动，产品根本无法实现动销。

3. 失败原因三：产品非战略性新品

订货会毕竟是一项成本很高的活动，如果企业只是推出一个跟随产品或者丰富产品线，没有必要开展订货会。因为你没有打算在一个跟随性新品上投入太多，产品也没有差异性，难以吸引经销商。即便是经销商订货也只是象征性订货，难以出现大量吞货现象，投入产出比非常不合理，新品订货失败不可避免。比如，某休闲食品企业在推出了四种口味的鱼豆腐产品后，第二年又加推两款新口味的产品，这两款新品就不适合采用经销商订货会的形式，只需要一纸渠道政策就可以将新品推向经销商渠道。

4. 失败原因四：细节及关键点把控不当

细节决定成败，关键点不能出错，否则订货会就很容易失败。经销商新品订货会通常有六大关键点必须把握好，下面我们就来阐述它。

（二）经销商新品订货会的六大关键点

1. 关键点一：氛围营造要热烈

会议现场的气氛一定要热烈，火爆热烈的场面氛围对经销商的订货激情起鼓舞作用，能够激发经销商订货，会把订货会的效果提升到一个意想不到的高度。

首先要营造的是会议现场布置的氛围。酒店的档次、现场广宣物料的布置都会给经销商先入为主的印象，好的印象会使其对企业的实力和组织能力、推广能力产生信赖感。会场外横跨的拱门，高端、大气的产品气模，会场内的条幅、易拉宝、X展架、会议主题背景布、造型新颖醒目的产品摆放、装有产品手册和企业简介的资料袋等，都是营造会议氛围不可或缺的。不过这只是基础氛围。

会议现场气氛的营造直接决定订货的多寡成败，一定要做到流畅紧凑的节奏把控、激动人心的产品特优利讲解、动人心弦的动销推广手法描述，提升经销商信心。

当然还是要借助一些技巧和手法的。比如，企业事先锁定一些经销积极性高的、订货量大的经销商充当领头羊的角色。通过他们的积极参与，带动更多的经销商现场订货，尤其是对犹豫观望型的经销商有很好的促进作用。很多订货会会议前已经确定了部分经销商现场订货，而订货会争取的是犹豫观望型经销商。

会议现场，主持人在串场的时候，中间要不断穿插经销商订货信息，烘托订货的氛围。还可以安排1~2位经销商代表讲话，通过经销商现身说法他们对产品的积极认同，从而获得更多的经销商支持。

2. 关键点二：会前揽客不能少

订货会最担心的是参会人员少、没有开会的氛围，这是成败的基础和前提。现在经销商对订货会已经不那么感兴趣了，为了更好地吸引经销商参与，一定要设计好揽客手段吸引他们。常规的揽客手段就是让经销商免费吃、喝、住、拿，有些远地方的经销商甚至还要支付他们的差旅费。即使这样，现在这些手段已经不能吸引经销商，一种更新的揽客手段悄然出现，即针对经销商进行培训提升。邀请营销专家进行实战培训，这远比吃、喝、住、拿更吸引经销商。

当然，常规手段也不能少，经销商只要参加就有礼品相送。礼品要有一定的价值感，如果公司的产品价值感强，也可以是公司自己的产品，比如价值较高的化妆品；如果公司的产品本身价值不高，也可以选购或定制一批礼品。这些费用不能省，不能因小失大。此外，订货会还可以设计抽奖环节，不仅参加订货的人能抽奖，进场的经销商都有赢得贵重礼品的机会,这样让经销商觉得不管订不订货都不虚此行,经销商更乐意参加这样的订货会。

3. 关键点三:宣导洗脑要深入

前面讲到不要把订货会简化为简单的政策性订货会,一定要从竞争角度谈产品与市场上竞争对手的差异性、独特性和优势;从消费需求角度上讲产品的市场容量潜力和需求的广谱性;从行业趋势角度上讲产品的发展趋势、行业前景;从推广角度上讲公司有哪些系统性的动销手段……从根本上让经销商认识到经营新品的风险性很小、盈利很高。

从重要性来看,宣导洗脑比订货政策更重要,它直接关乎经销商的经营风险认知问题;从时间分配上来看,这部分分配的时间应该比订货政策的宣讲时间长一些,宣导的内容更丰富,讲透的难度更大。

4. 关键点四:订货政策要有吸引力

很多经销商也是在多家企业的新品订货会上徘徊,比产品、比政策、比推广思路等,最后才优选出一个产品经销。因此,召开订货会前一定设法了解近期有没有其他企业举行订货会、它们的政策是什么,将竞争对手的订货政策作为自己制定订货政策的参考。当然,并不是说同对手拼政策,只是借鉴一些对客户产生积极影响的政策而已。

订货会的政策力度一定要比平时大,让经销商感觉到今后任何一次渠道促销都不会再有此力度支持。订货会的政策要有坎级,鼓励多订货。坎级的制定标准一定要考虑大部分经销商会订货的金额,同时兼顾个别大户的订货积极性。当然,坎级政策不能影响价格秩序,成为乱价的源头,奖励形式也尽可能采用实物奖励。

抽奖环节也是订货会重要的激励方式,订货越多获得的抽奖券越多,获得奖励的机会越多,从而激发经销商多订货的激情。

对于一些影响力大的经销商,订货会政策制定出来后一定要先和他们沟通,取得一部分经销商的支持,并让他们现场订货,避免在订货会上冷场。

5. 关键点五:紧盯客户不放松

销售人员一定要在订货会现场全程盯好自己的经销商,让经销商心无旁骛,专心关注订货会事宜,多和经销商交流。紧盯经销商,一是在订货会政策宣读后解答经销商的各种疑问，促进经销商订货；二是不给经销商之间太多的自由交流时间，避免经销商之间就经销订货事宜发表负面言论。这些言论不一定客观地反映产品的缺点或推广手段，它可能是某个经销商单方面的不正确的看法，但这种主观看法能对其他经销商产生消极、负面的影响。有些销售人员往往私下许诺给某经销商一些特殊照顾的政策，也可能在交流中让不该知道的经销商掌握情况，都会对订货产生不利影响。

避免经销商之间过多的交流除了销售人员会议现场紧盯经销商，积极主动同经销商沟通外，订货会现场节奏的控制也非常关键。流畅紧凑的时间节奏能引导客户往公司期望的路径方向行走，间接地起到了应有的作用。

6. 关键点六：及时追踪别冷场

订货会除了一部分客户现场订货外，还有很多犹豫型的客户没有选择在现场订货，这些客户一定要及时追踪，趁着订货会的余温深入沟通，不要冷场。一般来说，务必在订货会后半个月内拿下这些客户，否则，时间越久客户越冷静，考虑的消极和负面因素越多，经销的可能性就越小了。

除了六大关键点外，经销商新品订货会的操作细节一定要把控好，细节不当往往给企业带来不必要的资源损失，不利于节约营销成本。经销商新品订货会常常会出现以下问题。

（1）虚报订单。也许经销商是无心的，会场上一激动大量订货，会后冷静下来减少订货。但客观上虚报订单带来两大危害：一是奖品流失；二是误导了生产计划。虚假订单有可能导致厂方大量地采购包材原料，生产出大量的产品，造成大量的库存积压从而带来一定的经营风险。当然也不排除有些经销商为了得到进货奖励，订货时故意虚报数量，拿到大奖后不兑现订单中承诺的数量。

解决虚报订单问题，最好采用订货保证金制度，保证金可以按照承诺订货金额的比例收取，也可以按固定金额收取，收取的保证金一定要接近或大于其获得的订货奖励，不遵守承诺订货时将从保证金中扣除订货奖励。

除保证金制度外，销售人员在订货会后还需要对订单尤其是较大金额的订单进行复核追踪，订单准确，生产计划才准确，经验风险越小。

如果是强势的企业或品牌，而且还是老经销商，这些经销商往往有一定数量的保证金留在公司账上，这种情况下可以采取强制发货法。

（2）奖品、礼品、会费流失。订货会一般都会给到场的经销商或特邀人员每人准备一份礼品，订货奖励环节也会有现场评选订货状元、现场抽奖等不同形式的奖励活动，会中将准备一定数量较为贵重的礼品，比如手机、计算机等。由于会场人员流动性大、工作人员忙乱等，有可能造成奖品流失。因此，务必委派专人管理会议礼品、奖品，并做好奖品、礼品的发放记录工作，杜绝奖品及礼品的流失。

重复领取礼品也是导致礼品流失的一个重要因素，一些经销商喜欢带着职业经理人或者夫唱妇随参加会议，原则上一家客户只能领取一份礼品，避免重复领取。因此，前台接待人员做好客户的接待、签到工作，登记、礼品发放时也需要甄辨来宾是否同属一家公司，必要时销售人员要配合前台接待人员。

酒店住宿、餐饮等会务费用更是管理的重点，除了会前要做好各项费用明细预算外，公司一定要建立稽核机制，对最终使用的房间数量、天数、餐饮标准、桌数等逐一核查。在严格的管理制度下，让经办人杜绝贪腐之心，不敢贪、不能贪。

二、经销商进货搭赠

经销商进货搭赠是指经销商进货达到一定级别后另外赠送一定数量的产品或其他物品，目的是刺激经销商对新品大批量购买。通俗的说法就是销售人员向渠道压货，一旦压货成功，库存充足，经销商才有压力、动力和积极性向下游客户开展产品分销工作，从而提升产品的铺市率。比如，某饮料品牌订货101～200箱，订10箱赠1箱，或赠送价值1000元的手机1部；订货200箱以上，订8箱赠1箱，或赠送价值2000元的平板电脑1部。

看似简单的经销商进货搭赠促销，如果操作不当一样会失败。失败不仅表现在促销效果上，还表现在对市场秩序的控制上。经销商进货搭赠失败的原因主要有以下几点。

（一）经销商进货搭赠失败的四大原因

1. 失败原因一：坎级设计不合理

经销商进货搭赠促销要达到目的，坎级的设计非常关键。失败的坎级设计是不分阶段、不分客户、不充分考虑品牌力等相关因素，"依葫芦画瓢"草草地出台10赠1或15赠1等促销政策，必然不会被市场接受。

分阶段就是在新品导入期、成长期、成熟期等不同阶段，坎级的设计应该不一样。新品导入期，进货数量要少、坎级要低，如50件起就可以享受进货奖励了。产品进入成长期和成熟期，良性动销后，经销商的信心提升，就可以增大坎级，如至少100件起才可以享受进货奖励。

分客户就是根据客户的经营规模大小设计坎级。首先要明白促销的目的是什么，不同目的下客户的作用不同。比如，铺市阶段需要全体客户参与，这时候搭赠促销的坎级要低，这样才能充分保证小客户也能参与，调动小客户的积极性，达到大部分通路成员参与的目的。通过降低入市门槛，才能让所有经销商全面进货，从而提升产品的分销铺货率。如果促销活动只能是20%的大客户参与，就意味着80%的客户的市场被弃之不管，80%的客户的市场就缺乏分销产品的积极性，也没有足够的资源同竞争对手竞争。如果是年终冲击销量，就可以增大坎级"吃大户"了，调动大、中型客户的积极性。

考虑品牌力的因素，促销坎级的设计就更合理了。比如，康师傅饮料坎级促销的起点可以是500件，新品牌能做到吗？评估你的品牌力，坎级促销政策才更接地气、更实用。

某饮料品牌开展进货搭赠促销，上市导入期订货100箱以上即可享受10赠1促销政策，基本上所有经销商都有这个吞吐能力，能保证80%的客户参与进来，保证各个经销商都有足够的政策参与同竞争对手的竞争。半年后，冲击销量时将最低坎级调到500箱以上，屏蔽了小客户，保证大、中客户的参与，虽然小客户没有参与第二阶段的促销活动，但因参与了第一阶段的促销活动，也不会影响市场培养。

2. 失败原因二：坎级过多，政策力度过大，导致乱价和市场崩溃

进货搭赠促销鼓励经销商大量进货，短期销量提升较快，但如果经销商进货量大，获得的政策力度过大，很容易转化为价格竞争行为，控制不好就会乱价，导致市场崩溃。

无论新品的动销状况好还是不好，大力度的搭赠促销都容易导致乱价。动销良好的产品因搭赠促销导致乱价很常见，窜货现象基本上就是这样产生的。那么，不知名品牌为什么也容易导致这样的行为发生呢？

笔者曾经见过有的企业将进货搭赠促销做到5赠1，20%的促销力度的确比竞争对手大了很多。于是经销商积极响应，不少大客户囤积了大量货物。而且为了大量铺货，经销商也将搭赠促销政策部分下放给了零售商。但是市场并没有想象得那么乐观，产品铺市一个月了，终端还不见动销，经销商和零售店都急了，开始降价销售，处理库存。标准零售价标杆被推倒，低价标杆被树立，严重影响了相邻区域的市场。更严重的是，零售店处理完库存后不愿意进货了，因为经销商没有搭赠政策了，再加上零售进货价高，售价又低，产品不赚钱的同时销量又不大，新品成了鸡肋产品。

3. 失败原因三：促销时间过长

我们通过以下案例来看看促销时间过长带来的危害。

某饮料新品自3月份推向市场以来，在3月—4月开展了10赠1的搭赠促销活动。经销商反映出现了两个极端：一小部分经销商积极响应大量进货；大部分经销商则持观望态度，销售人员催促订货时，经销商纷纷以时间还长、再等等为由拖延进货。实际上经销商是在观察市场，一是观察市场动销情况，二是观察市场价格的稳定性。很不幸，这两种情况都不理想，结果是直到活动结束，大部分经销商都没有响应这个促销活动，经销商仍然按照自己的节奏小批量地进货试销或继续观望。

因此，搭赠促销的时间一定要短，知名品牌10~15天足够了，二线成熟产品也要控制在30天以内。时间越长，对价格的影响越大，造成的负面影响也越大；促销时间越长，经销商囤积的货越多，占压仓库和资金越

多。经销商急于将囤积的货卖出去回收资金,当市场不能短期内消化完这些货物时,经销商不免打起了别人地盘的主意,低价将货倾销到别人的地头。

新品也一定要控制在30天以内,不能给其太长的观望时间。不仅仅因为担心乱价,还担心推广节奏的同步问题,只有经销商同步进货、同步分销,市场推广才能同步进行,才能以紧凑的节奏推广新品。

如果企业处于开发经销商阶段,新品不宜以时间为节点,但一定要限制为首单或前几单进货,常态搭赠反而起不到促销作用。

尽管经销商进货搭赠促销有不利的一面,但其正面作用不容小觑,尤其是当竞品也在举行渠道促销活动时,本品必须加大促销力度和竞品抢夺经销商资金,或者与经销商其他品类产品抢夺资金。比如,某经销商不仅经营王老吉、伊利等饮料产品,还经营旺旺等休闲食品。每年春节前夕不仅是礼品饮料的销售旺季,也是休闲食品销售的旺季,而此时礼品饮料就会面临与休闲食品争夺资金的问题。因此,经销商进货搭赠促销不是要不要实施的问题,而是如何扬长避短、趋利避害的问题。

(二)经销商进货搭赠促销的关键点

从上述经销商进货搭赠可能的失败原因中,我们看到其核心原因是容易引起价格混乱,做死市场。因此,企业在设计促销活动时一定要掌握以下关键点,规避不当操作手法,同时通过一些技巧手段来化解。

1. 关键点一:分阶段、分客户设计坎级

为什么要分阶段、分客户设计坎级,我们在搭赠促销失败原因中已经详细分析,这里不再赘述,操作中我们按要求设计即可。

2. 关键点二:搭赠本品改为实物礼品

本品搭赠很容易被经销商折算成价格,导致经销商的出货价格降低,但是实物礼品难以精确地估量出实际价格,经销商为了避免吃亏,往往不会降低出货价。比如,某经销商参与折扣促销活动被奖励了一台1.5P的格力空调,因格力空调不同型号的产品价格不一致,1.5P的格力空调价格为3000~5000元,作为非专业人士,经销商不熟悉空调的价格。退一步讲，即便是知道空调价格，如果降低出货价，也相当于自己以优惠的价格买了一台格力空调，这是经销商不愿意做的。王老吉在与加多宝的渠道争夺战中，采用了以实物礼品搭赠（小手机等多样化实物）的形式，快速打通了传统商超和餐饮渠道，弥补了渠道短板，也维护了市场价格的稳定。

3. 关键点三：客户销售数据分析

搭赠促销奖励的主要目的是鼓励经销商大量进货后向下游渠道分销，提高分销网点的数量，而不是鼓励经销商大量囤货。过量囤货不仅引发窜货，还提前透支了下一个月或下几个月的销量，最终企业白白损失了促销资源。

成熟的企业和品牌，在实施进货搭赠促销奖励时都会分析每个经销商以往3~6个月的销售数据，通过分析可以知晓该经销商月均市场的销售潜力。如果订单量在月销售均值的1.5~2倍，是一个正常的订单；订单量在月销售均值的3倍，应该是一个冲刺的目标量；如果订单量高于3倍，绝对有乱价、窜货的计划和嫌疑。因此，在开展经销商进货搭赠促销、进行坎级设计时，可以对促销产品供应总量进行限制，即最高订货量不得超过该经销商月均销售额的3倍。当然，限制条件可以只针对较大金额的订单，小额订单对全局市场的影响较小，如果无关公平，限不限制问题都不大。比如，某饮料品牌为打击竞争对手，挤占经销商资金用于经营本品，针对全国市场启动了进货搭赠促销活动。搭赠促销政策如下：

（1）订货量1000~1999箱，50赠1。

（2）订货量2000~3999箱，40赠1。

（3）订货量4000~5999箱，30赠1。

（4）订货量6000箱以上，25赠1。

经销商订货总量在4000箱以上坎级者，实际订货总量不得超过其前三个月平均进货数量的3倍。这样，通过附加限制条件，让经销商感到促销产品来之不易，要惜货销售，从而降低了经销商乱价和窜货的可能性。

如果是知名企业的畅销品牌，还可以对产品外包装进行地区标记，并收取经销商经营保证金以控制市场价格，这是降低乱价和窜货风险的最强力措施。如果说这是从技术层面防止乱价和窜货，这招就是最后、最有力的撒手锏了。市场监察部门加强市场监管，一旦发现违反价格政策，就以停货及扣罚保证金等方法处罚。

立白集团在惩治窜货方面非常严厉，甲区域的货一旦流到乙区域，无论甲区域的经销商是否有心，只要发现自己区域的产品流到外区，均被处以重罚、没收保证金。虽然有冤死的经销商，但对整个全国市场有利，也保护了每一个经销商的利益。

三、经销商销售竞赛

企业实力较弱或者企业的营销能力较弱，新品的上市推动主要依靠经销商的销售团队时，通常会采用销售竞赛的促销方式。销售竞赛的周期比较长，一般为半年或一年，销售奖励比较吸引人，甚至奖励汽车等高价值奖品。经销商销售竞赛如果操作得当，能快速抢占市场，将产品分销到各个零售终端，从而推动新品成长。这是开展经销商销售竞赛的重要目的。如果操作不当，不仅浪费了一年的时间，还会导致新品推广夭折。经销商销售竞赛成败的关键点主要有以下几点。

（一）关键点一：恰当的销售目标

销量目标设定非常重要，一定要有针对性、挑战性和可行性。

针对性就是这个目标是针对不同类型的客户而设定。省会城市和县级城市的因市场基础不一样，目标也不一样，所以要设不同的坎级，毕竟如果只是一个坎级，不能令所有客户都积极参与。目标高了让小客户望而却步；目标低了，大客户完成得太轻松。因此，针对不同的客户，销售目标要分出级别，省会、地级、县级市场都应该设计不同的目标。

挑战性就是这个目标一定比目标客户的历史销量高，如果没有历史数据，可以参考公司其他产品或其他品牌上年的实际达成目标进行设定。

可行性就是销售目标虽然高但努力一下也能够得着，否则客户看不到希望就会失望，失去了销售竞赛的动力。

比如，某日化企业推出系列护肤新品，由于没有本品的任何历史数据，该企业通过市场调查发现，产品线相近的 B 品牌去年在县级市场的年销售额约 50 万元、地级市场的年销售额约 150 万元、省会市场的年销售额约 300 万元。掌握这些数据后，该企业制定销售竞赛方案（如表 8-1 所示），目标是接近乃至超越 B 品牌的年销售额。

表 8-1 销售竞赛方案

针对市场	销售回款（万元）	奖励标准	奖励名额
省会市场客户	【300～∞)	奖励价值 50 万元的汽车 1 辆（品牌任客户选择）	15 家
地市市场客户	【160～∞)	奖励价值 25 万元的汽车 1 辆（品牌任客户选择）	30 家
县级市场客户	【60～∞)	奖励价值 8 万元的汽车 1 辆（品牌任客户选择）	55 家
备注	低阶市场销售回款达到高阶市场销售回款按高阶市场奖励标准奖励		

通过这个销售竞赛方案，每一级别的客户都能找到努力奋斗的目标，市场体量大的客户也没有便宜可占，市场体量小的客户也不会被排除在竞争体制之外。

（二）关键点二：丰富的奖项设置

我们经常看到一些精英模特大赛，除了冠军、亚军、季军，还设置其他奖项，比如最佳潜质奖、最佳才艺奖、最具人气奖、最佳身材奖等，按照三甲、十佳、单项奖和优秀奖等类别设置，因此模特大赛风生水起。销售竞赛其实也可以借鉴其他行业的做法。经销商大赛的奖项设置并非只有销售冠军、亚军、季军，也可以设一些不同类型的小奖，让更多的客户有机会获得奖励，不能让销售竞赛成为少数经销商独享的"盛筵"，而且如果没有更多的、较小的客户参与，就无法形成市场的合力。因此，除了有销售冠军、亚军、季军奖外，还可以设区域最佳销售奖、最佳进步奖、单品销售冠军奖等，让拿不到大奖的客户还有其他机会赢得奖励。

2016 年，笔者为所服务的企业设置销售竞赛时，分别设置了上述四种奖励。除三个大奖外，其他奖项奖励人数 200 余人，涵盖 40% 的客户，销售竞赛活动得到了经销商的积极响应。

(三) 关键点三：严格的竞赛规则

经销商销售竞赛的重要目的是借经销商的力量最大化覆盖零售网点，快速拓展市场。如果仅仅对销售目标进行考核，就有可能出现经销商的销售目标达成了从而获得奖励，但厂家除了销售指标外，竞赛目的没有达到的现象。

某地级经销商到最后一个季度时还差100万元才能达成销售目标，在最后一个季度"集中出100万元的货"，放到下一年度慢慢消化或伺机冲到其他市场。而前三个季度只销售120万元的产品，新品的分销覆盖率和市场推广工作做得浅。这样一来，不但没达到销售竞赛的目的，反而要赔上一辆汽车，对新品的成长也不利。

因此，在制订经销商销售竞赛方案时，务必附加一定的竞赛规则。比如，将竞赛目标分解为每季度最低提货量、设定最低分销率或铺市店数、窜货取消评奖资格等。经销商只有扎扎实实地做好本地市场才能获得奖励，使经销商动力与压力并存，杜绝投机取巧。

四、批发商进货搭赠

针对批发商的促销是渠道促销的重要手段之一。中国地域广阔，零售终端遍布大街小巷、城镇乡村，批发商仍然是覆盖这些传统小店的重要渠道力量，中国市场上掌控终端最优秀的企业，比如娃哈哈等，也不得不借助批发商的力量实现产品的密集分销。

由于批发商是经销商的下游，与厂家之间没有直线联系，批发商进货搭赠活动的开展是厂家先以随货搭赠的方式将赠品给经销商，批发商从经销商进货时直接按促销方案领赠品。因为是经销商直接操作，活动的执行和监控比厂家针对经销商的促销更难一些，促销活动更容易变形。批发商进货搭赠成败的关键点主要有以下几点。

（一）关键点一：批发商进货搭赠的促销时机

什么情况下开展批发商进货搭赠促销，很多企业是忽略的，或者说是一知半解的。很多企业只知道批发商的重要性，应该针对批发商促销，提高他们经营本品的积极性，但选择的时机不对，这是造成批发商进货搭赠促销活动效果不好的重要原因之一。一般来说，有两种情况需要考虑开展批发商搭赠促销。

(1) **当经销商库存高，分销不畅时。** 销售过程是一步一步"移库"的过程，从厂家仓库移到经销商仓库，再从经销商仓库移到批发商仓库，再移到零售商仓库和货架，最终到达消费者手里。很多情况下，移到经销商库里就形成"堰塞湖"。经销商库存高，分销出口少、出量小，如果不帮助经销商处理，经销商就不可能再向厂家进货，既影响了经销商回款，也降低了经销商经销本品的信心，产品更无法与消费者见面、接触。发动批发商参与，更多的分销出口、更大的出货量能帮助经销商快速转移库存，并让产品在更多的零售终端展现。

(2) **当批发商新品进货量太小，初次只是象征性进货，库存水平太低，影响批零销售时。** 进货量小，产品在档口陈列的规模就小，缺乏气势从而影响批零销售。通过向批发商压货，促使其腾出更好、更大的陈列位置陈列本品，提高新品的影响力和零售商的选购率。

（二）关键点二：搭赠本品还是其他物品

批发商搭赠本品还是搭赠其他物品，主要看促销的时机是什么。如果是新品上市伊始，尽量避免搭赠本品。新品销量不大，批发商的普遍心态是以低价快速出货，因此，批发商很容易将搭赠的产品折算成单价，导致价格体系被破坏。针对批发商的第一波促销活动最好搭赠其他物品，或者采用其他形式的促销手段，比如批发商陈列奖励。

当然，搭赠的赠品一定要实用或者容易变现，否则起不到积极促销的作用。比如，手机、平板电脑等时尚电子产品是实用型赠品，毛巾、食用油等是容易销售变现的产品。如果赠品与批发商经营的范围差别很大，赠品不容易被变现，就不能取得良好的活动效果。比如，给饮料批发商搭赠洗发水，而对饮料批发商来说，洗发水就是不容易变现的赠品。

新品进入成长期或成熟期，价格认知已经建立，促销搭赠时可以搭赠本品，但需要做好相应的控价措施，避免价格混乱、市场崩溃。

（三）关键点三：活动能否被经销商有效执行

经销商和批发商是相互依存、经常进行利益博弈的群体，都想追求利润最大化和利润快速化。对经销商来说，其中一部分经营利润来源于厂家的市场费用投入。由于经销商与厂家是直接合作的关系，是活动的直接执行者，因此厂家投入到批发市场的费用首先会给经销商，再由经销商通过执行活动，下放给批发商。

这就面临一个问题：经销商会把市场费用完完全全地给批发商吗？答案显然是否定的，经销商经常将厂家随货搭赠的本应给批发商的赠品部分据为己有，尤其是库存压力不大的经销商，更是想方设法截留促销资源。促销资源被经销商部分截留是一个非常严重和普遍的问题，已经成了行业的潜规则，严重影响了企业的整体市场推广行动，不利于市场的拓展和培育。

解决经销商截留资源的问题需要厂方市场稽核人员的严格管理，通常采用的措施就是"管理到二批经销商"。也就是说，市场稽核人员会定期通过电话或实地走访的形式抽查批发商落实奖励的情况，并在策划方案设计时加入监管和奖罚措施，让经销商知晓厂方的监管行为，形成震慑，最大限度规避该类问题。

五、批发市场陈列奖励

批发市场陈列奖励是指批发商按公司要求在批发档口指定位置堆放一定数量的产品或空箱，并保持约定的时间，公司给予一定奖励的促销方法。

批发商的档口可谓寸土寸金，30平方米左右的档口堆满了各种品牌。批发商首先面对的客户是零售商，即中国上百万个各类小型商超、夫妻店、食杂店等。其次，批发商还直接面向需求量较大的消费者，有些批发商市场因为优越的地理位置，对其他地区还有较强的辐射能力。批发商的重要性不言而喻，新品如果在批发市场占有一席之地，对推动新品的成长有很大益处。各品牌都通过促销手段抢夺批发商档口的黄金位置，最常见、最实用、效果最明显的就是批发市场陈列奖励。

批发市场陈列奖励不仅能促进成熟产品提升销量，还能营造出新品上市的氛围，进而引起零售商的关注和选择。批发市场陈列奖励成败的关键点如下。

（一）关键点一：清晰的产品陈列标准和奖罚政策

（1）**清晰的产品陈列标准主要包括三点：合理的数字化产品堆箱数量、明确的产品陈列位置与面积、标准化的摆放方法**。一般情况下，产品堆箱的数量以10~15箱为宜。产品少了体现不出产品陈列的气势，多了批发商不容易接受，毕竟是寸土寸金的厂家必争之地。产品陈列的位置与面积一定要界定清楚，并体现在协议上，位置与销量的关系极大，甚至比陈列面积重要。产品的堆箱摆放要垂直，不要双排摆放，除非垂直的高度达到该批发商所有产品堆放的极限高度，这样会避免其他品牌堆放到本品上。比如，如果陈列10箱就垂直堆放；如果要求陈列15箱，而10箱已经是产品堆放的极限高度了，方可另外堆放。一些产品，比如饮料进行陈列奖励时还特别定制了陈列架，以方便将产品展示出来，企业最好以图示的方式标明产品的摆放方法。

（2）**明确的奖罚政策是批发商愿意配合的根本原因，奖罚政策一定要体现在协议上，空口无凭，责、权、利明晰**。有一些经销商特别是从其他行业转行到快消品领域的经销商在操作陈列奖励时没有经验，也没有协议，全凭销售人员许诺，会有三种情况发生：一是批发商基于客情关系，表面上应允，但持怀疑态度，配合不彻底，产品陈列的位置和数量也经常变动，导致活动效果不好。待到兑现奖励时，不兑现，影响客情关系，也有失诚信；兑现，批发商陈列得不符合规范。二是销售人员在描述该促销活动时往往与公司规定有偏差，兑现奖励时问题暴露出来了，成了经销商和批发商双方不愿意让步的遗留问题,而负责该批发商的销售人员此时可能已离职。三是时间久了,经销商记错了奖励内容,兑现奖励时发生不愉快的争执,影响客情关系。

(二)关键点二:定期严格检查

任何一项促销活动,没有严格的检查就没有良好的执行力,批发市场陈列奖励也不例外。一般情况下,一周至少检查一次,设计陈列检查表(如表8-2所示)以便当场记录,以此作为奖罚的凭据。检查的项目为协议中双方约定的产品陈列数量、位置、POP布置等。一定要严格检查,让批发商看到厂家的认真态度。不严格检查会让批发商形成可以不认真执行的认知。检查的目的不是处罚,而是让事情做得更好,是过程管控,也避免因为批发商不严格执行陈列标准被扣罚奖励,导致客情关系受损。

表8-2 某饮料品牌陈列检查表

批发商名称	陈列位置及标准要求	陈列数量要求	检核结果				销售代表总评
			第一周	第二周	第三周	第四周	
××商贸	门口左侧通道旁,前方不能有竞品遮挡	15箱	合格	合格	合格	合格	合格
××批发商	门口左侧通道旁,前方不能有竞品遮挡	10箱	合格	不合格	不合格	合格	不合格
……							
备注	对于检查不合格的店进行拍照留存。						

(三)关键点三:规避常见的问题点

规避常见的、影响活动效果的问题点,活动的成功率就会大大提升。批发市场陈列奖励常见的问题有以下几个方面。

(1) **陈列位置不好**。陈列位置比陈列数量重要,陈列位置直接关系到购买者或者路过的潜在客户能否第一时间发现产品,10件或15件的产品摆放倒显得并不重要了。当然,也不能低于10件,否则本品上面有可能被竞品覆盖。对批发商来说，宝贵的是黄金位置，陈列 10 件或 15 件占据的地面面积是一样的。陈列位置与陈列数量的关系就像地产与房产的关系，陈列位置就是批发商的地产，陈列数量就是建筑在陈列位置这一地产上的房产，陈列位置当然更有价值。因此，一定要选择最有利的陈列位置并在协议上清楚地界定，避免过于突出陈列数量而忽略对陈列位置的界定。

好的陈列位置同批发商店面所处的位置关系极大，比如处于十字路口或批发市场大门口的位置就很好，有很强的辐射效果，哪怕店面面积不大也是极好的选择。

（2）**库存少影响销售**。尤其是新品，批发商不敢进过多的货，典型的有陈列少库存，门口有堆箱，但有客户购买时，批发商却因存货不够严重影响销售。为防止批发商不敢进货，协议上可以做出有限度的退货承诺，保证批发商有足够的库存产品可以销售（这一点比较像 KA 卖场开展特价活动时进退货操作手法）。当然，成熟产品不要做出这样的承诺，以免遗留问题产生。比如，某饮料新品，批发市场陈列奖励规定：每天在店门口左侧位置陈列 10 个新品空箱，为期一个月，进货量需达到 20 箱，并且一旦产生销售至库存低于 10 箱，随时补足 20 箱。月底陈列奖励为三箱成熟的畅销产品。如果新品卖不动，月底可全款退货，奖励照发。

如果经销商不愿意做出退货承诺，还有一种解决方式就是进行频繁的定期拜访，拜访周期内留足一定的安全库存，批发商一旦库存量低于安全库存，立即补足货至安全库存。比如，某饮料新品的批发商陈列奖励规定：每天在店门口左侧位置陈列 10 个新品空箱，为期一个月，并且最低进货 10 箱，活动期间最低库存低于 5 箱必须补齐至 10 箱（销售人员每 2 天巡店 1 次），月底奖励 3 箱成熟的畅销产品。

（3）**使用实物产品进行陈列**。使用实物产品进行陈列的一大弊端是每天搬进搬出，是一件很累人、很烦人的事情。时间久了，批发商就有可能偷工减料了，规定陈列 15 箱，可能只搬出 10 箱，甚至更少。销售人员不可能天天检查，即便是检查了，批发商及时更正后，销售人员也因客情关系的需要而没有追责。因此，最好使用空箱陈列，用胶带粘在一起，搬起来既轻松又保证良好的陈列效果。不要小看这件事情，它对批发陈列的效果影响很大，必须从规划层面上减少这种事情发生。空箱陈列还有一个好处是避免陈列的产品卖出去或者卖完了，因不能及时补货而无法进行陈列展示。

（4）**奖励问题**。奖励问题也是活动经常出现纰漏的地方，执行过程中常常表现为奖励过早或过迟给予批发商；奖励没有吸引力，甚至使用新品。陈列奖励在活动一开始实施就给予，就无法管控批发商以后的行为，过迟给予则会造成不好的影响，因此，在活动结束后一周内给予比较合适。建议奖品使用成熟的通货型产品，避免用新品，因为新品不易变现，对批发商的吸引力不大。

某饮料品牌批发商陈列奖励协议

甲方：××食品有限公司（注：必须是经销商公司，奖励可以由厂方提供）

乙方：_____（批发商店名）

甲乙双方本着平等互利的原则，就将乙方打造成 A 品牌明星批发商事宜签订以下协议。

一、乙方的义务

1. 最低进货量：乙方首批最低进货量为__20__件 A 品牌饮料。

2. 堆箱陈列：乙方保证每天在商店进门处左侧紧邻通道的醒目位置，将 A 品牌饮料 10 个产品空箱垂直陈列堆放。

3. 补货要求：乙方必须确保陈列促销期间的安全库存数不低于 20 箱，低于 20 箱需及时补货，以保证有足够的库存用于销售。

4. 陈列时间：乙方保证按照如下日期陈列 A 品牌饮料。

上市初期：____年__月__日至____年__月__日（为期 2 个月）。

5. 乙方应配合甲方的宣传及促销活动，在场地或空间许可的情况下，允许甲方张贴产品的广宣物料等。

6. 在收到甲方给予的陈列费用时提供签字或盖章的收据给甲方。

二、乙方的奖励

甲方同意支付乙方陈列费用为某知名饮料 2 箱/月，陈列奖励支付在每月陈列结束后一周内兑现。

三、检查及扣罚

1. 协议期内乙方不得取消或改变甲方陈列位置,不得降低售价,否则按照下述标准扣罚。

2. 甲方每周不定期抽查一次,每次抽查陈列不合格扣除 6 罐奖励。

3. 不合格的 4 个标准是:没有将产品空箱摆放出来、改变产品的陈列位置、陈列的空箱数低于上述协议中规定的空箱数、改变价格销售。

本协议一式两份,甲乙双方各执一份,自双方签字之日起生效,有效期____年__月__日至____年____年__月__日。

甲方:××有限公司　　　　　　乙方:(店名、签章)
签章:　　　　　　　　　　　　地址:
联系电话:　　　　　　　　　　联系电话:

六、零售店分销奖励

零售店分销率是新品上市成败的关键,没有一定的分销率就没有动销的基础和氛围,就没有消费者购买。提升零售店分销率的最佳方法就是零售店分销奖励。零售店分销奖励是新品上市时为了鼓励零售商进货,提升产品分销率而给予零售店的礼品或产品奖励。零售店分销奖励的三大核心关键点如下:

(一) 关键点一:把握分销奖励时机

零售店分销奖励并不是一开始铺货就采用,只有当零售店进货意愿不高,新品进店遇到很大阻力,产品上市一段时间后,分销率仍然很低时,为提升分销率才采取这一促销方法。不加甄选地使用零售店分销激励只会浪费企业的资源。

任何一种渠道促销挤占的都是消费者促销拉动的资源,零售店分销奖励也不例外。善用零售店分销奖励不仅要让其达到提升分销率的目的,还要设法降低分销成本、节约企业资源。只有最大限度地控制渠道促销的资源投入，才能将资源投入到更关键的消费者拉动环节。

当然，近年来随着行业竞争的加剧，分销的门槛也越来越高，尤其是对于不知名的弱势品牌和客情关系一般的经销商来说，手头也没有强势品牌支撑，分销难度更大，分销成本也大幅上升，针对零售店的分销奖励从20赠1到15赠1，甚至10赠1。因此，弱势品牌、弱客情关系的情况下也可以考虑一开始就采用零售店分销奖励政策。

（二）关键点二：了解竞品分销奖励政策

了解市场上竞品零售店分销奖励的力度、赠送何种礼品或产品等相关信息，做到知彼。竞品的范围要大，不能局限在同一品类，要放大到整个行业。比如，一款植物蛋白饮料新品上市，不仅需要了解目前植物蛋白饮料市场上竞争品牌的分销奖励力度，还需要了解诸如茶饮料、果汁饮料等饮料行业品牌的奖励力度。对店主来说，它们都是饮料，你的分销奖励应该向这些品牌看齐或超越。

了解竞品分销奖励政策的主要目的是在保持平衡或领先竞品的基础上，尽可能节约企业资源。

了解竞品赠送奖励的种类，目的是实现差异化。未经调查，如果你和竞品的奖励恰好"撞脸"，作为后来者就不受零售店欢迎。比如，笔者在为一款饮料开展零售店分销奖励活动时，了解到某植物饮料针对零售店和餐饮渠道开展铺货送毛巾的活动。作为后来者，我们将零售店及餐饮店分销奖励的礼品选择为食用油，与竞品形成差异化，活动效果很好。

（三）关键点三：严控奖励落实

由于零售店分销奖励的直接操作者是经销商，像针对批发商的促销奖励一样，零售店分销奖励也可能成为经销商套取市场费用的手段，或因操作不当，成为浪费资源的源头。零售店分销奖励看似简单，实则面临复杂的监管问题，关键的操作点在于规避影响促销效果的问题，最常见的问题就是奖励没有下放或只下放到批发商。

有些经销商只按照自己的节奏推广新品，不追求零售网点的覆盖率，只追求网点的安全性和最大毛利率。零售商分销奖励政策下发,他们的第一反应就是"钻空子"。一是直接与批发商合作,大量出货;二是自己仓库再存大量的产品。采用这种操作手法,出货量远远比铺市大得多,速度也快得多,实现了最大限度地套取厂家促销资源的目的。

面对厂家的核销制度,经销商采取"分割订单"法,即将批发商的进货或自己的库存以"小额订单"的形式分割到数百家、上千家零售店,甚至杜撰一些零售店分摊奖励。

2015年,笔者刚接手一个公司的营销咨询服务,就面临这样的情况。经销商大量侵吞针对零售店的促销资源。在核查零售店分销奖励时,四川自贡的经销商竟然将宜宾市场的零售客户资料合并到自己的客户资料里,报给厂家进行核销。面对实地核查,经销商无话可说,以一句"我不做你们的产品了"结束了厂商合作的关系。这样做最大的危害不是资源浪费,而是没有真正实现零售店分销率的提升,影响新品的上市推广。

解决促销资源不能下放的问题,一定要通过管理手段减少违规现象。一是建立零售店分销奖励登记及核查表,将参与的零售店统一登记在册(如表8-3所示),以备稽核部门或公司领导核查,重点查处虚假订单问题,对重复奖励问题也起到一定的震慑作用。二是采取事后核销兑现奖励方法。政策下达后先让经销商垫付铺货奖励,公司稽核部门进行抽查,抽查合格后再给经销商兑现奖励。

表8-3 某饮料品牌零售店分销奖励登记及核查表

区域市场	店名	铺货数量(金额)	赠送数量	地址	负责人电话	抽查结果
合计						

七、零售店陈列奖励

零售店陈列奖励是指小型零售店(营业面积通常在200平方米以下),店主按照公司规定的产品陈列标准进行产品陈列,公司给予一定奖励的促销措施。由于快消品往往采取密集分销策略，零售网点非常多，厂家只能在 A 类、KA 类规模的店开展堆箱、端架等特殊陈列活动，以起到展示品牌形象和以点带面的陈列示范作用，但面对千千万万个小型零售店，零售店陈列奖励是比较经济而又有效提升产品销量的终端表现手段之一。

做好零售店陈列奖励，必须把握以下关键点。

（一）关键点一：零售店分类很必要

尽管小型零售店已经从 KA、A 类卖场中分离出来，但小型零售店受地理位置、营业面积、经营业绩等因素的影响，对厂家品牌的实际贡献有很大区别。对于影响力较大的店和影响力一般的店，零售店陈列奖励的标准和管理要求也是不一样的。通常我们把有业绩潜力的店作为明星店备选，奖励标准通常在 100 元/月以上，并进行定期维护和监察。普通零售店的奖励标准通常为一件甚至一盒产品/月，维护和监察的频次也会低一些。

针对明星店，陈列费用的发生必须签署陈列协议，在协议中界定陈列的时间、商品摆放的位置和面位、陈列费用的多少、支付方式及过程检查，让明星店真正起到以点带面的作用。

针对普通零售店，一定要简化流程，体现便利和灵活。一般只需要活动前主动沟通，兑现奖励时签署陈列奖励签收表即可，如表 8-4 所示。

表 8-4 陈列奖励签收表

序号	店名	地址	进货数量	陈列时间	陈列奖励	奖励签收人	签收时间	联系方式	检查结果

（二）关键点二：样板街道不可少

样板街对启动新品的作用很明显，选店时要有意识地打造样板街，活动期至少一个月以上，是激活市场的有效手段。

除样板街外，其他所选的店也有一定的代表性，否则效果显示不出来。比如，每个社区都有一家生意较好的便利店，这样的店一定要涵盖，否则就失去了活动的意义，不能取得较好的效果。

（三）关键点三：奖励兑换要及时

越是小奖越要及时兑奖，如果2罐饮料要等活动结束后半个月才给，店主就没有兴趣了，奖励务必在活动结束后一周内兑现完毕。如果销售人员拜访频次高，也可以一周或半个月兑奖一次。总之，兑奖越快，店主的积极性越高。

（四）关键点四：陈列要求要适当

奖励力度本来就很小，如果提出过高的要求，店主很难配合，又要堆箱、又要端架是不现实的，品牌需要花费较大的成本才能争取过来。一般来说，争取货架黄金位置横向摆6个面位的产品就不错了。此外，不要附加其他要求，降低零售店参与难度。零售店陈列奖励其实就是一个介于客情关系和较大型的陈列展示活动之间的小型促销奖励。仅凭客情关系，争取4个面位，店主就很给面子了，而且不能保证目标店都能做到；都做大型的陈列活动，成本太高投入产出比不合适。

（五）关键点五：抽检复核不放松

零售店陈列奖励要杜绝两大管理漏洞：一是零售店陈列没有开展，销售人员违规将陈列奖品据为己有；二是零售店陈列不合格，浪费奖品，耽误市场。因此，对于销售人员上报的奖励发放报表的真实性一定要抽查，震慑违规行为。可以像批发商陈列奖励一样设计零售店陈列奖励检查表，检查人员对参与奖励活动的零售店每周检查一次（可委托第三方进行检查），检查结果当场记录并拍照留存，作为奖罚的依据。

（六）关键点六：经销商代垫费用

一些企业认为零售店陈列奖励金额小、数量多、厂家检查成本太高就不去核查，执行效果就会大打折扣。虽然无法杜绝经销商侵吞陈列奖励，无法保证活动真正开展，但又不能不查，有什么好的解决方式呢？

较好的方式是由经销商先垫付陈列奖励费用，再以核销的形式报给厂家。厂家在活动结束后或正在进行时抽查，按抽查的合格率给予核销。这样经销商不仅会认真开展零售店陈列促销活动，下放促销资源，还会主动检查零售店的陈列，确保工作做细、做扎实。

八、零售商销售竞赛

零售商销售竞赛是指在规定的时间内，零售商达成销量目标而给予一定奖励的促销方式，目的是提升新品的销量。零售商销售竞赛是将产品分销与产品动销有机结合在一起的有效促销手段。尤其是当零售商对新品的利润不满意、不愿意进货时，零售商销售竞赛是一种较好的弥补方法。参与零售商销售竞赛的通常是 A 类以下规模的小型商超。活动的好处是参与的零售商会帮助推广新品，包括免费给予较好的陈列位置及面积、积极主动地推荐等。零售商销售竞赛成败的关键点主要有以下几点。

（一）关键点一：坎级销售目标的制订

零售店的规模参差不齐，新品市场表现如何也是未知数，没有任何数据参考，销售充满不确定性。如果只有一个坎级，很难准确将目标制订得既有挑战性又有可行性，因此，多设几个坎级（至少 3 个坎级），能调动零售商参与的积极性。第一个坎级目标要低，让参与活动的零售商感到稍加努力就能达成；第二个坎级目标要适中，让参与活动的零售商感到付出一定的努力才能达成；第三个目标要具有挑战性，让参与活动的零售商感到需要跳起来才能够得着，这样才能推动更多的零售商参与活动。

比如，某饮料品牌针对零售商推出"万元户旅游奖励计划"，并设定了三个坎级，分别奖励省内 3 日游，港、澳、台 7 日游，新、马、泰 10 日游，不旅游的将给予相应金额的实物奖励。方案中的坎级从 1 万元到 5 万元不等，让不同规模和级别的客户都有达成任务的信心。

表 8-5 "万元户旅游奖励计划"的三个坎级

2015 年销量	旅游或实物奖励
1~3 万元	价值 800 元省内游
3~5 万元	价值 3000 元港、澳、台 7 日游
5 万元以上	价值 6000 元新、马、泰 10 日游
备注	奖励不能折成现金或产品

（二）关键点二：零售店的甄选

尽管零售商销售竞赛坎级的设定很人性化，似乎很多客户能轻松达成。但对零售店的甄选仍然很重要。一是出于对活动的控制，参与活动的零售商一定要有名额限制，即每个城市给予多少名额；二是零售店的影响力不一样，对新品成长带来的影响也不一样，必须甄选能够对新品市场推广带来积极意义的店参与；三是既然是销售竞赛，不管目标多么有弹性，压力还是有的，不是任何店都能达成，让明显不合适的店参与不仅浪费了时间也耽误了新品的市场成长。因此，销售人员一定要对参与活动的零售店进行甄选。

甄选的依据是位置较好、营业面积相对较大、竞品销售较好、能覆盖较多的消费人群，比如社区便利店、繁华商业街商店、十字路口商店、乡镇十字街商店等均符合上述特点。

（三）关键点三：更适合办事处操作

零售商销售竞赛的目的是促进新品销量的提升，真正实现终端销售，而不是库存转移。如果活动直接由经销商团队操作，由于零售商的销售数据并不能直接反映到厂家的平台上，活动的开展就存在一个管理漏洞——经销商将自己的部分回款分摊到参与活动的零售商头上，以保证每个参与活动的零售商都能达成销售目标、获得奖励。这样不仅达不到"促进新品销量的提升，真正实现终端销售"的目的，还白白浪费了企业资源。所以，活动更适合在有销售团队的办事处所在的城市开展，不宜交给经销商执行，否则费用很容易失控、流失。

如果一定要由经销商操作实施，活动监察一定要严格，活动开展后厂方必须知晓哪些零售店参与了活动，零售店的名单从一开始就备案，核销时必须将给零售店的送货单复印件作为核销的凭据。兑现奖励前，公司稽核部门通过对零售店的走访，核查销售的真实性，防止经销商单方面"作案"，以及经销商和零售商"联合作案"。同时制定处罚措施，一旦发现虚报促销奖励，按10倍金额罚款。虽然不能完全规避套取费用现象的发生，至少最大限度地起到防范作用。

一般情况下，经销商操作零售商销售竞赛更适合开拓区域市场的品牌，全国性品牌实施这一活动的管理难度更大，是否实施要根据企业自身的管理水平的高低，评估、衡量是否具有把控全国市场的能力。

第九章
Chapter 9

终端动销五要素

第九章
终端动销五要素

渠道表现指的是产品分销、产品陈列和售点生动化、促销活动、渠道服务和价格标示，我们称之为终端动销五要素。终端五要素越完善，渠道表现越好，产品与消费者接触越紧密；产品与消费者沟通越顺畅，销售的机会越大。

一、动销要素一：产品分销率和分销品项

产品分销包括产品分销率和产品分销品项两个方面。分销率是动销的前提和基础，没有一定的分销率（至少60%以上），就缺少新品上市和动销的氛围，而且广告等传播手段的效果就大大弱化，更不利于产品动销。产品分销品项也是影响产品动销的重要因素，多品项不仅给消费者更多的选择、增加更多的销售机会，还有利于抢占终端有限的货架资源。单品项很容易因为销售不佳而被店主末位淘汰，店面品项管理的重要一项指标就是将零售店从单品店变成多品项店。

在产品品项分销中，不少营销人还存在一个误区，根据自己的理解给公司的产品品项判定生死。自己觉得某个品项没有市场潜力，在下订单时刻意将某品项略去。有些公司推新品时还推出了礼品装（箱货），作为一个重要的销售品项，很多销售人员先入为主地认为，先铺单支装，等单支装被消费者接受后，才开始铺礼品装。实际上，这是将产品的礼品属性和功能属性混为一谈。六个核桃入市之初就是以礼品市场为主要发力点，是典型的礼品销售带动品类发展。礼品市场的典型特点是买者不喝、喝者不买，因此只要是公司上市的新品（一般都是市场部门经过精心论证的）都要设法做到全品项分销，不要以自己的观点影响新品推广的战略方向。当然，产品品项的分销与渠道的关系非常密切，不同的渠道对品项应该有不同的选择。比如，某饮料品牌推出了310ml罐装、310ml罐装6连包、310ml礼品装和750ml餐饮装四个品项，在不同业态的渠道对分销品项提出了相应的要求。

表 9-1 不同业态的渠道对分销品项的要求

零售业态	KA商超（1000平方米以上）	便利店		食杂店	餐饮店	
		明星店	20平方米以上（有其他品牌礼品装）	20平方米以下，没有礼品装销售	A类店（50桌以上）	B/C类（10桌以上，50桌以下）
		烟酒店				
分销品项	310ml罐装、310ml罐装6连包、310ml礼品装，共3个品项			310ml罐装必须分销，310ml罐装6连包选择性分销	750ml玻瓶装	310ml罐装

二、动销要素二：产品生动化陈列

不能被看到的商品，就不能被购买！产品生动化陈列的目的就是为了让我们的产品易见、易拿，其主要内容包括合理、充足的存货；更有利的陈列位置和更多的陈列面；品种、规格齐全；产品排列整齐、干净；产品正面面向消费者；先入先出，保持产品新鲜等。产品陈列作为新品重要的动销手段，是提升销量的助力器，我们有必要深入探讨这一课题。

做好产品陈列，无论是对公司、对零售店还是对消费者都有益处。公司的利益是使产品消费者化，使广告迅速转化为销售业绩，提高产品的知名度和尝试购买率，刺激冲动性购买和促进重复购买，树立品牌形象，提高品牌的知名度。零售店的利益是能加快商品流通速度，带来更高的商业利润；增加客流量，建立固定消费群；增加新消费者从而增加其他产品被购买的机会；增加零售额，树立零售店形象。消费者的利益是：能更快获得产品关于品种、规格、包装、价格（折扣、优惠、赠品等）的信息，刺激购买欲望和兴趣，使购物更有乐趣、更方便、更轻松。相反，产品陈列做得不好，会使消费者转而购买竞争品牌的产品和另一类型的产品，或者减少购买量，甚至什么也不买，也给消费者留下不好的品牌印象。

据统计，一家大型卖场约有30000多类商品，如果没有良好的产品陈列展示，新品很难跃入消费者的眼中。消费者通常不会在一个商品上停留15秒以上，除非这个商品已经初步引起他的兴趣。

怎样科学地进行产品陈列呢？一般来说，产品陈列的通用原则是"**最好的陈列位置+最大的陈列面积+规范化的陈列标准"。什么才是最好的陈列位置呢？在回答这个问题之前，我们需要研究消费者的购物行为习惯，这是判断产品陈列最佳位置的基础和依据。消费者的购物行为习惯有：

在行走路线方面：

（1）95%的消费者走完1/3的商场后才停止。

（2）90%的消费者不喜欢走很多的路或走回头路购买所需的商品。

（3）大部分消费者喜欢直走。

（4）大部分消费者走到商场的拐角处喜欢左转，逆时针行走。

在选择购买区域方面：

（1）避免消费者走进嘈杂、不干净或黑暗的角落，会产生不舒服或不安全的感觉。

（2）如果商场入口过于拥挤或过于熟悉，消费者会直接进入商场而不会停留。

（3）如果消费者对商场陈列的结构和规律很熟悉，往往只限定在一些区域购物。

在购买方式方面：

（1）消费者倾向于看右面或从右面取货品。

（2）消费者不喜欢费劲地寻找要买的货品。

（3）消费者不喜欢弯腰或踮起脚尖拿取货品。

在购买的计划性上：

（1）至少66%以上的消费者在销售点决定购买哪些商品。

（2）只有25%～33%的消费者会写购买清单，而且这个比例越来越小。

结合消费者购物时的行为习惯和产品陈列的通用原则，笔者在通用原则下衍生出产品陈列展示的十八个原则。

（一）产品陈列原则一：消费者动线和热点动线原则

消费者动线就是消费者在购物过程中进入商场的流动路线。这条路线通常是由商场设计规划的。热点动线是消费者流动量较大的消费者动线，热点动线所处的位置就是产品陈列较好的位置。热点动线通常是消费者根据行为习惯和商场环境决定的，其作用是方便消费者选购，延长消费者的购物时间，扩大关联产品销售。热点动线的特点是机会多，充满了不确定性，但又有规律性可循，可以通过实地观察法和行为习惯法来测定哪些位置是热点动线。

实地观察法：详细记录、统计各类通道的时点人流，从而确定哪条路线是最热的消费者动线。

行为习惯法：消费者的行为习惯具有一定的规律性，根据规律判断热点动线。

（二）产品陈列原则二：黄金视线原则

黄金视线就是以目光平视线为中心线、上下不超过30°的视线区域。在黄金视线区域，消费者无需低头或弯腰即可伸手触及产品，是销量最好的位置。

以女性身高为标准，黄金视线在胸部以上、下额以下。测试显示，黄金视线位置每上一层或每下一层，销量会下滑15%~20%，如果是最底层，销量甚至会下滑50%以上。

（三）产品陈列原则三：垂直陈列原则

与水平陈列相对，垂直陈列就是产品在多层货架同时进行上下结构的陈列。为什么垂直陈列的效果会更明显呢？因为消费者在驻足时，视线上下移动的范围和可能性远比向左右移动大，从上到下垂直陈列比横向陈列更容易吸引消费者对品牌的关注。

当然，垂直陈列对水平陈列的宽度和货架的层数也有要求，否则陈列效果也会不好，这就是垂直陈列的低配原则。一般来说，单品的水平陈列面位不低于30cm（4个陈列面位）、货架不低于3层（有不同规格时一般按照包装的规格从小到大、从上至下）是垂直陈列的低配标准，低于这个标准采取水平陈列效果更好。比如，某超市只给6个排面的货架位置，这时水平陈列的效果比垂直陈列要好（前提是黄金视线位置），如果采用 3 层货架、每层 2 个排面的垂直陈列，终端的视觉冲击力反而不如水平陈列。

（四）产品陈列原则四：丰满陈列展示原则

丰满陈列展示指产品陈列的数量多，货架摆满陈列道具。丰满陈列展示的好处是：

（1）营造终端气势和可视度，引起消费者的购买欲望。

（2）增加消费者挑选的机会，从而增加消费者购物的安全感。

（3）减少断货机会，防止断货时被竞品挤占陈列空间。

（4）竞品断货时还可以抢占竞品陈列位置，扩大本品销售机会。

丰满陈列展示有三大技巧：一是要做到手推不倒，要求在货架的深处也要摆满商品，单薄的产品陈列很容易被竞品挤占，导致排面减少；二是快速补货，一旦产品销售出去，理货员就要快速补齐，保持产品丰满的陈列状态，否则也会出现陈列面位被竞品挤占的现象；三是断货时用公司其他品项临时补齐，永远不将机会留给竞争对手。

（五）产品陈列原则五：缺口效应原则

缺口效应指产品陈列时有意识地在外围适当空缺部分位置，留下产品被购买的印象。

缺口效应的好处是诱导消费者购买，利用消费者从众心理，进行购买的安全性暗示。对新品来说，安全感来源于产品质量及性价比，如何消除这种不安心理呢？那就是别人做了"吃螃蟹"的勇士，有人开了头、有人做了尝试，跟随的风险性就会弱化，这种从众心理是消费者自我消除不安全感的重要心理活动。缺口效应正是利用这种心理活动，达到产品销售的目的。

缺口效应陈列技巧：

（1）在丰满陈列展示的基础上做缺口效应。缺口效应不能违背丰满陈列展示的原则。如果没有丰满陈列展示，缺口很容易演变成缺货，尤其是有一定销量的产品。

（2）在货架的外围做缺口陈列。缺口是给消费者看的，是外秀而不是内秀，消费者习惯先拿取外围的产品。因此，要秀得光明正大而不是畏畏缩缩，要秀得符合逻辑而不是做戏。

（3）在堆头、整节端架等特殊陈列上做缺口效应。货架的陈列空间有限，陈列的产品数量并不多，在货架上做缺口效应风险很大，有被竞品挤占货架空间的风险。因此，不要在货架上进行缺口效应陈列展示。在货卖堆山的堆头或整节端架上做缺口效应就不存在这种风险。

（4）缺口一定要适当，警惕断货或留下服务不到位的印象。缺口绝不能弄成缺货，否则就适得其反。缺口也不等于凌乱，否则给消费者带来心理上的不舒适感，缺得整齐才卖得彻底。

（六）产品陈列原则六：安全库存原则

货架安全库存是指保证产品销售不断货的最小货架库存量。对箱货产品来说，是保证产品销售不断货的最小仓库库存量。产品陈列数量的下限标准是保证货架的安全库存。安全库存的意义在于减少断货机会，不给竞争对手制造机会。

货架安全库存的计算标准是产品每天的平均销量的 1.5 倍，低于这个标准就有断货的风险。

（七）产品陈列原则七：突出商标原则

突出商标原则就是商标要正面朝向消费者。卖场工作人员在进行商品货架展示时，往往因为时间紧张、责任心等问题，没有将商标面向消费者，导致消费者不能很好地做出选择。尤其是一些圆柱形的罐装饮料产品的包装，其商标如果不是刻意摆放就很容易将非商标部分面向消费者，对新品的推广带来极大的负面影响。

突出商标可以让消费者迅速发现商品，从而购买产品。退一步讲，即便消费者不购买本品，也可以传播品牌。如果说产品包装是自媒体，那么品牌的商标是自媒体要传播的核心内容。

（八）产品陈列原则八：右侧优先原则

消费者在消费者动线走动时，更习惯关注右边的商品而不是左边的商品，所以右边的货品更方便让消费者看到和拿到。根据这一消费者行为习惯，我们在选择产品陈列的位置时，要充分考虑选择消费者流动方向的右侧作为优先陈列的位置。当然，在实际进行产品陈列展示时，还要考虑卖场对品类及各品牌的布局情况，综合判断是否采用右侧优先原则。比如，某一条消费者通道的右侧摆放的不是本品类的商品，或者右侧摆放的不是领导品牌，更多的是杂牌产品的时候，不一定遵循右侧优先的原则。

（九）产品陈列原则九：叠放展示原则

叠放展示原则就是同一层货架陈列时，产品要尽可能地叠加摆放，形成货架产品陈列墙，且商标均面向消费者。叠放展示能产生更强烈的视觉冲击力，使产品迅速跳出来，进入消费者的视线中，增加新品动销的可能性。叠放展示并非适合所有的品类，一般只适合包装比较规则的产品，比如，罐装饮料、香皂、肥皂、牙膏、纸手帕等产品。

（十）产品陈列原则十：生动化展示原则

生动化展示一是指创意性的陈列形式，如各种异形地堆、超市工作人员摆放商品的各种逆天神作；二是指陈列时利用公司的广宣品，如围幔、KT板、价格牌、弹卡、插牌、促销信息牌等各类售点POP，吸引消费者的目光，刺激其购买欲望，将产品及促销信息生动地展示出来、最大限度地传递产品信息及品牌核心价值。比如，在进行地堆或端架陈列时，一定要做好地堆或端架的生动化包装。这是免费的售点广告形式，千万不要"裸陈"，要通过包装传达品牌的核心价值。

如果说特殊陈列是产品从普通陈列中跳出来的重要方式，那么生动化展示是产品从特殊陈列中跳出来的重要方式。

（十一）产品陈列原则十一：紧贴领导品牌原则

顾名思义，紧贴领导品牌是指产品在陈列时紧邻领导品牌。领导品牌是消费者接触频率最多的，靠近领导品牌意味着有更多的机会与消费者接触，增加产品的曝光度。进入领导品牌的"朋友圈"，与领导品牌为伍为产品动销创造了便利条件。

（十二）产品陈列原则十二：价格带相近原则

价格带相近原则是指选择与本品零售价相近的竞品为邻，陈列自己的产品，避免消费者在进行价格比较时缺乏竞争优势。比如，某企业推出了一款310ml、零售价约4元的罐装苹果醋饮料。由于区域市场上该类饮料较少，无法进行品类归类，产品摆放陈列时，有些店主将其与可乐、雪碧放在一起，有些将其与王老吉、六个核桃等类功能饮料摆在一起。显然，与可乐、雪碧摆在一起不恰当，消费2元一罐饮料的消费者很难消费贵一倍的苹果醋。相反，与3.5~4元的类功能饮料摆在一起更合适，更容易让王老吉、六个核桃的目标消费者发生转移。

产品与价格带差距较大的竞品为邻，会严重影响产品动销。有一款玫瑰花汁饮料，零售价7.5元/罐，由于是一个新品类，超市的营业员不知道将它与哪个品类一起陈列。于是在不同的超市，这款产品有的与可乐、雪碧摆放在一起，有的与六个核桃、王老吉摆放在一起，还有的超市将其与零售价较高的进口饮料（零售价通常在6~12元/罐）摆放在一起。一段时间后，销售结果显示：玫瑰花汁饮料动销最好的是与进口饮料摆放在一起的超市，动销最差的是与可乐、雪碧摆放在一起的超市。

（十三）产品陈列原则十三：由小到大原则

由小到大陈列原则就是在进行端架陈列或常规货架的垂直陈列时，从上至下要遵循产品规格由小到大的原则。这种陈列方式的优势一是便于拿取；二是将不容易被发现的小产品陈列在优先位置；三是力学上的平衡，平衡即是美。

（十四）产品陈列原则十四：价格明示原则

消费者购买产品的不安全感来源之一就是产品的价格超出自己的预期，如果产品的价格不能很好地明示，消费者的不安全感就不会消除，就不能促进产品动销。而且相当一部分消费者很关心产品的价格、特价、优惠、折扣、赠送等价格信息，这是吸引消费者产生购买冲动的重要手段之一。因此，价格标示一定要明示而且醒目，而不是让消费者戴上眼镜凑上去辨别。

（十五）产品陈列原则十五：优先展示原则

优先展示原则一是在陈列资源有限的情况下，优先考虑陈列主推品类或畅销品类，保证实现销售及利润最大化；二是优先考虑陈列新品，以便新品能快速成长。

产品陈列的根本目的还是促进产品动销及新品推广，在费用很高的卖场，企业不能不关心投入产出比，卖场也不能不关心营业额。因此，一个地堆能够产生多大的销量是企业和卖场都关心的事情，只有优先陈列主推品类或畅销品类，才有可能达到双方期望的销量。

（十六）产品陈列原则十六：集中陈列原则

在卖场许可的情况下，尽可能将所有的品类陈列在一起，形成货架陈列墙，产生终端视觉冲击力。同时，也可以充分借助品牌力，让消费者购买更多本品牌的产品。

一般来讲，有一定话语权的品牌更容易与卖场达成集中陈列展示协议。比如，宝洁公司的日用品除了各品类在货架上进行分类陈列外，有些卖场会用一些自制的端架将不同品类摆放在一起陈列展示和销售，这对一些不为消费者熟悉的新品来说，可以充分借助品牌力让新品动销。

（十七）产品陈列原则十七：创造空间原则

卖场较好的陈列位置和空间要么十分有限，要么费用很高，在不能争取到良好的陈列位置的情况下，创造空间进行产品陈列也是一个不错的选择。创造空间通常有以下三种方式。

（1）**发展品类区外的第二陈列空间**。比如，食品区好的堆头位置已经没有了，可争取紧靠食品区的其他区域的堆头位置，堆头费可能还会降低。因为你的产品是该区的异类，所以非常醒目，同样有好的助销效果。

（2）**开发陈列死角**。超市通道尽头一般是营业死角，人流少、销量小，厂家可尝试用很低的价格买下本品货架附近死角区的全年堆头，然后跟超市沟通，在该处布置大幅海报、POP等引导人流、激活死角。

（3）**利用辅助器材陈列**。根据商场的空间布局采用临时制作的辅助器材进行陈列。由于辅助器材与超市的原有货架相比有明显差异，陈列效果更好。

（十八）产品陈列原则十八：细节优化原则

细节也是产品陈列的关键，它让产品陈列展示锦上添花，我们不能忽视陈列的微小细节。比如，在进行端架陈列时，端架的两侧也要进行商标对外的陈列，以便消费者从任何一个角度都能发现自己的品牌，同时也增强了端架陈列的美感。

终端生动化包装与传播也是重要的动销要素。终端生动化包装的主要形式是售点POP广告，通过一切售点POP告知消费者关于产品及品牌的各种价值和信息，提醒消费者购买产品。POP广告强烈的色彩、美丽的图案、突出的造型、幽默的动作、准确而生动的广告语言，可以创造销售气氛，吸引消费者的视线，促成其冲动购买。不要期待消费者下一次发现你的产品，今天失去的销量就是永远失去了。充足齐全的POP通常包括海报、促销信息牌、产品宣传资料、赠品、价格牌、价格标签、爆炸贴、跳跳卡、围膜、腰线、门推贴、彩色条幅、店招、空箱道具、易拉宝、橱窗广告、电扶梯广告贴、包柱等多种形式，要让它们最大化地展现在终端卖场。

三、动销要素三：融入价值的促销推广及规范

促销推广活动是促进新品动销的最直接、最快速的手段，我们会在后

面的"动销拉力"中重点描述,这里重点探讨促销推广活动的执行标准和规范。

严格地说,**快消品新品动销的重点不在于促销,而在于推广**。对成熟的产品而言,促销是比较有效果的,就是让消费者得到实惠,前提是建立在消费者对产品价值认知认可、接受的基础上。对新品而言,如果消费者没有认可和接受产品,仅仅依靠价格促销手段,效果并不明显。即便促销时接受了,一旦优惠措施没有了,消费者依然不接受,因为新品并没有真正实现动销。因此,新品的重点在于推广,让消费者认可产品的价值才是根本。这是一个相对漫长的沟通过程,需要多次反复地通过活动沟通。在多次反复的促销推广活动中,我们亟须界定促销推广活动的执行标准和规范,这关乎活动执行的效果、费用的投入、可持续性等一系列问题。

促销推广活动的开展通常选择在人流量较大、形象较好、效果较明显的 KA 卖场进行,根据活动场地又分为场内促和场外促,场地环境不同,场内促和场外促的执行标准和规范也略有不同。

以店外促为例,KA 卖场活动促销执行标准从以下方面来规范和标准化。

(1) **道具标准**。帐篷、促销台、X 架或易拉宝及其他根据实际情况必须配备的道具。

(2) **人员标准及配置**。性别、年龄、身高、服装、容貌、数量等标准。

(3) **导购说辞标准**。品牌或产品价值、促销信息等标版化。以价值信息传播开头,以买赠信息收尾。

(4) **活动形式标准**。界定本次活动究竟是以传播为主、产品体验为主还是买赠为主。一般来说,单纯的传播或产品体验投入产出容易失衡,导致活动的可持续性不高,不利于活动的长期有效开展。

(5) **促销信息发布**。促销活动信息发布在什么位置清晰可见、美观。比如,手写海报张贴于促销台立杆两侧,或制作 KT 板发布促销信息。

(6) **促销产品标准**。针对什么产品做促销,一般来说不要新老产品同时开展促销活动,可能当天的营业额数字可观,但不利于新品推广,新品会在众多老产品中沉寂而不为消费者关注,起不到新品推广的作用。

（7）**试饮（吃、用）品配置标准**。每场每天必须有数量的限额，超过部分不予核销。

（8）**试饮（吃、用）活动标准**。试饮（吃、用）的量有规定，试饮（吃、用）的地点必须在指定地点，务必将消费者引领至促销台前试饮，不建议追逐至促销台外试饮。因为活动的最高境界仍然是达到买赠的目的，试饮（吃、用）作为沟通和促进销售的一种手段，而不是最终目的。

（9）**买赠标准**。按照产品或者购买的金额设置不同坎级的赠品。比如，满50元送价值10元的礼品，满80元送价值20元的礼品。

（10）**时间标准**。通常为周六、周日或国家法定节假日等客流量较大的日期。

某饮料企业针对全国市场KA卖场的新品店外推广制定了如下执行标准，并按照执行标准配备企业资源。

表9-2 某饮料企业的新品店外推广执行标准

执行项目	户外促执行标准
道具标准	帐篷2顶（特殊情况另行申请）、2张促销台/帐篷、X架2个/帐篷
人员标准及配置	女性160cm以上，30岁以下；身着促销服绶带、2人/帐篷+1名组织者（组织者是公司或经销商的人员，不能是临时招聘人员，下同）
导购说辞标准	价值信息传播开头，买赠信息收尾。说辞另附
活动形式标准	买赠为主、试饮为辅、叫卖式促销
促销信息发布	手写海报张贴于促销台立杆两侧，或制作KT板发布促销信息
促销产品标准	针对310ml六连包、310ml×12礼品装、310ml×20箱装
试饮品配置标准	24罐/天·场，超过部分不予核销
试饮活动标准	以买赠为目的，试饮作为促进销售的一种手段，务必将消费者引领至促销台前试饮，不得追逐至促销台外试饮
买赠标准	6连包送××；礼品装送××；箱装送××。不得送产品赠品和越级赠送
时间标准	周六、周日或国家法定节假日

四、动销要素四：良好的销售服务

服务不是经销商自发的表现，往往是厂家通过对二级、三级渠道的服务，使得新品在渠道有更好的表现。服务做得越好，产品在渠道的表现就越好，产品就越容易动销。服务的执行标准通常有两大块：一是拜访的周期及时间标准化，针对不同层级的客户界定清晰的周拜访次数和每次拜访的时间；二是服务内容的标准化，界定服务的内容，比如卫生服务、奖励兑现、调换货、处理客户投诉等。

某饮料企业针对传统零售店制订了以下服务标准和规范，销售人员严格按照标准和规范执行服务。

表9-3　某饮料企业针对传统零售店的服务标准和规范

零售店等级	拜访次数（次/周）	拜访时间（分/次）	服务内容与规范				
			卫生服务	货架整理	兑现奖励	调换货	其他
明星便利店	2	20	每周2次	每周2次	活动结束后3天内	2天内处理完毕	根据情况而定
普通便利店	1	15	每周1次	每周1次	活动结束后5天内	3天内处理完毕	同上
食杂店	1	10	每半月1次	每半月1次	活动结束后7天内	5天内处理完毕	同上

五、动销要素五：压倒一切的稳定价格

价格对动销的影响主要表现在两个方面：一是价格标注要清晰，公司的价格爆炸贴或者店面自己的价格签要清晰标明产品的零售价，建立消费者购买产品的安全感。二是不乱价，乱价就是各级价格超出厂家制定的标准价格的5%以上。价格过高，加大了消费者试用新品的成本，对新品的安全感降低，必然会削弱新品的竞争力；价格过低，渠道的利润势必受到影响，渠道的常态驱动力下降，不利于新品的分销。

经常看到有些新品上市一个多月就开始主动做特价，究其原因是产品动销不理想，通过降低售价促进销售。这是非常不明智的行为，没有认真探究产品动销不理想的真实原因，只从一个价格维度考虑问题，在价格标杆还没有树立起来的时候，任何一种降价行为不仅不能促进销售，还迅速将自己打回价格原形，结果是产品的高价认知没有建立起来，低价形象却

再也逃脱不了，产品再提价只能更加滞销。

2014年，国内首支玫瑰花汁饮品上市，这款暗示美容价值的植物饮品零售价高达7.5元/罐，但销售并不理想。该企业并没有从品类价值传播入手，而是通过试饮和特价的促销方式进行推广，结果是低价也无人问津。可见消费者不愿意购买的根本原因不是价格问题，而是对产品价值的不认同。

需要特别说明的是，如果产品或价格与渠道不兼容，或者消费者购买地点与产品渠道不兼容，则无论如何做好渠道表现、打造渠道力都只能是做无用功。比如，将高端化妆品摆放在小型终端或超市货架区销售，无论付出什么样的努力，销售效果都不会好。

第三篇
提升促销力

引言　三花聚顶，让产品飞起来

产品力、渠道力和促销力是驱动产品动销的三朵金花，如果说产品力是一枚钉子，渠道力是一把锤子，那么，促销力就是一根钢钎，新品在钉子、锤子和钢钎的合力下，驱动产品飞越市场屏障。促销拉力还会反过来影响渠道，拉力越强，对渠道的驱动力依赖就越弱，厂家同渠道商博弈的话语权就越大，甚至用消费者托起渠道。宝洁公司的洗发水薄利甚至零利润，为什么渠道商还争相销售？正因为它已经利用消费者托起渠道，成为吸引客户的必备杀器。促销拉力不仅仅是广告、促销资源的消耗战，更是品类价值的传播、品牌定位的心智化过程。只有这样才能积累品牌资源，单纯的促销只会引领品牌走入死胡同。

公关与广告、线下促销推广是两大绕不过去的促销手段，是促销力的基石，无论营销发展到什么地步，这些公理性的策略仍然存在。但唯有对这些策略做到"洞察本质、活学活用、敢于创新"，才能最好地发挥其改天换地的效果。

第十章
Chapter 10

紧锁公关与广告的"七寸"

第十章
紧锁公关与广告的"七寸"

在所有的促销手段中，公关是一个最令企业难以捉摸的东西，不仅仅指公关的运用上，认识上也含糊不清，就连专家、学者对它的定义也众说纷纭。关于公关的定义就有"管理说""传播说""传播管理说""咨询说""关系说""协调说""形象说"等。

从今天营销界对公关的应用来看，更偏重于"传播管理说"。"传播"适用于品牌及产品与消费者之间的沟通了解，多用于正面塑造品牌，侧重于品牌及产品的传播属性；而"管理"适用于品牌及产品与消费者之间的关系层面，多用于品牌危机管理，侧重于品牌的管理属性。对于企业的品牌来说，公关的传播属性则是使用得较为频繁的一面，而管理属性则是非到紧急时刻往往束之高阁。比如，品牌有负面新闻时，才匆忙进行危机公关。

由于公关传播借助的也是电视、报纸杂志、网络等媒体，虽然弄清了公关是什么，但更多的企业仍然弄不清广告与公关的区别在哪里，以及什么时候做广告、什么时候进行公关，经常顺序颠倒，或者忽略了公关的作用。

公关是一项非常重要的营销活动，特劳特曾说过："打造品牌，公关比广告更为重要。"

公关传播在新品推广上的应用，我们需要思考两个问题：一是在什么情况下开展公关传播，即公关传播的时机和条件；二是公关传播的"穴位"在哪里，即公关的话题性和价值点。

一、公关传播的时机和条件

（一）新品类新品上市时

当新品是一个全新的品类时，公关要比广告先行。新品类的价值及代表新品类的品牌都是消费者所不认知的，也是消费者不认可的，这时需要通过公关传播的形式而不是广告形式让消费者对新品类的价值产生认同，树立对新品牌的好感和信任度。

蓝月亮洗衣液的成功是公关创造奇迹的典范。2008年以前，蓝月亮只是一个生产洗手液的三线日化品牌。2008年下半年开始，蓝月亮推出了洗衣液新品类，并以公关传播的手段开启了品牌之旅。

第一步：蓝月亮首先对洗衣粉品类发起了攻击，引出了消费观念更前卫的洗衣液品类。以广州日报、南方都市报为代表的全国各大媒体以"洗衣液'兵临城下'，洗衣粉'退出江湖'"为标题，打响了对洗衣粉宣战的第一枪。通过媒体公关传播告知消费者，洗衣液才是未来洗涤衣物的趋势，促进消费者从洗衣粉向洗衣液转换。

第二步：郭晶晶代言的蓝月亮洗衣液粉墨登场。各大媒体以"蓝月亮携手跳水女皇郭晶晶，洗牌400亿洗涤市场""月亮上跳水？郭晶晶最新广告大片即将上映"等标题引出蓝月亮品牌与洗衣液的关系，促使蓝月亮率先成为洗衣液的指代品牌。

第三步：通过对消费者洗衣习惯的调研报告的传播，以消费者现身的说法，放大消费者对洗衣粉的不满情绪，激发消费者对洗衣健康的需求，促进消费者从洗衣粉用户向洗衣液用户转换。"八成消费者最关注洗衣健康问题"等稿件虽然标题隐晦，但达到了教育消费者追求健康洗衣的目的。

第四步：再通过传播权威市场调研公司AC尼尔森的销售数据，强化蓝月亮是洗衣液品类的销售第一的正宗领导品牌，实现消费者对领导品牌蓝月亮的追随。全国各大媒体在醒目的版面刊登出"蓝月亮洗衣液全国市场称王，洗衣保护概念受追捧"和"蓝月亮洗衣液跃居市场榜首"等文章。

通过公共传播，蓝月亮洗衣液真正实现了洗衣液品类市场第一的目标。

（二）产品升级重建价值时

新升级的产品具有更卓越的价值需要被消费者认知。由于新升级的产品具有独特的价值是老产品不具备的，需要重新建立对新品的深度认知时，公关活动比广告更容易彰显这种深度认知。

宝洁公司的护舒宝卫生巾在女性消费者心目中一直是前列的卫生巾品牌。宝洁公司为了给广大女性朋友提供品质更优、性能更好的卫生巾，十几年不断对"护舒宝"产品进行研究、改良和创新，先后推出"倍爽""护翼""丝薄"卫生巾系列，在同行业中遥遥领先。但是，由于卫生巾不能透气而给经期妇女带来皮肤不适或过敏的问题一直困扰着她们。

为了解决这一难题，1999年宝洁公司研制成功专利透气材料，并推出最新一代产品——护舒宝透气丝薄卫生巾。这一新品的问世，对广大女性无疑是一个福音，也是对女性经期保健工作做出的重大贡献。由于新升级的透气丝薄卫生巾比老产品更具有革命性的突破，是中国市场上第一个采用透气材料制成的卫生巾品牌。因此，针对这一新升级的产品，宝洁公司开展了公关活动。活动围绕着"产品的材料是获得专利的透气性材料，能有效地排出闷热、潮湿，提供干爽、舒适的保护"这一核心价值进行线上和线下的传播，还邀请中国女医师协会进行认证，活动获得了很大的成功。

当然，并非所有的新品都适合采用公关传播，跟随性的新品没有公关的价值点，也就没有传播性。比如，蓝月亮品牌开创了洗衣液后，紧接着汰渍、奥妙、立白等几大日化巨头纷纷跟进洗衣液品类。与其旗下洗衣液比，这些新进入的品牌并没有独特的品类价值，或者说价值点不鲜明，缺乏传播性，进入洗衣液市场就没有必要启动公关。

二、公关的"穴位"

公关也有"穴位"，找到公关活动的"穴位"，公关活动才能奏效，这个"穴位"就是公关的话题性和价值点。价值找不准，一切都白费。价值点偏了，劳民伤财也不会有成效，公关活动看起来轰轰烈烈，但很快归于沉寂，对新品的推广没有促进作用。

××品牌洗发水以"中药世家"的品牌定位成功切分部分洗发水市场，获得成功后，又推出了××洗发水。××洗发水针对的是去屑这一最大的洗发水细分市场，并以"中药去屑"这一具有中国特色文化的去屑方式切分市场。从品类分化角度来看，××洗发水的品类创新策略非常正确，在化学去屑市场无法抗衡海飞丝的情况下，以"中药去屑"这一强势品牌无可阻击的定位切分市场无疑成功面是最大的。××洗发水上市伊始也开展了公关传播，但是其公关传播价值点的选择不当导致××洗发水没有被消费者深度认可，上市业绩平平，错过了一击而成的机会。

××洗发水公关价值点的选取并不是围绕着"中药去屑"这一新品类的价值点开展的，没有让消费者认识到"中药去屑"这一价值点与传统的以海飞丝为代表的化学去屑洗发水相比有哪些优势、有哪些差异性。××洗发水公关价值点的选取是炒作代言人王菲，炒作王菲借着代言××而复出这一话题，炒作王菲的天价代言费。王菲成了公关的价值点，成了话题的核心，忘记了消费者消费产品的本质是产品的品类价值而非明星八卦，明星八卦只是激起了粉丝的注意，而建立持久购买习惯的只能是品类的价值。

相反，海飞丝就比较注重针对竞争对手的软肋进行攻击。鉴于××品牌洗发水的成功，宝洁的海飞丝对待其旗下××洗发水的上市不敢掉以轻心，针对"中药去屑"这一价值的软肋——"中药起效慢"这一认知发起攻击，推出了蔡依林版海飞丝广告，广告的说辞犀利有力："我是个急性子，学得快，做得也快。去屑要我等，不可能。海飞丝，一开始就有效，去屑效果不用等。一开始就有效，当然海飞丝。"而××洗发水因为在公关的价值点上既没有张扬中药去屑的好处，也没有对"中药在消费者的潜意识里是效果慢的代名词"做出澄清或做出赢得消费者谅解的解读，面对海飞丝的攻击只能任其宰割。

第二次世界大战期间，战火不断，战争将世界弄得千疮百孔。此时，可口可乐公司也不景气。为打破公司的经营困局，当时可口可乐的董事长任德拉夫做出了一个不可思议的决定，即"必须使每一个美国官兵花五分钱就能喝上一瓶可口可乐，不管他驻扎在哪儿，也不管这瓶可口可乐的成本是多少，可口可乐必须成为战争中努力的一部分"。这一公关策略的提出，虽然公司并未从中获得高额利润，但公司的成功公关加之强有力的宣传，使美国军部深信可口可乐是提高士气的佳品饮料，深得士兵的喜爱，使可口可乐和美国士兵结下不解之缘。美国士兵不管到哪儿，不管在什么情况下，总会想到可口可乐，把可口可乐看成自己的朋友、亲人，从而可口可乐的热爱和平、代表美国文化的品牌个性就树立起来了。这一公关价值点的选择使得可口可乐赢得了全美国人民的尊敬，可口可乐也重新焕发了勃勃生机。

三、怎样做有效果的广告

在所有的促销手段中，广告的威力无疑是第一位的。在众多广告形式中，电视广告的威力更是首屈一指，尤其是对于快消品，电视广告是覆盖数百万渠道网点产生消费拉力的重要利器。宝洁的强势广告产生的消费拉力让渠道商也不得不妥协。一条好的广告犹如千军万马，带来巨大的杀伤力；一支温润如水的广告，不仅浪费了企业的资源，也永远不能带来销售高潮。

广告的主要作用是传播品牌定位价值或产品功效。一条只能提升品牌知名度而没有品牌定位价值积淀的广告是失败的广告，尽管品牌知名度的追求是永远没有止境的，但知名度只是品牌具有销售力的前提和基础，而不是动销的根本。

广告很重要，但最令企业老板头痛的是不知道怎样做广告。有一句著名的金句："我知道我的广告费有一半被浪费了，但我不知道被浪费的是哪一半。"

广告费之所以被浪费，一半是因为投放失策，一半是因为创意无方。

对不差钱的广告主来说，这似乎不是问题，但对90%以上的中国企业尤其是中小企业来说，知道怎样投放广告意义非凡，是一个非常重要的技术活，毕竟广告费用的投入动辄数以百万、千万甚至数以亿元计。一个企业的营销费用中通常广告占到10%~20%的比例，对企业来说，这是营销费用权重中最高的部分。如果广告策略不当，花钱失策，上千万元投进去了连个波纹都不起，连究竟是哪部分浪费掉了都不知道。在企业的不同发展阶段、在产品成长的不同阶段掌握投放广告的策略，让广告费花在刀刃上、知道如何省钱，是市场部从业人员、营销总经理和企业老板的必修课。此处避开媒体选择策略不谈，这需要专业的数据支撑，我们重点谈一谈广告投放的时机，即电视广告究竟在什么时候投放比较合适。

（一）新品招商阶段

对于强势品牌或者具有成熟渠道网络的企业来说，一般不会在招商期投入广告，因为它们有成熟的经销渠道。康师傅、娃哈哈、宝洁、联合利华、立白等企业，你不会看到它们的招商广告。但对新企业、弱势品牌或渠道不健全的企业来说，广告招商是非常重要的一环，是建立一级渠道架构的重要手段。对于这类企业，可以在新品招商阶段投入广告。

曾几何时，中国洗发水新品牌的运作模式就是首先在省级电视台投放招商广告，圈到各地经销商的钱后，开始利用圈到的资金大量密集投放消费拉动广告。经过3个月甚至半年的市场培育，品牌有了一定的市场根基，渠道网点有了自养能力，这个品牌就能存活下来，一个消费品牌就这样诞生了。尽管这样运作品牌的方式比较粗糙，但在当时也不失为企业快速成长的方式之一。

既然是招商广告，广告的投入自然是打给经销商看的。因此，我们必须对招商的对象或群体加以了解，这个群体的生活习性、媒体收视习惯、经营理念认知等尽可能详尽了解，这是制定新品招商广告策略的重要因素。经销商群体通常是白天较为忙碌，不可能也没有条件在白天看电视，晚上通常也是九点以后才能躺在沙发上看电视，休息得比较晚，可谓是晚睡晚起一族。他们白天接触的媒体主要是报纸杂志和移动新媒体。经销商对于接纳新品牌较为关心的一个重要因素是有没有电视广告，有广告感觉经营风险小，他们才愿意尝试。通过对经销商的生活习性、媒体收视习惯等的了解和认知，新品招商阶段电视广告投放的策略如下。

（1）低频次。 新品招商阶段广告的目的是经销商能够看到，而不是用于消费拉动。招商是一个长期的营销工作，说全年都是招商季一点都不过分，因此，广告不需要高频次的强刺激，而是需要低频次慢节奏的反复刺激。低频次是节约广告资源的最佳策略和手段之一，每天2次甚至隔天投放都不会影响招商效果。当然，不差钱的企业采用高频次招商效果肯定更好，笔者只是从企业的资源状况和可持续发展角度出发，综合评估而选择最合适的策略手段。

三棵树涂料是近年来涂料行业异军突起的一匹黑马，从2002年建厂，历经10年左右的发展，在立邦、华润、多乐士等中外涂料大鳄的围剿中杀出一条血路，成为中国10大涂料品牌。笔者也曾有缘为其品牌的起步阶段制定品牌及推广策略。三棵树在发展初期像千万个起步的企业一样面临招商问题，在资金紧张的情况下，从牙缝里挤出一点资金投放广告，除了《参考消息》这样的平面媒体外，还在央视的综艺栏目《幸运52》投放电视招商广告，每周1次，频次可谓非常低，但为三棵树的招商起到重要作用。

（2）**晚间非黄金时段**。经销商群体的收视时间往往是晚间，而且通常是晚间的大量非黄金时段。无论是从节约企业资源角度，还是符合这一群体的生活习惯来看，在晚间非黄金时段投放广告都是一个不错的选择。从投入产出的角度和实际效果来看，选择这样的时段既经济又不失招商效果。

其实，非黄金时段投放广告，不仅在招商阶段，即便是品牌拉动阶段，也具有非凡的价值和意义。史玉柱在推广脑白金时买断卫视的大部分垃圾时段广告，既便宜效果也不差，可谓一箭双雕。

从上述策略来看，新品招商阶段的广告投放不宜过急，钱要悠着点花，除非你是不差钱的企业。但不可否认，近年来，广告招商尤其是电视广告招商的效果越来越差，而且是投入产出比非常低的。如果选择招商，以平面媒体和网络媒体为佳，电视广告招商可以选择在消费者拉动的广告上附加招商信息。

（二）分销铺市阶段

强势品牌可以凭借品牌的影响力和成熟的渠道网络实现产品分销，而不需要借助广告的力量协助分销。强势品牌投放广告的目的是拉动销售，广告所覆盖的地方有网点销售，以便能快速实现销售。因此，许多强势品牌都对在当地投放广告提出一个条件，即铺市率达到80%，立白、六个核桃等快消品企业对新品上市投放广告的条件就是如此。条件稍宽的铺市率也要达到60%以上。

达到一定的分销率是比较理想的广告投放时机，但对弱势品牌或弱势经销商来说，这样的条件并不容易实现。弱势品牌的新品在终端动销之前还面临产品铺市的难题，有些经销商与零售商的合作条款很苛刻，如现款进货，通常令零售商不能接受，有些经销商铺了3个月但铺市率可能还不到30%，这样的情况屡见不鲜。此时，适度投放广告有助于协助经销商铺市，增强零售商经营新品的信心，但这个阶段的广告投放量不宜大，因为重头戏还是在消费拉动上。

新品分销铺市阶段，提出80%或60%的铺市率的条件是不错的，但在执行时一定要灵活变动，只能作为要求而不是底线。在产品铺市率和厂方的广告投放要求存在分歧时，厂商双方应该相互体谅、相互妥协和让步。比如，要求经销商与零售商的合作条款适当灵活一些，部分零售店变现款结算为试销或其他双方能接受的合作方式，以快速提升铺市率。厂家也不要死守80%或60%的底线，如果看到较为重要的零售终端都铺进货了，哪怕铺市率略低于设定的要求，也要适度地投放一些广告帮助经销商分销。否则双方僵持，互相等对方让步，结果一定是双输。新品上市拖不得，节奏要紧凑，要一鼓作气，否则"再而衰，三而竭"。

产品分销铺市阶段与新品预热期部分是重合的，所谓新品预热期是指产品已部分到达零售终端，但分销率不高，还处于经销商向零售终端的铺市阶段。广告投放的策略如下。

（1）**低频次**。这个阶段投放广告的目的是促进产品分销及预热新品拉动终端消费，广告需要零售商和消费者都能够看到，以提升零售商的经销信心和促进部分网点的产品动销，但还不是大规模的广告拉动，这个阶段可以适量投入广告，每天 2 次左右即可，为大规模的广告拉动做铺垫。

（2）**黄金和非黄金时段同时投放**。零售商群体的收视时间往往是晚间非黄金时段，而消费群体的收视时间往往是黄金时间段。在晚间的黄金和非黄金时段同时投放广告，可以最大限度地保证广告对象都能看到。

2014 年，笔者服务一家中小食品企业，对广告投放的预算谨小慎微，在产品分销阶段也存在分销率偏低的情况，问题的解决正是通过广告渗透和借助优秀经销商的分销力的双重手法。

品牌成长就像一棵小树长成大树，在新品类的创建、新品牌的导入期，需要有足够的耐心，过早地大量施肥不仅会大量浪费资源，还会伤害品牌。因此，无论从创建品牌的角度还是节约资源的角度，产品铺市阶段都可以采用低频次的投放策略。

（三）新品启动阶段

产品在零售终端的分销覆盖率已达到 60% 以上，尤其是主要的 KA 卖场已完成分销，这个阶段的广告投放策略就是开始在黄金及非黄金时段进行高频次、大规模、振幅较强的广告投放。通过密集的广告，传播品牌定位价值，建立消费者对品牌及产品的认知，凝聚广告促销势能，重拳打透市场，击穿消费者接受品牌的心理阈值。这个周期大约需要 3 个月，甚至更长，但不会超过 6 个月。这 3 个月绝不能温火炖市场，而是"爆炒及时雨"，让消费者感到品牌的声音和价值无处不在。如果拉长时间段，广告振幅弱，消费者的心理阈值就不容易突破，新品立足市场的周期就会大大延长，甚至新品在苟延残喘中渐渐消失。

（四）产品旺销阶段

快消品一般都有淡旺季之分，比如啤酒、饮料、洗发水、沐浴露等通常在 4 月—9 月是旺季，白酒在冬天是销售旺季，食品及礼品在春节期间是销售旺季。在旺销期一定要加大广告投放，在消费者频繁购买的阶段提示消费者消费本品。

对新品来说，产品旺销季节最好能与新品启动期重合，这样新品上市的节奏才更和谐，更利于上市，也更能节约企业的资源。新品上市的节奏如果有偏差，将对新品上市产生不利影响。

试想，如果一款饮料在 8 月份上市，经过 2—3 个月的分销铺市，10 月—11 月产品进入新品启动阶段，但此时不是饮料的旺销季节，如果不大规模投放广告，新品不可能成功。如果大规模投放广告，消费者处于消费欲望的低谷，动销效果不可能好。相反，如果这款饮料在 3 月份上市，经过 2—3 个月的分销铺市，5 月—6 月产品进入新品启动阶段，也刚好是产品旺销阶段，这时所有的促销手段都可以凝聚起来，万箭齐发，市场更容易突破。

产品的淡旺季一般是由品类的属性决定的。比如，冬天天气寒冷人们习惯喝白酒，夏天天气炎热人们习惯喝啤酒、饮料。但是有些产品的旺销季节是可以创造的，从而延长了产品的旺销季。六个核桃通过创造"高考季"，使六个核桃在饮料销售旺季前，即高考前的三四月份提前进入销售旺季。王老吉、六个核桃、牛奶类产品也通过产品的礼品化，将本来是淡季的饮品包装成年节送礼的产品，使春节也成了重要的旺销季节。食品、饮料、烟酒在春节期间的销量甚至比夏天还好。

（五）淡季维持阶段

产品进入销售淡季，广告投放策略应是以维持品牌曝光度，不断提醒消费者为主，待下一轮旺销期来临时再发力。这也是品牌维系同消费者关系的一种手段，被消费者淡忘是一件可怕的事情，需要在旺季时加倍努力才能弥补过来。

对于广告的投放，企业一定要有自己的理解和策略，哪种方式对新品的成长既有利又能最大化节约企业资源。单方面相信广告代理公司可能不是一个正确的选择，虽然绝大部分广告代理公司都是专业的、客观的，但不排除个别公司极力推荐他们所购买、所代理的媒体时段。因为你不知道他们的利益在哪儿，他们有优势的播出时间段也许不是你要的，如果你不专业，就有可能被他们所谓的"专业"忽悠。

四、广告创意的误区和技巧

（一）电视广告创意的误区

电视广告综合了声音、文字、形象、动作、表演等手段，具有很强的综合表现能力、冲击力和感染力。电视广告创意是产品经理、广告经理的重要工作之一，是新品上市进程的重要一环。优秀的电视广告创意能大大节约传播的成本，从而事半功倍。毫不夸张地说，这是一个创意泛滥的时代，形形色色的创意充斥着每一个角落。

正因为创意泛滥，我们又不得不承认，我们生活的世界其实缺乏创意，好的广告创意犹如孔雀开屏的瞬间，可遇不可求。为了获得不同寻常的创意，广告从业人员往往绞尽脑汁、剑走偏锋，甚至在广告形式上无所不用其极。但是，过于追求奇思妙想的广告创意常常陷入误区，偏离了广告的主要目的是促进产品销售这一根本原则。

常见的广告创意误区有哪些呢？

1. 忽视重要的营销信息

很多人把广告创意理解为广告表现，这并不完全正确。通过广告表现手法，发挥创造力和想象力将广告的诉求充分表现出来才是广告创意的真正内涵。广告表现是形式上的东西，是包裹在信息诉求外面的华丽外衣，其目的是吸引消费者的注意，让消费者在纷繁复杂的信息中关注到你的产品，信息诉求才是产品广告的灵魂。广告表现的首要任务是吸引注意，广告创意若不能吸引消费者的注意，肯定是一个失败的广告创意。吸引注意无可厚非，但如果吸引注意的表现手法太刺激或太强烈，以至消费者只是记住了吸引注意的手法、广告的故事情节而忘了广告宣传的是什么产品，过分创意、为创意而创意、炫耀创意就本末倒置了。实际操作中，这种情况经常出现，往往因为形式上的东西淹没了广告诉求的信息内容，或者因为表现形式上占用了太多的时间，而真正有意义的核心营销信息却如昙花一现。消费者看到广告很有趣、很热闹，实际上却没有记住品牌及产品。过分追求广告表现形式的华丽、差异，以至于忽略广告诉求信息的有效表达等,都会导致广告表现失败。切记任何时候,比创意更重要的是营销信息的传达。

营销信息通常包含什么?首先,品牌及产品名称信息,一定要让消费者弄清楚"你是谁",这是消费者看过电视广告后能找到你的重要线索,也是积累品牌资产的重要要素。其次,产品图片及产品的价值信息。产品长什么样必须在广告中给消费者心智中留下划痕。品牌及产品能够给消费者带来哪些利益、为什么值得消费者购买、支撑点和信任度是什么。这些广告的灵魂要素消费者记住了,也与产品对应上了,广告也就成功了一半。

一则很有创意的台湾洗面奶的电视广告创意,却因营销信息的残缺或不清晰导致销售失败。

"小姐,我很喜欢你!"一个男生怯怯地对一个女生说。

"可我不喜欢脸上油油的男生。"女生说。

男生飞快地洗脸,脸上没油了,又凑过去说:"小姐,我很喜欢你!"

"我已经结婚了!"

情节很有趣、很有创意,看后都会引起观众哄然大笑,但消费者并没有记住这是个什么牌子的洗面奶,更何谈购买。

读者读到了这里也许就知道为什么像脑白金这样简单的广告却能使产品热卖的根本原因。脑白金的广告反反复复天天讲、月月讲、年年讲,灌输品牌名称、产品价值、礼品首选等营销信息,即便消费者重疲劳也无法跳出其包围圈,而那些看起来高大上的广告创意却没有在消费者心智里留下有价值的印记。

2. 缺乏逻辑关系

任何一个广告都应该蕴含一个"简单的逻辑关系"。逻辑关系可以在不知不觉中引领和劝说消费者信任你的产品诉求,一旦这种简单的逻辑关系被消费者接受,它就成为消费者购买的依据。相反,缺乏逻辑关系的广告创意,要将广告诉求转化为销售,消费者往往需要自己重新建立这种产品功效与问题点之间的逻辑关系以促进购买,而消费者往往是不愿意主动建立这种逻辑关系进行自我说服,那么产品就很难转为实际销售。其实,从很多有销售力的广告创意案例中我们会发现,它们都是蕴含着清晰逻辑关系的广告。

"怕上火，喝王老吉"其逻辑关系是：生活中人们是怕上火的，如果你怕上火，就喝王老吉。"海澜之家，男人的衣柜"其逻辑关系是：男人也需要许多丰富多样、可以随意搭配的服饰打扮自己，海澜之家就是这样的一个专营男性服饰的、丰富多样的、开在街边的大型"衣柜"，所以男人应该去海澜之家选购衣服。"受损秀发，现在宛若重生。欧莱雅多效修护5，硅胶元精华，击退五大受损，秀发宛若重生"其逻辑关系是典型的三段论：首先提出问题，问题点——五大受损；其次导入品牌，提出解决对策——硅胶元精华，击退五大受损；最后解决问题，结果——秀发宛若重生。广告三段论法，有人看不起这种创意，实际上是很有效的，尤其是对于强化功能价值的品牌，逻辑三段论法是较好的广告表现手法。

我们再看看饮料广告，包括很多知名品牌的广告，千篇一律的各色人群劲舞热歌，表现青春的激情。坦率地说，如果它们不是广告量堆起来的，对品牌、促销并没有太大的贡献。这些品牌的成功绝不是广告创意的成功，而是广告量的累积，它浪费的广告费远远不止一半。

3. 画面多信息复杂

基于两个原因，很多广告创意人员喜欢提交复杂的广告创意。一是创意的内容必须通过复杂的画面或故事情节表现出来，因为愈简单愈不容易将创意完整地表达出来；二是也许创意人员认为客户喜欢复杂，如果太简单了对不起客户。很多广告的镜头很多，十几甚至二十几个镜头重叠在15秒或30秒的广告上，信息复杂，镜头反复变换，一闪而过，弄得消费者眼花缭乱。消费者甚至来不及看清镜头表达的是什么，当然也不能理解和记忆广告诉求的内容和含义。消费者不是广告艺术节的评委，没有耐心琢磨这么多画面分别代表什么意思，能听得懂就听，听不懂就拉倒。

斯达舒胶囊："胃痛、胃酸、胃胀，请用斯达舒胶囊。"简洁明了、利益明确，没有太多的干扰。再看看脑白金："今年过节不收礼，收礼只收脑白金"，都帮你想好该送什么礼物给爸妈和亲朋了。

还有一种被人诟病的5秒重复式广告，就是只说品牌名称或产品功能，也是非常令人讨厌的。但仅仅从打造知名度及促进销售的角度看，这样的广告效果可能比很多费尽心思创意的广告还好，尽管前者令人讨厌却让人记住了，而后者却随着信息的汪洋流向东海，不着痕迹，这多少令广告创意人士愤愤不平。

重复式广告的狂轰滥炸、轮番播出而形成的巨大冲击波，迫使受众不得不加以关注，可以促进和强化潜在消费者的记忆，从而使产品或品牌的知名度得以提升，尽管还谈不上美誉度，但对销售的促进作用也是显而易见的，这是其他广告形式难以企及的。面对纷至沓来、稍纵即逝的信息，消费者的记忆难免模糊不清，而重复无疑是一种能唤起受众注意进而得以记住的有效方法，尽管其感受并不愉悦。这种广告创意的价值观有点像"不能名垂千古，也要遗臭万年"。这种观点认为，即便留下臭名也比默默无闻强。

广告创意大师史蒂夫·哈里森说："广告创意是一项让傻瓜弄复杂了的简单运动。"这句话有一定的道理，任何时候不要忽视简单的力量。大道至简是不变的真理，真正的原理、方法和规律都是极其简单的，简单到一两句话就能说明白。

因此，电视广告的表现一定要通俗易懂，电视广告的目的是让客户群体认同感知，与艺术性相比，注重人们的接受能力。心理学研究证明，一个人不可能对所有的信息做出反应，对信息的有效注意时间非常有限，这就要求电视广告的表现要通俗易懂，这样才能使客户群体对广告信息予以关注。

4. 忽视了品牌或产品成长的阶段性

一是表现为弱势品牌对强势品牌的无原则模仿。弱势品牌还没有达到强势品牌的影响力时，广告创意的表现不尽相同。经常见到一些大品牌的广告，如饮料广告，15秒或30秒的广告，一群年轻人又蹦又跳，时间过去了大半，品牌名称的影子都没有见到，甚至产品都没有出来。

强势品牌已经完成了品牌或品类认知的教育阶段，完成了理性价值诉求阶段，开始玩感性、玩文化了，它们也有充足的广告费用。弱势品牌有什么？捉襟见肘的传播费用、无人理睬的情感荒漠、百呼不应的产品诉求……所以，弱势品牌要有自己的创意原则，不要人云亦云。

二是广告创意忽视了产品成长的阶段，此阶段干彼阶段的事情。一般来说，新品类或新品上市初期，广告传播要围绕品类价值或产品的独特价值传播，目的是建立消费者对新品类或新品的认知，完成这一阶段的消费教育后，广告的表现形式更加灵活。实际上，很多企业的新品在上市阶段却使用了成长期或成熟期产品的创意，导致广告传播失败。

雕牌牙膏广告新妈妈篇是一支非常有创意的广告，故事情节的感染力也很强，意图通过小女孩对新妈妈从讨厌到喜爱的转变过程，说服消费者要像小女孩一样从不喜欢雕牌牙膏到喜欢雕牌牙膏。但这支非常感性的广告传达的营销信息非常少，只有品牌名称和产品图片，产品的价值除了一丝温情外，理性价值严重缺失，广告的销售力也非常弱，这就是典型的广告创意忽视了产品处于什么阶段而造成的。如果这支广告在产品的成熟期投放，即消费者对产品的价值已经认知和接受后，导入感性价值诉求，一定会打动一大波消费者，获得他们的支持和认同。

相反，同样是纳爱斯集团的雕牌洗衣下岗工人篇广告，在产品的上市阶段就规避了雕牌牙膏的广告创意缺陷而获得成功。广告片截取一个下岗工人家庭生活片断：年轻的妈妈下岗了，为找工作而四处奔波。懂事的小女儿心疼妈妈，帮妈妈洗衣服，用天真、可爱的童音说出："妈妈说，'雕牌'洗衣粉只要一点点就能洗好多好多的衣服，可省钱了！"门帘轻动，妈妈无果而回，正想亲吻熟睡中的爱女，看见女儿的留言——"妈妈，我能帮你干活了！"妈妈的眼泪不禁滚落下来。最后画面出现"只选对的，不买贵的"的广告语并配合洗衣粉包装袋。

这则广告并不是单纯的情感诉求，而是将产品价值点建立在"超强洁净"和"省钱"上，就是小女孩说的"雕牌洗衣粉只要一点点就能洗好多好多的衣服，可省钱了"，情感则是最后的动销催化剂。将理性价值和感性价值完美地结合，大大提升广告的销售力量。

5. 混淆广告目标人群、广告示范人群和购买者

广告的目标人群、广告示范人群和购买者是三个不同的概念。广告目标人群是广告产品主要的消费人群，广告示范人群则是重度的目标消费人群。也就是说，广告示范人群一定得是目标消费人群，广告目标人群不一定全是广告示范人群。而购买者不一定是目标消费人群，有可能是为目标消费人群提供购买服务的人群。选择广告主角时，广告主角一定得是广告示范人群才具有代表性，才更容易击中消费者的内心，广告效果也越好。

比如，六个核桃的消费人群主要是以脑力劳动人群为诉求对象的群体，这是六个核桃的目标人群。在这一群体中又以学生群体为主要消费人群，那么学生群体就是广告示范人群或重度消费人群，以学生群体为消费示范群体，更容易撬动市场，再由学生群体逐步向其他群体扩散。

重度消费群体只是所有目标消费者其中之一，重度消费群体的建立并不是否定其他群体的消费，只是这一群体是消费示范群体，具有典型性，能起到意见领袖的作用，受意见领袖的影响，其他群体也会纷纷效仿。

目标客户群区分后，要考虑产品购买者和产品消费者是否重叠。也就是说，消费者不一定是购买者，往往购买者是广告要重点打动的对象。比如，黄金酒的广告里面一直是两位老人的对白，而最后一句话却是："想喝？让你儿子给你买！"这其实是对产品的使用者和购买者做了详细区分，对黄金酒的购买起引导作用。娃哈哈 AD 钙奶早期的广告"妈妈，我要喝"，借助儿童这群消费者之口向妈妈这一购买者群体传达要购买的欲望。

2015 年，笔者为一款诉求"解油腻"的饮料做咨询服务时，某广告公司提交的一份电视广告策划脚本，就是典型的为创意的新颖性而忽略了谁才是真正的目标消费群体，导致广告示范人群与广告目标人群不符。

古风装修的酒店内，小二在积极勤快地擦着桌子。

店门被强大的推力推开，门外进来一位大汉，身材彪悍，一眼看出是一位习武之人。大汉大声吆喝："小二，来一盘肘子。快点！"

小二："好嘞。"

特写：大汉大吃一口肘子，蹭得满脸油。

小二端着托盘，上面放着几罐××。"××来了。"

大汉瞪起眼睛，质问："这是什么？"

佟湘玉式的老板娘，淡淡地说："看你吃的这么油腻，这是送你的××！"

大汉咕咚咕咚喝掉饮料，竖起大拇指，赞美道："好东西！"

定版：老板娘拿着××饮料，说："天天喝××，天天解油腻！"

这款饮料的主要目标群体是年轻时尚的男女，但是广告画面以彪形大汉为示范人群,是典型的广告示范人群与广告目标人群不匹配,广告的效果也肯定不好。

一个好的电视广告创意,要规避上述误区,必须明确广告创意策略及创意方向,对广告创意策略和创意方向进行研讨和确认。确认内容主要包括产品/品牌定位、产品的功能卖点、广告语、广告的风格调性、品牌资产需要传承的要素、目标消费群体的描述、是否聘请产品/品牌代言人,如需要聘请代言人还需明确对代言人的要求等。明确了这些内容,广告创意的起点质量和方向准确性才能够保证。创意策略和方向确定后向广告公司提交广告创意及制作简报,使广告创意人员明白你的策略。创意简报的核心内容通常有以下方面。

(1) 目标消费群或消费示范人群的描述。
(2) 品牌定位(功能/情感)。
(3) 广告风格与调性要求(幽默、科技、时尚等)。
(4) 品牌个性与形象描述。
(5) 必须包含的元素。
(6) 广告长度要求(5″、10″、15″、30″等)。

(二) 电视广告创意技巧

电视广告创意的技巧层出不穷,不拘一格,没有固定的模式,只要表现的手法不干扰营销信息的表达,能对销售起作用,都是比较欢迎的。这里总结一些成功的电视广告创意技巧,希望能对广告创意人员有帮助。

1. 为三个基本点服务

从广告记忆度层面考量,消费者必须记住三个基本点,广告目的才能达到。三个基本点分别是:什么品牌?什么品类或产品?有什么作用?(广告口号)

消费记住王老吉的只有"王老吉凉茶"这一品牌和品类,以及"怕上火,就喝王老吉"这一广告口号,从而成就了王老吉百亿元市场。消费者记住海飞丝的只有"海飞丝去屑洗发水"这一品牌和品类,以及"去屑,当然海飞丝"这一充满自信的口号,从而成就了海飞丝去屑行业领导者品牌地位。

当然,三个基本点是广告具有良好效果,促进消费者产生购买行为的重要基础,同时还需要关注消费者对广告的喜好度,否则还不能转化为实际的购买行为。

2. 打造品牌记忆点

表达定位或功效的记忆点能加深我们对品牌的理解并牢牢记住品牌及其功能价值。记忆点往往具有足够的诱惑,对功能的展现形象而深刻,这对于消费者在购买时能够回忆其品牌具有非常重要的意义,有助于实现销售转化。飘柔的那把在头发上自上而下滑落的梳子,淋漓尽致地展现了使用飘柔洗发水后头发柔顺;潘婷洗发水的广告模特们用力拉扯头发,尽显使用潘婷洗发水后秀发强韧;潘婷发膜广告里的那根头发受损后穿不过针眼的针,让你无法不选择潘婷发膜;海飞丝的头屑测试卡上那白茫茫的头屑,让你恨不得马上使用海飞丝去屑洗发水,赶走头屑烦恼;霸王防脱的那棵枯树,令消费者感到再不使用霸王防脱洗发水,自己的头发就要像那棵老枯树一样了……

3. 开宗明义提出品牌利益

第一句话直接点名品牌的定位或产品功效价值,如"胃酸、胃胀、胃痛,就用斯达舒"。非常适合广告长度的品牌提示性广告,不允许有任何废话,开宗明义地传达品牌及其利益,广告长度通常只有5秒提示品牌及功能。这类广告通常适合于三种情况:一是企业资源短缺,没有足够的费用做大规模广告投放,采用最简洁的语言将品牌和功能告知消费者。二是品牌已经基本完成消费者认知教育后,对品牌及其功效和机理耳熟能详,可以穿插时长较短的广告就可以起到让消费者重复记忆的作用。三是在广告维持期投放,当产品已经进入消费淡季时,不需要较长的广告来促进销售,提示性的广告避免消费者淡忘品牌,以期产品在旺季来临时仍然能够保持良好的销售状态。

4. 重复提示品牌名称

对新品牌来说,无论是5秒广告还是15秒以上的广告都需要反复提示品牌名称,通常需要提示2~3次,以刺激消费者接受品牌名称信息,否则在消费者的心智中产品的价值与品牌名称就有可能不一一对应。这里需要特别说明的是，对长度较短的 5 秒广告来说，如果没有 15 秒的含有产品价值的广告版本做铺垫，是不适合新品类的。这种较短长度的广告一般只适用于成熟品类，对于不成熟的还需要进行品类价值教育的产品不适合。比如，牛奶是一个成熟品类，某品牌广告反复提示××牛奶，可以起到促进销售的作用；而酵素不是一个成熟品类，大部分消费者对酵素还缺乏认知，如果广告反复提示××酵素，则不能起到促进销售的目的。

5. 反逻辑法

利用非常规逻辑引起消费者的思索和注意，进而认知品牌的价值。消费者在反逻辑思维中获得正确答案，从而更愿意尝试消费。比如，"今年 20，明年 18"的护肤品广告、"OLAY 2001 年新年快乐"的广告（2011 年元旦作品），都让消费者深刻地记住品牌及其功能价值，为购买埋下伏笔。

6. 幽默法

用诙谐、幽默的句子或行为动作做广告，使人们开心地认知产品、接受产品。

前几年有一个退烧药的品牌——易服芬，电视广告画面的主角是两只螃蟹，其中一只通红的好像被煮过。

甲螃蟹："咋地了，哥们，让人给煮了！"

乙螃蟹："感冒了，正发烧呢！"

甲螃蟹："我有办法呀，整点易服芬吧！"

电视画面上两个螃蟹说着东北腔调的话，本身就趣味十足，再加上那只通红的螃蟹，形象地再现了螃蟹（实则指代人）感冒发烧时的状态和痛苦。再导入解决问题的产品易服芬，让消费者轻松愉快地记住了易服芬品牌及其功能。

还有"胃酸、胃胀、消化不良，请吗丁啉帮忙！"，电视画面上一只青蛙挺着大肚子躺在地上痛苦地呻吟，与其他青蛙矫健的身姿形成鲜明对比，传神地将胃胀的问题点表现出来，从而引出吗丁啉胃药，让消费者记忆深刻，动物的幽默与滑稽表演也更能拉近人与产品的距离。

7. 故事情节法

故事情节能令广告百看不厌、增强记忆，避免消费者对广告信息进行过滤。立白洗衣粉早期的广告，以陈佩斯在海关携带洗衣粉，被海关人员误以为是"白粉"而引发的误会为故事蓝本，使立白洗衣粉为广大消费者认知，从而一炮而红。

故事情节法现在面临着巨大挑战，随着广告成本的不断提升，为节约资源，企业产品广告的时长越来越短，通常选择15秒长度的广告，在这么短的时间内创造出既有故事情节，又能融入产品及功效的广告越来越困难了。

8. 品牌 SLOGAN 结语

能被消费者记住的广告画面少之又少，一定得有传达品牌定位或独特利益点的广告语对广告的核心思想进行总结陈词，这就是品牌的 SLOGAN。基本上所有成功的广告都有一句通俗易懂、朗朗上口的广告口号被消费者广为传颂，"怕上火，喝王老吉""经常用脑，多喝六个核桃""不是所有牛奶都叫特仑苏"……

9. 悬念法

人都有猎奇的兴趣和爱好，悬念法就是利用这种心理在广告片头设置一个悬念，吸引广告受众的关注，产生对答案的猜测和公布谜底的期待，然后开展情节，最终出人意料地将谜底展现出来，这个谜底当然与广告产品及其功能密切相关。这种手法在唤起消费者好奇心的同时，使他们对谜底留下深刻的印象，能够使广告效果事半功倍。

比如，斯达舒的胃药广告。

女："你爸爸胃病又犯了，快去找斯达舒。"

然后孩子领着另一个男人走进屋里认真地说："四大叔来了。"

女："是斯达舒，不是你四大叔！"

不仅是电视广告，平面广告也经常使用悬念法。2015年9月15日，南方集团推出的黑芝麻乳的"全黑整版广告"采用的就是悬念式广告，甚至令一些人解读为政治寓意，起到了极佳的广告效果。

10. 对比法

虽然《广告法》规定不能将本品与竞品对比，以彰显本品的优势，而贬低对手。但对比法无疑是一种效果很好的广告创意形式，于是创意人员往往通过变通的手法间接地进行对比——对比的不一定是产品，而是使用产品后的效果，从而突出本品的卓越功能。这种创意及表现手法机智地规避了不允许贬低同类产品的嫌疑。

比如，海王银杏叶片的电视广告采用的就是对比法："30岁的人，60岁的心脏；60岁的人，30岁的心脏。"电视画面上一侧是一位三十多岁的年轻人慢腾腾地拍着皮球，另一侧是一位老人矫捷地拍着皮球。其潜台词是使用过海王银杏叶片产品的60岁老人却拥有30岁人的心脏，而没有使用过海王银杏叶片的30岁的年轻人却拥有60岁人的心脏，反映了产品的卓越功效。

汰渍洗衣粉也经常使用对比法，它的手法往往是原产品与升级产品做对比、洗过的衣服与脏衣服做对比，让消费者在对比中感知产品。

11. 巧用数字

消费者对模糊的东西或说辞一是记不住，二是不容易产生信赖感，但是数字以其无可比拟的可信度来征服消费者，让消费者更容易相信产品的价值。宝洁是最擅长利用数字游戏做广告创意的国际公司，它的很多广告都能找到数字的影子。比如，陈思成、佟丽娅飘柔洗发水广告5星柔顺篇的"5倍精纯焗油，5星柔顺体验"，潘婷发膜的"2倍滋养精华"，玉兰油多效修复霜"多加40%维他命，修复7大肌肤问题"等。

五、文案广告的十二大写作技巧

电视广告呈现给消费者的一般只有15秒或30秒的短暂时间，这么短的时间内有画面又有文字和声音，信息高度浓缩，精彩只在一瞬间，看似简单，但幕后工作非常复杂。相比电视广告来说，文案广告呈现给消费者的是博大精深、精彩纷呈的内容。文案广告造就品牌的案例也很多，典型的有保健品行业的脑白金、日化行业的索芙特。

文案广告通常有硬广文案和软广文案两种。硬广文案不介意表达广告目的，以直接有力的利益诉求达到销售产品的目的；而软广文案则较为含蓄，润物无声，通常以中立的第三方的身份出现，通过潜移默化的影响让消费者信任能带给自己使用价值的某产品，可谓曲径通幽。

硬广文案的好处是直接将产品利益、销售地址、咨询电话呈现给消费者，能快速打动一批消费者，实现快速销售，缺点是消费者对广告有防备之心，攻心不彻底，也不能让更多的消费者相信。

软广文案的好处是以科普身份出现，攻心力较强，会大面积俘获消费者，缺点是消费者不知道有没有这样的产品，也没有售卖地址、咨询电话等，不易直接促进销售。前者像一剂猛药，"牛不喝水强按头"；后者似温水煮青蛙，发现时已经心有所属了。

（一）硬广文案的写作技巧

1. 勾人魂魄的广告标题

广告标题是文案广告最重要的部分，是信息传播的敲门砖，是火辣辣的吸睛神器。夺人眼球、具有震撼性利益、勾人魂魄的标题，能在繁杂的信息密林中跳出来。因此，好标题被人形容是"长着锋利的爪子，能在一瞬间吸引消费者的眼球"。好标题绝不是"标题党"，而是标题与内容完美结合。在当今的简读时代，很多人因工作紧张，阅读时间很少，如果只看标题就能知道大概内容，广告就成功了一半。在广告标题的新、奇、特上，日化品牌索芙特曾经独步江湖，堪为人师。

2. 标题最好朗朗上口，易记忆

能被记住的广告不一定成功，但不能被记住的广告一定不会成功。能像古诗一样押韵最好，不能像古诗一样押韵的也要朗朗上口。索芙特推出木瓜浓度洗面奶时，广告标题有"浓度选择0.1，肤色黄黄变白皙""浓度选择0.3，肤黑变白好简单""浓度选择0.5，对着黑斑可说不"等。

3. 广告要紧抓人性的弱点

人都有弱点，而且这个弱点通常是共性的，即人人都是这样，人性的弱点能被有效地利用，说明你抓住了消费者的内心，广告就容易成功。人性有哪些弱点呢？

（1）崇权。权威的就是正确的、经典的、标准的、最好的，这种心理称作崇权心理。这种权威既可以是具有公信力的权威部门，也可以是意见领袖。比如，中华预防医学会是消费者心目中的权威机构。如果有权威机构做背书，或者明星也在使用某款产品，那么这款产品就会赢得消费者的信任。宝洁公司是和权威部门合作的典范和最大受益者,其旗下产品如护舒宝与中国女医师协会、佳洁士与全国牙防组等进行长达数年的合作。全国牙防组还为乐天木糖醇口香糖、冷酸灵牙膏、两面针中药牙膏、狮王细丝特磨牙刷等多个品牌做背书,利用的就是自己的权威身份。

(2) **崇洋**。崇洋的洋对象一定是在经济技术方面高于中国的,否则是行不通的,比如美国、法国、日本、韩国等发达国家的产品就成了经典的象征。

(3) **从众心理**。从众心理是指个人受到外界人群行为的影响,而在自己的知觉、判断、认识上表现出符合于公众舆论或多数人的行为方式。按多数人的意见或流行的做法行事,是大部分个体普遍具有的心理现象。个体在社会群体的无形压力下,会不知不觉或不由自主地与多数人的行为保持一致,通俗地说就是随大流,"大家都这么认为,我也就这么认为;大家都这么做,我也就跟着这么做,集体无意识"。可以说,从众心理已演化为一种行为习惯。

美国人詹姆斯·瑟伯有一段十分传神的文字,来描述人的从众心理:

突然,一个人跑了起来。也许是他猛然想起了与情人的约会,现在已经超过约会时间了。不管他想些什么,反正他在大街上跑了起来,向东跑去。另一个人也跑了起来,他可能是一个兴致勃勃的报童。第三个人,一个有急事的胖胖的绅士,也小跑起来……10分钟之内,这条大街上所有人都跑了起来。嘈杂的声音逐渐清晰了,可以听清"大堤"这个词。"决堤了!"这充满恐怖的叫喊,可能是电车上一位老妇人喊的,或许是一个交通警察说的,也可能是一个男孩子说的。没有人知道是谁说的,也没有人知道真正发生了什么事。但是两千多人都突然奔逃起来。"向东!"人群喊叫了起来。东边远离大河,东边安全。"向东去!向东去!"

如果说美国人詹姆斯·瑟伯的这段话只是想象性的描述,那么,广东卫视曾播出的一档真人秀测试节目则非常搞笑地将这一心理做了完美诠释。

节目是在一栋电梯里开展的,毫不知情的被测试人(一位戴眼镜的男士，下面就称之为"眼镜哥"）乘坐电梯时惊奇地发现已上电梯的 5 个人全部背向站立在电梯里，大家都默不作声，气氛有点严肃。电梯门关上后，测试已经开始了。望着背向站立的 5 人，"眼镜哥"稍做犹豫竟也转过身背向电梯，与其他 5 人的站立方向保持一致——从众心理起作用了……测试继续进行，前排的第一名乘客像军人一样开始报数"1"，紧接着第二名乘客报数"2"……报数到"5"时，只剩下最后上电梯的"眼镜哥"了，他左右看了一下稍做犹豫，清晰地报出了"6"！还在进行测试，前排的第一名乘客突然来了一个"萝卜蹲"，接下来的 4 名乘客也跟着来了个"萝卜蹲"，又到了"眼镜哥"，只见他犹豫了一下，非常轻盈地来了个"萝卜蹲"……还没有完，测试还在进行。还是前排的第一名乘客率先背诵了李白的《静夜思》的"床前"，第二名乘客接着背出了"明月光"……又到了"眼镜哥"这儿了，果然看似学霸的"眼镜哥"不负众望，背出了最后一句。（6 人合背，前 4 人背半句，后 2 人背全句）

测试到了这里，已经足够验证从众心理的威力了，但是为了一探从众心理到底能到什么程度，测试继续进行，而且升级了。前排的第一名乘客率先背诵了乘法口诀"五五二十五"，第二名乘客接着背诵"六六三十六"……第五名乘客背诵了乘法口诀的最后一句"九九八十一"。轮到"眼镜哥"了，他稍作思索，神一般地接了句"十十得一百"这都不是盲目从众了，都学会创意了。

从众心理也是惰性思维的一种表现，从众者认为，在通常情况下，多数人的意见往往是对的，服从多数一般不会错，从而不愿进行独立思考和判断。在购买行为上为什么愿意从众？因为从众者认为从众有两个好处：一是心理层面的安全感。虽然是陌生的东西，但那么多人都买了，应该是品质好的、没有风险的。其实很多所谓风险来自于内心的担忧，而非产品本身，因此，从众者购买后的体验往往是愉快的，这就更坐实他对于从众行为的认可。二是追逐流行和利益的需要。"大家都买了，这是今年流行的东西，这么好的东西，我不买别人怎么看我"。

索芙特减肥香皂等产品的广告文案除了阐述产品的功效外，一个很重要的手法就是制造热销场面，比如"近日应接不暇的热线解答"的广告文案，表面上是解答消费者关于使用产品后各类问题的咨询，实际上暗示未购买者这款产品很热销，大家都在使用，你们还等什么。正是这些优秀的广告文案拉动，索芙特经常打造出年销售额过亿元的单品（2000年左右，这样的销售额还是相当可观的）。

（4）**好奇心**。心理学家将好奇心定义为：个体对新异刺激的探究反应。好奇心是与生俱来的，是人类学习成长的动力。人们对于新事物有着了解和探索的本能。正是因为好奇心，消费者才愿意在信息丛林里停下目光，筛选、捕捉浏览、关注、思考自己认为反常规的信息。

2015年9月15日，南方都市报整版全黑，什么信息也没有，引起了读者的广大关注，谁也不清楚是怎么回事，有人猜测是出了印刷事故，一些公知大V及境外的好事者甚至联想到了政治，纷纷在微博留言臆测，认为"黑"具有某种特殊的寓意……总之，人们的好奇心被充分调动起来。隔天，答案揭晓，原来是南方集团推出的一款饮品做的悬念广告。如果南方集团规规矩矩地发布一版产品广告，相信人们不会太关注，甚至连广告主的名字都记不住。

（5）**性**。当商品与性联系在一起时，首先激发消费者的兴奋度，为促进销量打下群众基础。时至今日"性销"作为广营销中的重要手段，早已在大家的生活中无孔不入。需要注意的是，"性销"的精髓是让接收到广告信息的人心领神会，领悟其中的深意。虽然有适度的夸张，但真正优秀的"性销广告"都是点到即止的，而不是成为黄色读物。设计师 Calvin Klein 请来撑竿跳运动员 Tomhintnaus 为其品牌拍摄内裤照广告，当这张充斥雄性荷尔蒙的海报挂在时代广场时，不仅很快被偷走，还一举开创了 CK underwear 的时代。

4. 产品概念及支持点

概念不仅是产品的灵魂，也是广告文案的灵魂，广告文案重点传播的就是产品的概念，就是产品能提供给消费者的核心利益和价值。产品概念在一定程度上决定着产品的命运。一个成功的概念，能够节省大量的传播费用，为产品营销成功奠定基础；一个失败的概念，虽然不一定会导致产品死掉，但足以将企业宝贵的资源浪费掉。像脑白金设计的概念"脑白金体"、金龙鱼的"1∶1∶1"、空调的"变频"等都是很好的概念。概念可以是物质性的东西，也可以是一种技术或其他反映产品独特性的东西。

产品概念同产品卖点的区别是：产品概念一定是产品卖点，但产品卖点不一定是概念；产品卖点可以有很多，但产品概念一定是唯一的。

仅仅有概念还不够，让消费者相信概念，还需要理论支撑。如果将概念比作塔尖，那么功效原理就是塔基，没有塔基的塔尖是不可能持久的。"变频"概念的功效原理是通过变频器对供电频率的转换来实现电动机运转速度率的自动调节，改变供电频率，调节负载，起到降低功耗、节能省电的功效。

5. 善用小故事

如果广告文案总是板着一副面孔，以说教的方式同消费者沟通，是令人生厌的，继而讨厌产品。因此，广告炒作的中后期，在完成严肃的科普式沟通后，广告一定要转变风格，可以采用小故事的形式进行炒作。小故事的特点：一是趣味性，让人愿意读，从而达到信息有效传播的作用；二是亲和力和可信度，小故事就像发生在我们身边的事情，让我们乐意相信，倍感亲切；三是能传达产品功能，将产品功能隐在故事里，让人接受产品功效。

6. 短小精悍、七十二变

如果你想让你的消费者记得多，那么你的文案就要写得少、短小精悍。硬广文案通常是按版面发布的，文字多了其他信息就会受影响。要经常变换广告文案的标题和内容，消费者喜新厌旧，如果长期保持一个标题，势必让消费者误以为已经知道了其中内容，不需要继续看下去，成了只看标题的标题党，导致广告信息没有充分被消费者吸收。变化标题让消费者产生新鲜感，是保持广告热度的有效方法。通过变换广告标题和内容让消费者常读常新，耐心看下去，起到强化信息的作用。在信息资讯爆炸的时代，做到有效传播信息而又不要让人烦才是成功。

有一点必须坚持，标题虽然变了，内容形式虽然变了，诉求的功能、概念及功效原理要始终如一，以水滴石穿的精神捍卫它、重复它，只有通过重复刺激才能让消费者认知和接受。经常变化广告标题和内容保证消费者反复阅读的目的正是如此。

7. 制造流行

所谓制造流行其实就是假流行，如果炒作成功，假流行可能就变成了真流行。为什么流行能驱动消费？因为消费者认为，流行的东西是时尚的东西，也是效果较好的东西，能满足消费者的虚荣心。假流行的人性基础也是从众、崇权和崇洋心理。不仅是广告文案，很多流行都是商家慢慢"制造"出来的，"2·14情人节"后，中国的商家又"制造"出"七夕情人节"，电商则是"制造"出了个"11·11光棍节"。

如何在消费大众中制造流行意识？最常用的方法就是鼓吹异地流行，即某产品在其他地方——通常是经济发达、领跑时尚前沿的地方非常流行。这个地方可以是国外，也可以是"北上广"，但不能是边远地区，除非推广的产品具有某种神秘感或地域特有的。之所以能够成功制造出流行趋势，利用的是人们对信息获知的不对称——你不知道那些地方今天在干什么、在流行什么。当然，你也不会较劲去异地打听是否真的流行这个产品，或者也没有渠道去打听这些事情。

除异地流行外，也可以在产品上市一段时间并有一定销量基础后制造当地流行，这比异地流行更有说服力。索芙特产品广告的中后期基本上都会制造当地流行。

8. 恐吓式营销

多用于保健品、OTC类药品和功能性化妆品。让消费者掏钱的方法有两种：一种是正面利益激励——你用了这个产品会变得多美、多好、多健康，是一种锦上添花的打法。另一种是负面恐吓，针对问题点——你身上存在的问题（或者通过症状提示你身上存在某些问题，以便对号入座），诸如痘痘、黑斑、肾虚、尿频尿急……这些问题已经严重影响到你的身体健康、幸福生活……通过恐吓让消费者产生恐惧心理、紧张的情绪，从而迫使消费者购买这款救世主般的产品，是一种雪中送炭的打法。

比如，某品牌的恐吓式营销。

不睡觉，人只能活5天

医学工作者都知道：不吃饭，人可以活20天；不喝水，人可以活7天；不睡觉，人可以活5天。

可见，睡觉比吃饭、喝水更重要，睡眠有障碍的人往往面色灰黄，智力及记忆力下降，精神萎靡，抵抗力差、衰老加速等。有关文献显示：睡眠障碍者每天的衰老速度是正常人的2.5～3倍。美国一项人体实验报告：一天睡眠不足，导致第二天的免疫力下降。其中，78%的人免疫力大幅度下降。

许多人有一个误区：失眠伤人，但睡不沉、易惊醒、醒得过早等浅睡眠现象对人体伤害不大。医学论文指出：浅睡眠对衰老、智力、免疫力的危害与失眠造成的危害几乎相当。

为什么会出现睡眠障碍？原来是大脑的中枢神经出现故障。以前解决的办法是，用药物对中枢神经进行麻醉，该药物就是安眠药。近年来人类找到了更好、更安全的办法，就是求助于中枢神经"顶头上司"，大脑的总司令——脑白金体。脑白金体位于大脑正中心，是人体主宰者，掌管衰老，为人体的生命时钟。脑白金体通过分泌的脑白金物质控制着人体各个系统，随着年龄的增长，其分泌量日渐下降。

如果每天体外补充×××，脑白金体的指挥能力大大增强，从而解决人体各系统出现的故障，包括睡眠障碍。

补充×××2～3天后，睡不好觉的人即可享受婴儿般的睡眠，的确神奇。×××作为人体固有的天然物质，未发现任何副作用。

但×××也有缺点：补充后，补充者夜间的春梦明显增加，如果其爱人得知梦中情人不是自己，×××自然就成为家庭和睦的杀手。

世界老化与癌症会议主席华特博士在其科学专著《脑白金的事迹》中论述脑白金是人类迄今为止发现的最好的助眠食品后，幽默地奉劝×××补充者：别忘了，找一个心爱的枕头。

9. 其他重要信息的发布

广告文案起到的攻心作用，要将这种攻心效果转化为实际销售，还需要其他信息的配合与辅助。通常硬广文案需要辅以下信息：

（1）**产品及代言人图片**。消费者除了了解产品功效外，了解产品的外观也很重要，这样消费者对产品的认知才全面，在转化为实际购买行为时，还能起到甄别跟随性产品的作用。代言人图片还起到树立品牌形象，领袖消费者意见的作用。

（2）**咨询电话**。互动沟通式的解疑答难电话，能进一步加强信息传达，强化正面的产品信息，解决消费者对产品概念、功效、原理、价格、销售地点等多方面的疑虑，促成消费者购买。咨询电话还可以起到测试广告效果的作用。

（3）**销售渠道**。告知消费者购买产品的地点，将购买冲动转化为实际购买行为。

（4）**突出品牌**。由于产品概念等是不能作为商标注册的，导致众多品牌的跟风行为，为了肃清这些品牌的干扰，在广告文案的标题旁突出品牌LOGO，避免为他人做嫁衣。

（二）软广文案写作技巧

纯文字不配产品或人物图片的广告形式，通常称为软文广告。软文广告在手法上有两种形式：一是像硬广文案一样不介意表达广告目的，以直接有力的利益诉求达到产品销售的目的，也就是所谓的付费文字广告；二是避免暴露广告目的，避开了硬广文案的软肋，变"自卖自夸"为"他夸"，以曲径通幽的方式达到产品销售的目的。软文广告所具有的科普性、知识性、新闻性使读者愿意接受这些信息，并从中知晓一定的知识，让读者不知不觉地记住该产品和品牌，读者就不会产生抗拒心理，包括特定的新闻报道、深度文章、案例分析等。这方面的大师是脑白金。

随着"吃软不吃硬"的消费者越来越多，企业越来越重视软性广告的投放，而且它相对低廉，是对硬广告的补充和配合。

这里我们着重分析一下这种写作形式的三大写作要点。

1. 标题看起来像新闻或科普

硬广文案的标题往往直接表达产品功效，而软广文案的标题通常不涉及产品及产品功效，而是看起来像科普文章或新闻，但标题一定要夺人眼球、有吸引力，否则就不能吸引读者。

在消费者的认知中，新闻往往是真实的，如果消费者潜意识里认为他看到的是一篇新闻，攻心效果就达到了。

2. 不着痕迹的产品功效介绍

把软文写的像新闻一样，尽量使用同新闻一样的语气，以假乱真，可增加被阅读的概率及可信度。比如，一个治疗高血压的药品采用新闻形式的软文，软文主标题为"河南惊现百年前治疗高血压秘方"，副标题为"河南省整理民间文化遗产，宫廷御医第四代玄孙贡献祖传秘方"，尽管这篇软文的标题提及了产品功效，但这篇软文被包装的很像新闻报道，深深吸引了高血压患者。

软文内文切勿忘了介绍产品的功效，否则软文就会软弱无力，失去营销的意义。

3. 品牌一定要嵌入内文

软文再好、再引人入胜，如果通篇都没有品牌的任何信息，这样的软文也只能是给报社、杂志社做贡献。一定要巧妙地将品牌或产品信息嵌入软文，看似无意的关联，实则让消费者最终知晓谁才是这么好的产品功效的最佳主人。

当然，软文写得再好，线下工作如果配合不到位，营销效果就不好。脑白金不仅软文吸引人，其终端铺货、终端陈列表现也非常好。消费者在了解到脑白金的神奇功效后，才能有机会方便性地购买，脑白金广告才能转化为销售。

（三）广告文案发布注意事项

广告文案发布一定要注意媒体的选择、时间的安排和版面位置的选择，这关乎营销效果。

1. 发布媒体的选择

快速消费品的软文投放都会选择当地发行量最大的报刊，比如都市报、晚报等当地消费者订阅的报纸。专业性消费品可以选择一些专业性杂志投放。虽然这类报刊发行量较小，但因其是细分后的分众媒体，目标读者十分集中，如美容行业、药品行业、家具行业等专刊专报。

2. 发布时间的选择

不同的发布时间，其效果也有很大差别。行业特点不同，其黄金发布时间也不同，如周四、周五对快消品行业来说是最佳发布时间，因为周六、周日是购买的黄金时间，如果选择周四、周五发布，消费者能保持对信息的新鲜记忆度，广告引发的消费冲动很快能兑现。有时候，考虑信息刺激不要过于频繁，也不能过疏，也会选择周三及周五发布，一周两次就能保持信息疏密有致。而周六、周日是大众媒体广告发布效果最差的时候，尽管版位价格便宜，也不建议购买。

3. 版面位置选择

要根据不同类型的软文形式来选择版位，软广形式的软文最好投在新闻版或行业专版，不可刊登在广告版中，且尽可能不要刊登在周围都是软文的地方。硬广形式的软文最好投在目标消费群喜爱的版面上，比如化妆品投在娱乐版。不要和一些大众形象不佳的产品放在同一版面，比如化妆品同治疗性病等类广告在一起。

第十一章
Chapter 11

融入价值的促销推广

第十一章
融入价值的促销推广

促销推广，顾名思义就是促进销售和推广品牌。促销和推广意义不同又彼此紧密关联，前者是销售层面的范畴，后者是品牌建设层面的范畴。在市场竞争日益惨烈的今天，单纯的促销或单纯的推广，都不符合品牌建设的需要，必须推广中有促销，促销中有推广。新品上市，需要消费者对新品尽快认知、了解、产生兴趣，产生试用性购买和多次购买。针对消费者的线下促销推广是加快和实现这个过程的手段，是最直接地促进产品动销的促销方式，也可称为消费者促销推广。促销推广的形式通常有产品消费体验、导购员推介、赠品、特价、终端消费者互动活动、路演等。

如今，促销已经偏离了"给消费者购买本品一个额外的理由"的本意，成为打击竞品、抢占市场份额、促进消费者转换品牌的常规手段。从表面上看，做促销不是做广告创意，各企业促销手法雷同，彼此可以相互模仿，谁也玩不出创意和花样来，谁有好的创意和花样也很快被模仿。但是，在形式多种多样的消费者促销面前，什么时候采取什么促销手段是关键，每种促销形式促进动销的本质和关键点是什么必须掌握，否则，简单的模仿是没有效果的。掌握促销推广的本质关乎新品上市的成败和老产品的成长。

不要在浅层观察后，就贸然复制别人的商业模式和促销手段，你不知道人家有什么核心竞争力。促销推广也是一样，你不知道别人有多少资源才这样做，你不知道别人处在什么样的发展阶段才这样做，简单地模仿而不探究其理注定是失败的。

一、产品消费体验的关键点和活动规范

产品消费体验通常包括免费试吃、试饮、试用等形式。一般来说，产品消费体验是新品上市初期采用的有效促销形式，目的是通过产品体验建立消费者对产品的认知，提高品牌与消费者的接触度。

免费试吃、试饮、试用是在商超、购物广场等人流量较大的售卖点将产品分成若干小份或取一定的量给目标消费者免费品尝、试用，让消费者

获得良好产品体验的促销推广活动，前两项比较适用于食品、饮料，后者适用于化妆品、日用品等。

像更多的促销活动一样，免费试吃、试饮、试用很容易被对手模仿，但是要想真正起到良好的促销作用，一定要掌握其中的关键点。

（一）关键点一：产品是否真的让消费者喜欢或具有感知性

免费的产品体验是一把双刃剑，如果产品真的让消费者喜欢或具有感知性，很"拿人"，会有效促进消费者的购买。相反，如果产品的口味或口感存在瑕疵，或试用的产品让消费者有不适感，结果会适得其反。

对于一些有功能诉求的产品来说，具有感知性非常重要，如果产品本身不具有感知性，产品体验的作用就不明显，甚至让消费者怀疑产品本身。比如，我们前面所说的玫瑰花汁饮料，诉求的是女性养颜美容，在各地做免费试饮的时候，效果非常不好。因为消费者购买的目的不是口味或口感，能否起到美容作用显然不是能通过试饮做到的。如果是风味型饮料，则通过消费者的口感体验，很容易获得认可。

普旺茄汁面料理酱是一个全新的品类，是做汤面条时加入的代替新鲜番茄的营养调味品，这个产品的特点就是加入后面条汤的口味特别好。运作这个项目时，我们抓住这一产品的口味优势，聚焦资源开展密集的地面试吃推广活动，所到之处消费者无不踊跃购买。该新品正是通过消费者试吃成功地启动河南市场。

仲景香菇酱也是近年来新崛起的一颗调味食品新星，其市场爆破的手段也很简单，就是将试吃运用到极致，在各大卖场店内进行免费试吃活动，以其独特而深受消费者喜爱的口味获得消费者的认同，迅速在河南市场获得成功，并走向全国市场。

（二）关键点二：明确活动的目的

不明白活动的目的，行动就会有偏差，活动的效果和持续影响力就会大打折扣。为了充分利用企业的资源，使其发挥最大效益，对于任何一项推广活动来说都不是行使单一的职能，免费试吃、试饮、试用也不例外，活动一定要达到以下目的。

1. 产品沟通认知

这是产品体验的本质目的，通过有组织的试吃、试饮、试用，完成消费者的初次尝试，初步建立起消费者对产品品质口感的认知，为其购买行为扫清障碍。这种认知如果是良性的，产品也就获得了通向消费者购物篮的入场券。产品体验也有效地与消费者沟通了产品的多种信息——产品的形态、包装、颜色、规格等，为消费者下一次购买提供方便。

2. 品牌价值宣传

通过人员推广提升消费者对品牌与品类价值的认知，扩大品牌的影响力，这是品牌积累的关键。对消费者来说，刻在心智中的不是产品的口感、口味或其他独特的体验，而是品牌，这些体验最终需要品牌来指代。活动现场的品牌宣传工作要做足，要重点传播品牌的独特价值，让价值根植于消费者的心智。比如，我们在推广普旺茄汁面料理酱时，将其品类价值"够鲜够香的茄汁面只需3分钟"充分地传播给消费者，时时刻刻地进行品类教育。

3. 促进销售

免费试吃、试饮、试用活动一定要同买赠等促销售卖活动相结合，通过对产品的体验获得消费者认可后促进销售。销售才是永恒的话题，任何一场推广活动，如果没有对销售做出贡献，只投入不产出或延期产出，都很难让企业建立持续投入的信心，最终导致活动的不可持续性，也不能真正培养自己的品牌消费者群。以销售为核心是任何一场活动的终极目的，是积极主动的消费者促销形式。一些外资公司在做地面公关推广时，以纯娱乐的形式推广品牌，并不值得国内的中小企业借鉴。须知，这些不差钱的主儿可以经得起失误，不是中小企业可以承受的。此外，在卖场进行特殊陈列活动更有助于销售绩效的提升。活动不在商超而在广场上开展的，促销员一定要告诉消费者被促销的新品在哪里买得到。否则，消费者只是知道有这种产品，却不知道在哪里购买，白白浪费了商机。

（三）关键点三：制定活动规范

活动规范既能保证活动的效果，又能保证活动的标准化和规模化，也方便组织者操作。活动规范通常有传播主题规范、目标消费人员规范、促销时间规范、人员招聘规范、试吃场地规范、试吃任务规范、活动物资规范、活动流程规范等。比如，普旺茄汁面料理酱在做试吃活动时制定了以下活动规范。

普旺茄汁面料理酱试吃活动规范

1. **试吃目的**

（1）**产品沟通**：通过体验式营销，建立消费者对产品品质、口感的认知。

（2）**品牌宣传**：传播品牌，传播普旺茄汁面料理酱好吃、快捷的价值。

（3）**促进销售**：促进普旺茄汁面料理酱的初次购买，提升其销量。

2. **传播主题规范**

围绕试吃活动的目的，宣传主题突出传播普旺茄汁面料理酱的品类价值，即"够鲜够香的茄汁面只需3分钟"，所有的终端物料聚焦这一主题，将新品类新品好吃、快捷的独特价值划痕于消费者心智中。

3. **目标消费人员规范**

（1）18~30岁的年轻白领及学生群体，以女性为主要试吃对象。

（2）带小孩的家庭，以小孩为主要试吃对象。

（3）购物车内有面条制品的消费者。

（4）积极主动参与试吃的消费者。

4. **试吃时间规范**

常促卖场：每天，工作时间随卖场营业时间。

临促卖场：周六、周日，工作时间随卖场营业时间。

5. **试吃场地规范**

试吃场地应以KA卖场为主场地。原因在于KA渠道是传播与塑造品牌品类价值的主渠道，能在同一时间最大化接触消费者并产生广泛的影响力。

当然，最终要根据产品特征选择最恰当的活动地点，可能是卖场内外,也可能是家属区、写字楼、学校等处。比如,儿童食品的试吃就应该选择学校门口附近的零售店。

6. 试吃完成率规范

周一至周五:完成200~240人次/天。周六至周日:完成480~500人次/天。通过对试吃完成率的规范量化了导购员的工作,也便于试吃品的管理。

试吃、试饮、试用不同于消费者买赠促销,只需要从销量上看到活动效果。试吃、试饮、试用的效果评估标准还在于参与试吃、试饮、试用的人数,围观的人数在参与试用者中实际产生购买的比率,现场参与者和围观者对产品及促销活动的评价等。

如果是持续性的试吃活动还可以比较活动前及活动后产品知名度及购买率的差异。

7. 试吃物资规范

试吃物资规范的原则是"配套要齐全、数量要节约"。根据这一原则,普旺茄子面料理酱的标准试吃物资配备为:

试吃产品(茄汁面料理酱)配备标准:周一至周五3袋/天·店,周六、周日6袋/天·店,超出标准由经销商自行承担。

公司配备物资:促销台、导购员服装、耳麦、口罩、手套、产品宣传资料等。若开展户外试吃,可增加帐篷、太阳伞、X展架等物料。

经销商自备物资:鲜面条、锅、汤勺、筷子或叉子、水及盛水器皿、试吃盘、一次性试吃杯、电磁炉、插线板、纸巾、抹布和洗锅布、垃圾篓等。

8. 导购员规范

招聘要求:20~30岁女性,相貌端庄,干净整洁,无夸张发型,亲和力强。脸上不能有痘,头发可以整齐束起或夹起。工作时不能戴眼镜。身高160cm以上,有丰富的促销经验,促销技巧佳。

无数场次的产品体验活动证明:一个好的促销员会使促销效果至少提高5倍!不要因为时间仓促或降低成本而随便找几个大学生在试吃台前站一天了事,这样的活动还不如不做,既浪费了公司资源,又影响产品和公司的形象。

着装要求：上岗可以化淡妆，长发束起，短发梳理整齐，不许留长指甲和涂有色指甲油。

9. 试吃人员工作流程

8：00~9：00→接受培训→9：00 按清单领取试吃品和相关活动物资→9：20 搭促销台，更换服装，准备试吃→9：30 试吃开始，讲述产品特点、优点→回答消费者的提问（如有需要）→销售产品→感谢消费者，维护促销台卫生干净→下一位消费者开始试吃。

10. 试吃人员特别注意事项

（1）准备阶段

新促销员一定要接受培训，熟悉企业实力和背景、了解产品基本知识和产品的特点及优点，以及煮茄汁面的具体操作步骤。

按照活动所需的物资清单领取相关促销物资，确保不遗漏。

搭建促销台，将电磁炉、试吃杯和锅等摆放在桌面。

清洗锅、勺等，换好促销服。

调试耳麦。

（2）烧煮和试吃阶段

戴上手套、口罩，给消费者留下很卫生的良好印象。

一次不要煮太多，确保试吃品新鲜、可口、有热度，也避免促销台面拥挤。

使用标准试吃用语+口语化说辞。

标准试吃用语："欢迎品尝普旺茄汁面料理酱熬制的非常美味的茄汁面。"

消费者试吃时，用口语化说辞，近距离向消费者介绍产品特点和优点。

（3）销售阶段

消费者品尝完成后，一定要进一步促成购买：

"味道很好吧？买几袋回家备着，3分钟就可以煮出美味的茄汁面。"

如有促销活动，向消费者传达促销活动信息，告知现在购买有赠送。

（4）收尾阶段

最后一位消费者离开。原则上，当天计划的试吃量应吃完，如实在无法完成，在活动结束后，清点剩余的试吃品数量，交给销售主管保管。

清点超市产品库存，如不够明日售卖和试吃，请立即通知销售人员。

拆卸促销台，妥善存放所有道具和试吃品，离开活动现场。

（四）关键点四：试用活动一定要大规模、高频次

在新品上市阶段，消费者试用活动一定要大规模、高频次地举办才会有效果，特别是食品、饮料类的快速消费品，没有一定规模就不可能产生效果。根据对消费者光顾卖场周期的研究，选择每周两次的频率比较适当，持续活动周期为 1 个月以上，而且一个城市至少选择 50～100 个促销点。普旺茄汁面试吃推广的时候，全省每天开展数百场地面试吃活动，不但在消费者群体中引起反响，而且引起了经销商群体的关注，纷纷要求代理产品，将商业氛围激活，其影响力甚至波及媒体部门，成为某广告代理公司的重点扶持的品牌，获得了千万费用的透支权。

二、导购促销的瓶颈与突破方法

导购员推介是一种常态的促销形式，发源于 20 世纪 90 年代末，零售业态的巨变和转型期。当年，舒蕾洗发水首先开创了终端销售模式，其中就包括导购促销。导购促销为什么容易成功？首先，导购员能够通过与消费者一对一的沟通，传播品牌的价值及产品的特点、优点和利益点，让消费者认知品牌和产品，针对消费者心智弱点进行诱惑，让消费者乐得买。其次，拦截消费者，屏蔽其他形式对消费者的影响，抓住没有明确购买目标的随机性的消费者，实现临门一脚的销售。

导购促销帮助很多企业取得营销的胜利，除舒蕾洗发水外，霸王洗发水全国近万名"霸王花"曾为霸王成为中国洗发水市场的前五名立下汗马功劳；蓝月亮洗衣液也是依托庞大的导购员队伍成为洗衣液市场的领先品牌。至今，导购促销依然是各厂家使用的一种重要的促销形式。

但导购促销也遇到了瓶颈，除费用高昂外，导购员不再受消费者欢迎是重要原因。当指引消费者购物的工作人员从以前被动的商场营业员转换

为主动的品牌导购员时,这种形式一开始让消费者感受到莫大的尊重,直到消费者认识到原来这些热情的人员并非商场的营业员,而是某品牌的销售人员,她们的身份也从中立的服务者变成了有特定目的的"敌对者"时,消费者觉醒过来了,尤其是卖场的导购员过多时,导购则变成了扰民。曾有一段时间,超市洗发水品类区的导购员比消费者还多,让消费者烦不胜烦。

硬着头皮推介产品的时代结束了,要想成为这个岗位的佼佼者,导购员必须从以下方面进行突破。

(一) 重新定位自己的角色

导购员要设法把自己从消费者讨厌的角色转换到让消费者喜欢的角色,只有消费者喜欢、接受,才能很好地创造业绩。首先,给消费者的第一印象应该是服务者,能指导消费者购物,淡化自己某品牌导购员的身份,站在消费者的立场上考虑,不管消费者购买的是本品还是其他品牌,都能热情介绍,这样才能获得消费者的信任。其次,是本品的导购者,恰当地从消费者的需求中切入本品,让消费者从一言一行中感知本品才是最适合他们的。为什么不把导购员叫促销员?尽管她们的工作目的是一样的,但导购员完全把"导购"当成"促销本品",容易引起消费者反感,效果反而不好,不如从消费者角度出发,从"促销员"角色转换为"导购员"角色——这不仅是一种理念的转变,也使得消费者与品牌之间的关系变得更融洽。

(二) 具备五类知识

1. 企业知识、行业知识和竞品

了解本企业背景、文化和历史,能在需要时向消费者传达以增强消费者使用本品的荣誉感。了解竞品和行业的知识,有助于导购员在消费者提及竞品时恰当应对,如果知己而不知彼,就不能正确认知本品优于竞争对手的地方,也难以说服消费者。

2. 产品知识

对每一种产品的特点、优点、利益点、使用方法等耳熟能详,能够解答消费者关于本品的任何疑问。具有产品演示和操作的技能，尤其是电器类等新技术产品，操作有一定复杂性，教会消费者正确使用产品是导购员的基本要求。导购员把货卖出去以后如果忘了教消费者正确操作产品，一旦消费者不会正确使用产品或者没有掌握基本的维护知识，很容易导致消费者对厂商不满，从而影响品牌的口碑。

3. 商品陈列技巧

对于如何陈列才能更好地促进产品销售，身为长时间与产品打交道的导购员必须掌握。尽管作为导购员没有多大的空间和权利调整本品的陈列，但哪怕有一点机会都要紧紧抓住，不给竞品半点机会。"货架风云"是随时都会上演的，导购员就是其中的演员之一。

4. 心理学知识

了解消费者的心理动态和购买心理，以使消费者感到愉快的心态开展工作。从具体的细节、动作、衣着、举止、眼神、表情等，感知消费者的消费习惯和需求层会事半功倍。

5. 导购技巧

优秀的导购员之所以能够取得好的成绩，与导购技巧有很大关系，导购技巧不仅仅是各种培训教材上十几种机械的做法，还是产品知识、心理学知识、销售节奏、灵活应变能力等的综合反映。导购技巧没有最好只有更好，是导购员一直要努力的方向。

（三）明确自己的职责

导购员的职责不仅仅是促销工作，充分发挥导购员的作用，必须做好以下工作。

1. 促销本品

这是导购员的天职，是其存在的价值基础，是厂家唯一想要的结果，其他职责都是过程。没有销售或销售额达不到厂家的最低目标就意味着被淘汰。导购员必须利用各种销售方法和服务技巧，提高消费者的购买欲望，增加本公司产品销量。

2. 产品陈列推广

做好货品的陈列、终端生动化及安全维护工作，保持产品与助销品的整洁和标准化陈列，最终目的仍然是促进销售。

3. 宣传品牌

在卖场与消费者交流，向消费者宣传本品牌产品和企业形象，提高品牌知名度。在卖场派发本品牌的各种宣传资料和促销品。

4. 维系同卖场工作人员的客情关系

销售经理维系的是同卖场采购人员的关系，但是维系同卖场理货员等工作人员的关系往往不是销售经理有精力和时间做的。不要小看卖场理货员的作用，如果客情好，本品的库存低于警戒线了，理货员会及时向导购及卖场采购反映，以便尽快补货。

5. 消费者意见及竞品信息的收集

导购员是真正接触消费者的一线销售人员，直接和消费者、竞品打交道，是信息来源的直接入口。导购员要主动收集消费者对产品的期望和建议，收集竞争品牌的产品、价格和促销等方面的信息，这些信息有助于产品经理进行产品升级改造，对推广经理进行促销推广、打击竞品具有非常重要的意义。

（四）掌握好导购四步骤

1. 第一步：接近消费者

商超同品牌专卖店不同的是，若是前者，消费者不一定是奔着你的品牌来的；若是后者，则消费者的指向性非常明确，就是奔着你的品牌来的。对快消品来说，商超才是重要的售卖场合，因此，导购的难度更大一些，因为消费者可能不是奔你的品牌来的。因此，很多导购员都败在第一步如何接近消费者上，根本就没有进一步介绍产品的机会。怎样接近消费者，分寸很重要，消费者最怕的莫过于过分积极和热情。当消费者走近你所属品牌的货架时，你老远就去和他打招呼并寸步不离，喋喋不休地介绍你们的产品。这种不了解消费者性格和需求的过分热情是不可取的，消费者也许只是路过你的货架区。其实，很多消费者喜欢宽松的、自由的购物环境，不分青红皂白地介绍反而会让他们感到一种无形的压力而趁早"逃之夭夭"。事实上，他们只希望需要你介绍和帮助的时候，你能够及时

第十一章
融入价值的促销推广

出现。

世界零售巨头沃尔玛的服务准则中有一个著名的"三米原则",即当消费者还在三米左右的时候,营业人员就应当以目光、微笑和点头向消费者示意,表示欢迎。这样的分寸是恰当的。

让消费者自由地挑选商品,并不意味着对消费者不理睬。你需要与消费者保持恰当的距离,用目光跟随消费者、观察消费者。当消费者发生以下动作或表情时就是你上前接近消费者的最佳时机:

(1) 当消费者表现出寻找某件商品时——你的出现是他莫大的安慰。

(2) 当消费者主动与你的眼神碰撞时——他在寻求帮助。

(3) 当消费者停下脚步驻足观察和仔细打量商品时——他可能要购买本货架区的产品,你可以考虑主动出击。

(4) 当消费者仔细看价格标签时——他打算购买本货架区商品,只是在比较商品的品牌和价格,你必须主动出击。

(5) 当消费者主动询问时——消费者迫不及待地需要你的帮助或是介绍。

这样既主动出击,又不会让消费者反感你的行为。

本着"接近——不反感——继续"和"接近——反感——终止导购——改为服务"的原则,反而更有机会销售,欲速则不达用在导购促销上也很合适。接近消费者通常有以下几种方法。

1. 提问接近法

当消费者的目的不明确时,以简单的提问方式打开话局。"您好,有什么可以帮到您吗?"

2. 介绍接近法

当消费者的目的较明确时,即消费者对某件产品有兴趣时直接介绍产品。"这是今年新上市的饮料。"如果消费者看到的产品不是本品,在简单的介绍后,迅速切换到本品频道:"这个品牌最近卖得也不错。"如果有促销活动切换就更容易了,"××品牌的产品还有赠品",实现品牌切换。

3. 活动接近法

开展活动是最自然的接近消费者的方法。比如,免费试吃、试饮、试用或者进行一些买赠活动,可以以最直接的方式拦截消费者,消费者一般不会反感这样的行为,哪怕最终没有购买,也不排斥对这类信息的关注。

2. 第二步:30秒核心导购话术

成功接近消费者,你才能获得与消费者顺利对话的机会,一定要充分利用这个机会,因为消费者给你的时间不多,没有耐心听你喋喋不休,最多只有30秒的时间。你必须在这个时间内打动他,才能赢得更长的沟通时间,最终促进成交。

对新品牌来说,首先,向消费者传达品牌的核心价值,比如介绍王老吉——"这是一款预防上火的饮料,您在吃辣味食品、吃火锅、熬夜的时候,喝它不容易上火"。值得注意的是,传达品牌核心价值的时候一定要使用通俗的、口语化的消费者能听得懂的语言,具体如何表达,每个人的语境不一样,表达的措辞也不一样,但核心要义一定要相同。在传达核心价值时,如果清晰地界定消费场景,对消费者会有更大的触动。

其次,要向消费者传达促销活动的信息,消费者虽然不喜欢便宜的东西,但喜欢占便宜,否则,营销学里就没有"促销"这个词了。

如果本品有活动,尤其是感觉到消费者的热情度不够的时候,向消费者传达本品的促销信息,促使消费者下购买决心。对新品牌来说,赠品是有效的品牌转换器。一旦消费者转换品牌就意味着品牌消费习惯的培养,并向忠诚品牌转移。

3. 第三步:处理异议

异议也是消费者购买产品的最后一个顾虑,也是消费者拒绝的最后的借口,只要处理好异议,成交就有希望。因此,消费者有了异议,是好事而不是坏事。首先,意味着赢得了更多与消费者沟通的时间,而不是30秒的一言堂式简单沟通。其次,消费者有异议并不代表不想买,恰恰是想购买的前提,解决异议、满足需求是争取消费者并同其建立良好关系的绝佳机会。所以,学会如何更好地解决消费者的异议对导购员非常重要。

消费者异议通常有产品异议和价格异议。产品异议是指消费者认为产品本身不能满足自己的需要而形成的一种反对意见,比如,你们的产品效果如何、你们的产品质量有保障吗、没有听说过你们的产品等。产品异议表明消费者对产品的了解还不够,担心这种产品能否真正满足自己的需要。因此,虽然有比较充分的购买条件,就是不愿意购买。为此,导购员一定要充分掌握产品知识，能够准确、详细地向消费者介绍产品的使用价值及其利益，从而消除消费者的异议。

价格异议是指消费者以推销产品价格过高而拒绝购买的异议。无论产品的价格怎么样，总有些人会说价格太高、不合理或者比竞争者的价格高。解决价格异议的最好方式是向消费者强调产品的价值，产品能给消费者带来哪些实惠和利益，产品的性价比如包装、用料、性能等方面，让消费者感到物有所值。消费者认识产品价值后，再谈及价格。消费者对产品的购买欲望越强，对价格的考虑就越少。如果顺着消费者的语境去谈价格，价格是敏感的话题，一提及价格容易出现僵局。如果是知名品牌，品牌意味着信誉、意味着实力、意味着号召力、意味着能够给消费者荣誉感，一个优秀的导购员一定是通过价值而卖产品，而不是通过价格而卖产品。

4. 第四步：促成购买

消费者没有异议了，导购员一定要当机立断促进成交，甚至要以实际行动"逼"消费者购买。比如，帮助其将产品放在购物车里，主动协助其付款等。这时，切忌画蛇添足式地再询问一句："怎么样，买一些吧？"这样的选择题风险很大，甚至将之前的所有努力归零，一下子又回到了起点。

三、被误用的赠品促销

赠品促销是企业最常用的促销形式，就像家常便饭，坦率地说，很多企业对赠品促销的本质并没有清晰的认知，常常是个人偏好和随心所欲地使用。被误用的赠品促销主要表现在两个方面：一是开展赠品促销的时机选择不当，造成促销资源的浪费或效果不佳；二是对赠品的选择存在轻视和无所谓的态度，导致促销效果大打折扣。

企业究竟应该怎样开展赠品促销活动？让我们先看看赠品促销的核心作用。

（一）赠品促销的核心作用

（1）刺激消费者购买新品牌或新品。 新品牌或新品意味着给消费者带来不安全感，消费者需要反反复复的产品信息刺激及时间的考验，确信新品牌或新品值得信赖才能慢慢消除这种不安全感，从而接受新品牌或新品。要缩短这个周期或让消费者冒着"风险"购买，需要给消费者一份额外的"补偿"，这份"补偿"就是消费者比较满意和心动的赠品。这是除了品牌或产品价值外最能打动消费者，让消费者满意和接受新品的重要动销手段。

（2）**保持消费者购买的忠诚度**。对待品牌，消费者既有忠诚的一面，也有三心二意的一面。终端的诱惑太多，竞品总是使出浑身解数诱使消费者投怀送抱，消费者背不背叛，取决于背叛的"回报"够不够诱人。为了留住消费者，不定期地采用赠品促销，提高本品的背叛成本，保持消费者对本品的忠诚度。

（3）**鼓励消费者增加客单量**。这是赠品促销要达到的最常见的目的。表现手法就是"买满××元送××赠品"的坎级赠送促销。消费者平时购买的是一个基本单位产品，在促销时购买两个以上的单位或达到一定金额的产品，达到促进销售额提升的目的。

（4）**抵御或打击竞争品牌**。这是比较激烈的促销对抗战，常发生在两个竞争意识非常强烈的公司之间，有时发生在竞争对手出新品时，有时发生在产品的成长期或成熟期的市场份额争夺战时。比如，某品牌推出××洗发水挑战宝洁的海飞丝洗发水时，宝洁就采用买400ml送200ml的赠品促销方式在竞品上市伊始进行打压，一定程度上加大了竞品的上市压力和成功的难度。

×××和××是方便面行业的一对生死冤家。2012年，××率先推出购面送火腿肠的推广活动，以"××来一桶老坛酸菜牛肉面，火腿肠在里面，40%的中奖率"吸引消费者。而后×××立即跟进，并加大力度，桶桶都送火腿肠。双方的方便面桶里送火腿肠大战在围剿与反围剿的态势下持续两年有余。

（二）赠品促销的时机选择

从赠品促销的核心作用来看，赠品促销选择在新品上市初期、节假日冲击销量及打击竞争对手时采用为佳。偏离了促销时机，企业就会付出浪费资源的代价，甚至耽误了新品的成长。

1. 新品上市初期

赠品促销的目的是让消费者实现品牌转换，但对新品类新品和老品类新品来说，赠品促销的手法又有所不同。

对新品类新品来说，赠品促销不是首选的诱导消费者购买的促销方式，产品体验和价值传播才是重要的推广手段，赠品促销只是决定成交的加速器。避免仅仅使用单一的赠品促销手段，不但促销效果不佳，而且对品牌的积累也不利。推广新品类，消费者首先必须知晓其品类价值，能够给自己带来什么特殊利益，其次产品体验是否让自己满意，解决了这两大障碍，消费者才愿意尝试一个全新的品类和产品，赠品促销才能够起作用。为了尽可能节约企业经营成本，新品类新品可以在促进消费者批量购买时采用赠品促销形式，如买3赠1（赠品非本品）。

普旺茄汁面料理酱推向市场时，以免费试吃作为优先的促销手段，通过对产品的口感口味体验，消费者高度认可茄汁面料理酱这一新品类新品后，为加大销量和加快销售速度，开展买3袋送1个赠品的形式，鼓励消费者大量购买。实际上，如果仅仅销售1袋，很多消费者在免费品尝后，即便没有赠品都愿意买1袋。

对老品类新品来说，可以采用赠品促销的形式促使消费者转换品牌，并培养消费者购买习惯。对老品类的新品来说，品类价值已经被教育成熟，消费者关心的只是产品的体验效果，只要产品不出现比竞争对手差的体验效果，再通过赠品促销这一手段，很容易促进消费者转换品牌，而在产品同质化的今天，与竞品同品质很容易做到。

2. 节假日冲击销量

成长期或成熟期的产品，节假日是重要的冲击销量的时期，各品牌都会在这一时期加大赠品促销的力度。这时候开展赠品促销，不仅是冲击销量，还是抵御竞品促销、维护品牌销量的需要。节假日是礼品装、箱货销售的旺季，消费者往往是买的不用、用的不买，只要是知名品牌，消费者不管自己是否喜欢，只要送出去有面子、价格适中，都会在他们的选购范围内。这时候，真正影响他们决策的，赠品的权重非常大。就像王老吉、加多宝和六个核桃，价格也相当，又都是知名品牌，走亲访友没有差别，谁家的赠品适合自己就选谁。

3. 打击竞争对手

赠品促销的第三个重要时机就是打击竞争对手时采用，竞争是长期性的，甚至伴随着品牌终身，那么什么时候打击竞争对手最合适呢？一般来说，当竞争对手还处于导入期时是最佳的打击时机，也就是说将有威胁性的战略竞争对手消灭在萌芽状态是最经济、最有效的选择，即便不能消灭它，也会消耗其竞争资源，让其付出较大的成长代价，阻碍其快速成长。一旦竞争对手已经进入成长期或成熟期，再通过赠品促销的手段来打击就错过了时机，甚至会演化为促销消耗战，其结局可能是两败俱伤。

（三）赠品选择的六大原则

赠品的选择非常重要，赠品选择不当，促销效果就会大打折扣。认为赠品是赠送的就可以差点是错误的认知，也是一些企业的普遍做法。在赠品促销实践中，消费者面对赠品促销通常有两种选择：因赠品而购买、因赠品而不买。前一句的意思众所周知，后一句的意思是赠品不好，消费者本来打算购买你的品牌，就因为你提供了不好的赠品，有一种吃亏上当的感觉，反而不购买了。

赠品的选择通常需要遵循以下六大原则。

1. 原则一：新品促销时不要赠送本品

千万不要在新品促销时赠送本品，一是新品本来就没有被消费者接受，新品的价值感没有体现出来，一个没有价值感的东西怎么能打动消费者。二是这无异于变相降价，会让消费者觉得是产品定价虚高才玩的花样，这种降价行为并不会受消费者的欢迎。新品难以被购买的障碍在于价值不被消费者认知和接受，或者产品的体验不能让消费者满意，不解决这两个关键问题，在价格上做文章就是南辕北辙。试想，消费者不接受一个产品，变成两个就会接受吗？切记消费者是因为价值而购买产品的，不是因为价格而购买产品的。

2. 原则二：已经被消费者接受的知名品牌产品可以作为赠品

对于消费者已经接受的知名品牌产品，其产品价值已经被消费者接受和认可,可以作为赠品而被消费者接受。比如,宝洁的洗护发产品、王老吉凉茶、六个核桃核桃乳、洁丽雅毛巾、伊利牛奶等产品都是消费者喜欢的赠品。

3. 原则三:赠品一定要精美且有价值感

赠品之所以有促销作用,是因为赠品从心底打动了消费者,消费者才会在众多的备选品牌中选择提供精美赠品的品牌。对新品来说,消费者甚至是因为喜欢赠品或赠品恰巧是消费者所需要的。因此,赠品一定要制作精美才有吸引力,促销效果才会好。使用粗制滥造、价格低廉的赠品,别怪消费者不买账。

赠品的价值感与成本之间的反差是选择赠品的重要依据,如果赠品呈现的价值感与实际成本有大的反差,让消费者觉得很值,企业又能支撑起促销费用,这是最好的选择。比如,选择零售价不菲的不锈钢杯作为赠品,批量采购的成本很低,但消费者感受的价值越高,吸引力越大。

哪些赠品的价值感与实际成本反差较大?通常来说,零售利润较高的商品都符合这种情况。比如,真皮钱包的零售利润较高,通常售价在100元以上,但定制成本价格可能在30元左右。

选择新、奇、特的商品或市场上买不到的商品,再通过标出赠品价值的方式,让消费者感知赠品的价值感,也是不错的手段。比如,前几年化妆品企业喜欢选择包装精美的美容工具套(里面有指甲刀、美甲刀、眉剪等)作为赠品,价值感很强,市场上又没有价格参照,很受消费者的欢迎。

4. 原则四:赠品一定要有实用性

赠品的实用性也是促进消费者购买的重要动因,像可口可乐的大瓶装经常开展买两提送不锈钢盆或果盘的活动。立白洗衣粉开拓农村市场时,选择脸盆作为赠品。脸盆在农村家庭的实用性很大,促进了立白产品的销售,直到现在还可以在农村市场看到立白洗衣粉送脸盆的促销活动。

5. 原则五:赠品要经常变换

随着各品牌争夺消费者的竞争越来越激烈,赠品促销不再是节假日偶尔为之的促销行为了,演变为日常的促销行为,不少品牌旗下的产品线系列常年总有一个产品在进行促销活动,不需要特别的理由。如果以赠品促销作为主要的促销手段，赠品就应该经常变换，满足消费者不同的兴趣、爱好和实用性，时时给消费者带来惊喜。

6. 原则六：赠品不能比产品贵

不能让赠品的价值感比产品本身还高。尽管消费者是"贪婪的"，希望赠品越值钱越好，但消费者毕竟还是理智的，他们知道，不管怎么送，厂家不能做赔本买卖，否则必有猫腻。比如，零售价 20 元的产品，不能赠送 20 元以上或更高价值的赠品，这不符合消费者的常识和逻辑，会让消费者觉得要么产品价格虚高，要么赠品其实是不值钱的或假冒伪劣品。消费者永远不会相信你在做赔本的促销。

2015 年，笔者在给江苏一家高端精油皂企业做咨询服务的时候，某次营销会议上企业一位负责人提出买一块精油皂送 10ml 精油的建议，被我否定，这就是典型的赠品价值喧宾夺主的做法。10ml 精油的市场价格上百元，而一块精油皂的价值只有 30 多元，其结果一定是消费者认为精油是成本几元的假冒伪劣品，这样反而不利于促销，谁会愿意为假冒伪劣品买单呢？

四、规避特价促销的消极作用

特价促销是指厂商通过直接降低产品的售价、原价折扣或酬谢包装的方式进行销售。在众多促销手段中，特价促销是比较受消费者欢迎的一种促销方式。菲利普·科特勒曾说："没有 2 分钱打不掉的品牌忠诚。"

特价促销之所以受消费者欢迎，是因为消费者购物付出的成本比原来小得多，对于大多数精打细算的消费者来说，省钱等于赚钱。与赠品促销不同的是，赠品促销付出的购物成本并没有减少，只不过是多得到一份额外的馈赠。对于需要经常购买的商品来说，消费者更喜欢特价促销方式。

特价促销就是一把"双刃剑"，从好的影响方面说，特价促销给消费者以较明显的价格优惠，可以有效地提高商品的市场竞争力，争取消费者，刺激消费者的消费欲望，鼓励消费者大批量购买商品，创造出良好的市场销售态势。从不良的影响方面说，特价促销活动的消极作用远胜于其他促销形式，通常表现在以下几个方面。

（1）经常性的特价促销，容易引发消费者的观望等待心理，导致消费者不愿意购买正价的商品，从而影响正价商品销售。

（2）消费者大量购买特价商品后，提前透支未来时期的市场需求，产品会再度滞销。

（3）经常性的特价促销，导致产品的价格标杆受到消费者质疑，降低品牌形象，腐蚀品牌未来的获利能力。

（4）特价销售不能根本解决销售不畅的问题，由于让利于消费者，降低了企业的市场获利能力。

如何规避特价促销的消极作用，发挥特价促销的效果呢？掌握特价促销的关键点非常重要。

（一）关键点一：适用于成熟的品牌或产品，新品切忌特价促销

只有成熟的品牌或产品使用特价促销才有效果，新品切忌特价促销。促销最容易犯的错误是将促销演变为价格行为，尤其是新品上市初期，在没有建立价格认知的情况下，切忌特价等对价格认知产生影响的促销行为。

特价是与原来的零售价比较出来的，如果消费者对原来的价格一无所知，对特价的幅度就没有感觉，也就没有吸引力。某卖场洗发水做特价，50元/700ml。如果是海飞丝或清扬做这样的特价，消费者一定欢迎，因为消费者知道700ml的海飞丝或清扬的零售价通常在70~80元。如果是不熟悉的品牌，这个价钱没准消费者还觉得贵，何来特价的感觉。

随着企业营销人促销素养的提升，许多营销人也认识到新品不适合做特价，但对于什么时候开始使用特价或折扣促销手段并没有清晰的认识，不少企业在产品上市1个月后就开始特价促销了，说明并没有真正掌握特价促销的本质。特价或折扣促销一定要在消费者对新品建立了价格认知后才有意义。新品的成长需要一定的周期，要让消费者建立价格认知不能跳过这个周期，具体的时间与产品的成熟度有关系，或半年，或一年，或更长时间。

新品上市初期就开展特价促销还可能被认为是产品销售不畅、濒临下

架的征兆。很多失败的新品在卖场的生存轨迹就是入场——滞销——面临锁码下架——特价——退场。新品退场前的特价是因为其他促销形式不被消费者接受和认可，而特价是降低消费者风险的最佳选择。

（二）关键点二：特价或折扣的力度

特价促销一般适用于超市系统，超市系统商品明码标价、不议价，收银台的价格与货架上的价格标签是一致的。特价促销让利的幅度要适宜，一般商品折价的金额应占售价的10%～30%，低于这个力度对消费者的吸引力就不大。对毛利率低的、消费频次比较高的商品，生活用纸、大米、鸡蛋等，10%～15%的促销力度足够了。对毛利率较高的或消费频次较低的商品，化妆品、洗发水、床上用品等，20%～30%的力度能取得较好的效果。切忌不痛不痒的特价促销，白白浪费了堆头费不说，还耽误了时间。

特价促销一定要配合堆头或端架陈列使用才会有效果，做特价时可以同卖场协商免费的堆头或端架。

（三）关键点三：不适合价格较低或利润空间较低的商品

从特价或折扣促销的力度来看，力度小了不足以吸引消费者，注定了一些利润空间较低或者价格较低的商品不适合特价促销。比如，雪碧饮料曾做过单罐商品的特价活动，每罐降价10%。对这种知名品牌来说，10%的让利已经很高了，可能是卖场的全部利润，但这个活动对于消费者来说几乎没有吸引力，活动效果也不好。所以，零售价较低的商品较少特价，即便有跟风模仿者，效果也差强人意。

这类产品要提升促销效果，唯一的方法是以箱货形式销售，虽然每罐或每支优惠很少，但整箱的优惠金额对消费者还是有些触动的。雪碧特价，每箱优惠5元左右，尽管还不够刺激，但对于经常消费的知名品牌来说聊胜于无了。对于一些难以以箱货形式销售的非知名品牌，这样力度的特价肯定不能让消费者正眼相看。

利润空间较低的商品也不适合特价促销，利润空间较低意味着企业难以拿出足够的费用，特价促销的效果不好。如果强行拿出足够的费用，卖得越多亏得越多，这种腐蚀企业利润的做法不利于企业的长期发展。

（四）关键点四：特价促销的适用范围

1. 价格因素是销售不畅的首要瓶颈

价格定乾坤，如果商品的售价的确高出竞争对手，又没有足够的理由和推广手段支撑产品价格时，除了需要考虑价格体系设计失误外，采取特价促销的手段是解决这一问题的最佳选择。恒大冰泉去库存采取的就是这种促销方式。

2. 产品接近保质期，但又存在较大库存

商品的保质期是消费者非常关注的，是影响销售的主因。因此，为适应消费者的需求，商超对商品的临保期非常看重。产品在接近保质期时，如果按照正常的销售速度，库存的产品不可能完全销售出去，就可以考虑使用特价促销的形式，大量处理临期产品，以免产品临期时被商场下架。

3. 季节性很强的产品面临淡季

产品有淡旺季之分，冬天喝白酒、夏天喝啤酒和饮料。产品还有换季之说，比如服装行业，春有春装、夏有夏衣、秋有秋服、冬有冬羽。季节从旺季向淡季转换，滞销导致库存积压和占压资金等都要求产品必须在淡季来临时加大促销力度。服装还会面临款式老旧、第二年不好销售的情况。

4. 产品面临升级时

产品面临升级，老产品还有大量的库存或包材，必赶在新升级的产品上市前清理完库存。否则，新老产品同时在市场上长时间并行，不利于新品的成长。此时，往往通过特价促销的形式尽快将老产品处理完毕，给新品让路。

掌握好特价促销，还要注意选择正确的促销时机：没有特殊噱头不做大幅度让利促销；促销频率控制得当，活动的时间以 2～4 周为宜。

五、有奖销售策划的关键要点

有奖销售是指有购买行为的消费者进行抽奖、刮卡或其他游戏活动而获得奖励的促销行为。有奖销售之所以能吸引消费者，在于它的大奖比产品本身或比普通赠品价值高得多。根据国家法律规定，促销奖励的额度不超过5000元都是正当的竞争行为。高额的奖励刺激了消费者，这是有奖销售比其他促销形式更受欢迎的原因。

有奖销售比较常用的形式有现场抽奖、现场游戏（如"幸运大转盘"等）、刮刮卡等，每种促销形式各有利弊。现场抽奖和现场游戏与消费者的互动性比较强，能激发售点现场销售的氛围，对没有购买意向的潜在消费者起到带动作用，活动效果较好，是终端最常见的促销活动。但活动受人为因素影响较多，活动的监控难度较大、监控成本较高，对营销系统较弱的厂家来说，很难有效控制现场，资源流失的风险较大，比较适合更贴近市场的经销商申请操作，厂家提供必要的资源支持。

因为以上这些限制因素，现场抽奖和现场游戏的大奖往往价值不高，鲜有超过千元的大奖。而刮刮卡则正好相反，刮刮卡需要统一、大量的印刷，活动范围不只是某一区域，通常是全国市场，需要组织者有更强的公信力和组织能力，设置的奖项力度也较大，有电视、手机、旅游等。因此，厂家更有条件和能力组织实施刮刮卡促销活动。下面我们重点讲述刮刮卡有奖促销活动的策划和组织。

（一）刮刮卡促销活动策划的核心思路

1. 总体促销费率的设定

即根据预计销售额投入多少资金开展活动。一般而言，每张刮刮卡都对应一个产品，刮刮卡使用多少就意味着销售多少产品。比如，某护肤品出厂价30元，发行10万张刮刮卡，意味着300万元的销售收入，如果进一步明确如何设定奖项，就必须知道促销费率是多少、总体促销费用是多少。如果设定的促销费率是30%，意味着可以有90万元的促销费用可以使用，那么，活动的策划者就可以根据90万元的费用设定各级奖品的内容、奖品价值、奖品数量即中奖概率。

2. 中奖数量和概率的设定

刮刮卡设定了一定数量的大奖，必定有更多的小奖或空奖来覆盖更多的购买者，并拉平促销费率。中奖数量和概率的设定原则是提高中等价值奖品的数量和中奖概率，当然小奖也要足够多，让消费者感知到促销活动的力度和氛围，从而积极参与促销活动。其实消费者也知道大奖是噱头、是摆设、是可遇不可求的，不奢求但是抱有幻想——万一中了呢？小奖就不用提了，只是安慰消费者受伤的心灵。

刮刮卡促销的最大缺点是中大奖乃至中等奖项的概率太低，一直是有奖销售活动中消费者抱怨的主要原因。为了拉低促销费率，设计了很多是"谢谢"的刮刮卡，伤了很多消费者的心。尽管有些公司做了一些改进，甚至宣称100%中奖，但却是消费者看不起的小奖，以至于消费者宁愿参与赠品促销活动也不愿意参与刮卡促销。因此，提高中等价值奖项的中奖概率是关键。一些白酒厂家，大量地投放小瓶装酒作为奖品，消费者终端消费时尽管没有刮中金条等大奖，但时不时中一些小瓶装产品也非常开心。

以某护肤品为例说明如何设定刮刮卡中奖的数量和概率。这里设计三种方案，我们可以看看哪一种方案的市场效果更好。

方案一：10万张刮刮卡，300万元销售额，促销费率20%，60万元的奖品投放。

一等奖100名。奖励市场价值3000元的手机1部，中奖概率1/1000，奖品费用30万元。

二等奖300名。奖励市场价值500元的购物卡1张，中奖概率1/333，奖品费用15万元。

三等奖1000名。奖励市场价值100元的本品1支（零售价），中奖概率1/100，奖品费用3万元（按出厂价每支30元计算）。

参与奖40000名。奖励市场价值10元（成本价3元）的试用品1支，中奖概率1/2.5，奖品费用12万元。

空奖58600名。空奖概率1/1.7。

方案二：10万张刮刮卡，300万元销售额，促销费率30%，90万元的奖品投放。

一等奖150名。奖励市场价值3000元的手机1部，中奖概率1/667，奖品费用45万元。

二等奖 300 名。奖励市场价值 500 元的购物卡 1 张，中奖概率 1/333，奖品费用 15 万元。

三等奖 1000 名。奖励市场价值 100 元的电话卡 1 张，中奖概率 1/100，奖品费用 10 万元。

参与奖 67000 名。奖励市场价值 10 元（成本价 3 元）的试用品 1 支，中奖概率 1/1.5，奖品费用 20 万元。

空奖 31550 名。空奖率 1/3。

方案三：10 万张刮刮卡，300 万元销售额，促销费率 30%，90 万元的奖品投放。

一等奖 100 名。奖励市场价值 3000 元的手机 1 部，中奖概率 1/1000，奖品费用 30 万元。

二等奖 1500 名。奖励市场价值 300 元的电饭煲 1 个（采购价 200 元），中奖概率 1/70，奖品费用 30 万元。

三等奖 5000 名。奖励市场价值 100 元的本品 1 支（零售价），中奖概率 1/20，奖品费用 15 万元（按出厂价每支 30 元计算）。

参与奖 50000 名。奖励市场价值 10 元（成本价 3 元）的试用品 1 支，中奖概率 1/2，奖品费用 15 万元。

空奖 43400 名。空奖率 1/2.3。

表 11-1 某护肤品设定刮刮卡中奖的数量和概率

中奖率设置方案	一等奖		二等奖		三等奖		参与奖		空奖	
	数量	概率	数量	概率	数量	概率	数量	概率	数量	概率
方案一	100	1/1000	300	1/333	1000	1/100	40000	1/2.5	58600	1/1.7
	价值3000元手机		价值500元购物卡		价值100元本品（成本30元）		价值10元试用品（成本3元）		/	
方案二	150	1/667	300	1/333	1000	1/100	67000	1/1.5	31550	1/3
	价值3000元手机		价值500元购物卡		价值100元电话卡		价值10元试用品（成本3元）		/	
方案三	100	1/1000	1500	1/70	5000	1/20	50000	1/2	43400	1/2.3
	价值3000元手机		价值300元电饭煲（成本200元）		价值100元本品（成本30元）		价值10元试用品（成本3元）		/	

从三种方案看，方案三收到的实际效果更好一些。三个方案中，一等奖无论是 100 名还是 150 名，数字差异和实际效果不足以引起消费者内心的波动，中奖概率都不高，活动实施的过程中消费者感知不到中奖，也不可能去传播中奖的事情，因此，大奖的数量是 100 名还是 150 名，对活动效果没有大的帮助。方案一中，二、三等奖项的中奖人数和概率的设定也不高，加上费用有限，空奖的数量很高，给消费者造成的感知是奖项都是空奖不值得参与。方案二的费率和费用提高了，但将提高的费用使用在增加大奖上，大奖增加到 150 名，并没有增加二、三等奖的数量，参与奖虽然提升，却都是消费者看不上的试用品，消费者对活动的感知效果和刺激度没有出来。方案三的二、三等奖的数量多达 6500 名之多，中奖概率合计高达 1/15，尽管奖品的价值有所下降，但有很多消费者中奖。也就是说，消费者真正感知到中奖，觉得这个活动值得参与，会将这一信息快速传播，让更多的消费者知晓。

3. 奖品的选择

我们从刮刮卡促销策划方案中可以看到，奖品的选择也是活动的关键，除了大奖通常是市场上知名品牌，市场价值和采购成本之间没有大的空间外，二、三等奖的奖品尽量选择市场价值高、实际采购成本低的产品，能大大提高奖品的数量和中奖概率。

刮刮卡促销活动中，如果在终端晒中奖的刮刮卡，将会更好地传播促销活动的中奖率很高这一信息，能较好地提升促销效果。

（二）刮刮卡促销活动的组织实施

1. 将奖项设置和中奖率报工商行政部门备案

根据我国《反不正当竞争法》等对促销行为的相关法律规定，有奖销售活动一定要提前 10 天到当地工商行政部门备案，由省级以上工商行政管理机关认定，省级工商行政管理机关做出的认定，应当报国家工商行政管理局备案。有奖销售最高奖的金额不得超过五千元，以非现金的物品或者其他经济利益做奖励的，按照同期市场同类商品或者服务的正常价格折算其金额。因没有备案导致被工商部门查处，不仅促销活动不能正常开展，还会被处以重罚。

2. 将活动方案提交公证机关申请公证

根据《反不正当竞争法》及其配套规章规定，公证不是有奖销售的法定要件。但行为人根据经营需要，在开展有奖销售活动时，可以向公证机关申请办理公证，以提高活动的公信力。对所设奖的种类，中奖概率，最高奖金额，总金额，奖品种类、数量、质量、提供方法等是否真实，抽奖活动是否公平公正，刮刮卡大奖是不是投放在市场上，有没有采取不正当的手段故意让内定人员中奖等，消费者都是抱有疑虑态度的。公证机关公证是打消这一疑虑的最佳选择，有了这层保障，消费者放心地撞大运。

3. 刮刮卡防伪制作

防伪卡的制作成本是普通卡的数倍，一些企业为考虑成本，不愿多花钱制作防伪卡。实际上刮刮卡的防伪至关重要。一般来说，需要邮寄到公司直接兑换的大奖伪造的风险性大，反而较少人伪造。但对于大量的中小价值的奖项，不需要公司直接兑换的，可能会出现大量的伪造刮刮卡，需要防范，否则，促销效果不好，资源损失不少。2000年初，某日化企业由于在刮刮卡制作中忽视了中小奖的防伪工作，在促销活动开始后不久，市场上就出现了总值近百万元的、一模一样的中奖刮刮卡，给企业带来难以估量的经济损失。防伪的手段有很多，数码验证防伪、荧光防伪、温变防伪、夹层防伪等都能取得很好的效果。

4. 活动信息的传播

促销活动信息的传播是成败的关键，由于刮刮卡活动不像路演、产品体验等活动有浓厚的现场促销氛围，活动的面也比较广，必须从其他方面传播活动的信息。通常的传播途径有电视、网络或平面广告附加活动信息，在终端售点、终端门店通过促销信息牌、货架贴、海报、条幅、橱窗等张贴和发布促销信息。

5. 刮刮卡的投放与发放

中奖卡的投放管理一定要慎重，一是中奖卡的投放必须在有人监督的情况下投放，确保这些奖品真正落到消费者手中，没有流失出去；二是根据市场情况分配到各区域市场，确保活动惠及各区域市场。一等奖中奖卡的管理和投放必须掌握在高层领导手中，确保一等奖的安全性，同时为了促销效果还可以主观地操控大奖什么时间在什么地方出现。比如，节假日在某地卖场进行路演活动时，在发放的一批刮刮卡中，安插一个一等奖，对活动的传播效果和销售效果起到四两拨千斤的作用。刮刮卡的发放必须由公司的导购员掌握，在终端售点或配合其他促销活动时使用，严格与卖场的销量挂钩（凭卖场小票核销），谨防非消费者私自刮开刮刮卡领取奖品。

6. 奖品兑换

有奖销售的相关法规规定，经营者举办有奖销售，应当向购买者明示其所设奖的种类、中奖概率、奖金金额或者奖品种类、兑奖时间、方式等事项。奖品兑换有两个基本原则：一是及时，必须在规定的时间内兑换；二是方便领取，节约消费者的时间成本。大奖或中等奖项好处理，数量有限，而且价值高，消费者愿意付出一定的时间和金钱成本去兑现，厂家也有足够的精力去处理大奖的兑换，而数万个小奖的兑换只能依靠终端销售人员及经销商协助执行，让消费者现场领取或就近领取，必要时可以给予经销商一定的兑换奖励，以利于活动的开展。

有奖销售是赠品促销等形式的补充，它丰富了促销的形式，让消费者乐得买。

六、路演活动的六大关键点

路演活动是新品上市时面对消费者进行的大型户外综合性产品推广和销售活动，它通常由舞台表演、现场游戏、产品介绍及试用、产品促销、品牌或品类价值传播等多项内容组成。通过一系列的互动活动同消费者沟通，传播品类价值及促进销售。随着消费者对此类活动的参与疲劳，效果越来越不好，投入大产出小，有些演变成了儿童专场，失去了路演的意义。

因为路演活动的费用较高，规模和影响较大，所以路演活动的策划相当重要，一定要达到两大目的：一是很好地传播品牌或新品类的独特价值及新品的上市信息；二是活动现场通过舞台表演等吸引人，真正实现新品销售。不差钱的公司也许只偏重目的一，对于90%以上的本土企业来说，第二个目的也一定要达到，否则路演活动很难持续性、多场次地开展。

路演活动策划和组织实施时必须把握六大关键要点。

（一）活动的组织实施

路演活动从事前组织到现场开展一定要分工明确、责任到人、各司其职，防止混乱和人员责权不明。一场路演活动通常有活动组长、设备及场地组、舞台及表演组、促销及后勤组等构成，每个小组可能是数人，也可能只由一人负责，视活动规模大小而定。各小组职责分别是：

活动组长：负责活动的组织实施、整体推进和现场协调。活动小组的组长通常由市场推广经理或城市销售负责人亲自担任。

场地及设备组：负责向城管、政府部门或者卖场申请活动场地，负责舞台的搭建、音响等设备的准备安装工作。必要时场地组成员可由经销商担任，充分利用经销商的当地人脉关系。厂家或经销商没有表演设备的，负责与当地的促销活动执行公司对接。

促销及后勤组：负责产品体验、产品销售及活动现场的广宣品、产品陈列的布置工作，活动结束后负责善后工作。

舞台表演组：厂方人员负责从艺术学校或演艺公司等处招聘主持人和演艺人员，活动现场则交由主持人全权把控。

经销商是重要的后勤保障力量，提供车辆等后援服务。

如果是广场上大型的路演活动，一定要加强保安力量，防止出现人群踩踏现象，安全因素永远是第一位的。

（二）活动地点和场次的选择

场地位置和面积选择非常重要，尽可能选择市商业中心广场、人流量高的大型卖场门口，最好是后者。不要贪图便宜只考虑成本因素，选择位置偏、人流量小的中小型超市，根本没有人潮可被吸引。场地不能太大也不能太小，场地太大人群稀稀拉拉，没有活动的氛围，管理难度也很大。如果是广场等场地太大的地方就设法用宣传物料或围挡等工具圈起来以聚集人流。场地也不能太小，太小没有足够的场地聚集人流，活动的效果也不好。

(三) 场地布置的三原则

场地的布置一定符合消费者动线、有利于品牌传播及有效促进售卖，这是三个关键性的原则。品牌传播区、游戏区、舞台区、产品体验区、销售区分布在场地的什么位置是场地布置的关键，一定要围绕三原则进行。一般来说，超市的出入口处人流量大，是消费者必经之地，布置产品体验区和销售区比较合适，促销信息的发布和宣促广告品也要布置一些，品牌传播区根据实际情况是分散布置的。而游戏区、舞台区可以布置得离入口处稍远一些，不影响卖场人流的进出，也有利于人流的聚集。游戏区可以设置在舞台上或临近舞台区，便于集中消费者，也便于主持人主持。舞台周围乃视线集中之地，是宣促广告品布置的重要区域。

除卖场本身的出入口外，活动场地也要有明显的出入口以便于管理，入口处要有明确的信息看板告知活动内容。

(四) 游戏内容的设计围绕目标消费群进行，要与时俱进

根据产品的属性，确定产品的目标消费人群乃至重度消费示范人群，以及这些目标人群中活跃的群体有什么特征，根据目标消费人群设计他们喜欢参与的舞台文艺表演或游戏，会获得消费群体更加积极的响应和互动，活动效果更好。

比如，饮料的主要目标消费人群是年轻群体和小孩，这些群体中，小孩可能表现更积极。那么，互动游戏应该围绕这些目标群体，尤其是活跃的小孩设计，奖品的选择也要考虑他们的需求。小孩群体是非常重要的群体，路演活动的实践表明小孩群体是比较积极、比较配合、参与度较高的一群人，他们有时间、有兴趣、放得开。

游戏内容的设计需要创意和与时俱进，比如，时下流行的一些综艺节目中明星们参与的活动，线下能吸引很多消费者参与。当然，游戏设置难度也要适合目标消费人群，要考虑安全因素等，对参与人员严格把关，禁止不适者参与游戏。

无论是演艺活动还是游戏活动，都是吸引人气的手段，最终目的是利用聚集人气传播品牌、促进销售。

（五）活动一定要传播品牌或新品类价值

终端促销容易犯的错误是忘记传播品牌或新品类价值，导致品牌在无数次的活动中没有价值认知，也没有品牌资产的积累。消费者因为让利性促销活动而购买是实实在在的变相价格促销行为，不但会导致不促不销的现象发生，而且大大吞噬了企业利润。同消费者近距离接触的各类促销活动尤其是路演活动是传播品牌价值的最好机会，让消费者因品牌价值而购买才是活动的核心宗旨。不但传播主题要传播品牌或新品类的价值，就是舞台节目也要围绕产品和品牌价值，娱乐中穿插产品话题，不能只表演节目，忘了自己的身份——不是演艺公司，而是企业主。

所以，我要高呼一句："让活动主题靠边站吧，我只要鲜明的、独特的品牌或新品类价值。"当然，如果主题活动的口号体现了品牌或新品类价值，则皆大欢喜。

联合利华清扬洗发水上市之初，其召开的上市发布会及在各大城市进行的路演活动中，均以"挑战零头屑"为传播口号，准确有力地向消费者传达了清扬的品牌价值。如果清扬洗发水以代言人小S为话题或以其他内容为话题，肯定不能这么快让消费者认知品牌。

那么，是不是说促销活动中主题活动的提法失效了？当然不是，活动主题的好处是贴近消费者，易记忆、易传播，如果举办的是以节点让利性质的大型促销活动，一定需要一个主题，让活动取得很好的广告宣传效果。对新品上市来说，主题的提法一定要让位于品牌价值的传播，在新品上市的前半年让消费者持续听到品牌或新品类的独特价值。

（六）把握好活动的标准流程和推进节奏

路演活动是一项对执行力要求非常高的事情，必须制定详细的标准化作业流程，并严格督导实施，这是路演活动成功的前提，否则现场一定手忙脚乱。不要相信某主持人非常专业，现场操控能力很强等，靠谱的还是按章办事、按时间推进节奏。

一场路演活动的标准流程和推进节奏是按照时间节点进行的,从表11-2中可以看出,整个活动是按照"聚集人气——传播品牌价值——销售产品——再聚集人气——再传播品牌价值——再销售产品……"的节奏循环往复推进的,这样才能真正达到路演活动的目的。

表11-2 路演活动的标准流程和推进节奏

序号	活动事项	时间
1	舞台搭建,音响等调试	9:00前
2	促销台、产品、各类广宣品到位	9:00前
3	布置各活动区	9:30前
4	现场产品陈列	9:50前
5	活动前暖场(音乐)	9:30~10:00
6	主持人开场白,活动正式开始,产品体验、销售同步进行	10:00~10:10
7	文艺表演1	10:10~10:30
8	介绍品牌及产品	10:30~10:40
9	游戏活动1	10:40~11:00
10	有奖问答及介绍促销活动	11:00~11:20
11	集中时间特卖	11:20~11:40
12	文艺表演2	11:40~12:00
13	介绍品牌及产品	12:00~12:10
14	有奖问答及介绍促销活动	12:10~12:20
15	集中时间特卖	12:20~13:00
16	午间休息	13:00~14:00
17	活动前暖场(音乐)	14:00~14:30
18	主持人开场白	14:30~14:40
19	按上午的节奏循环进行	14:40~19:00
20	活动结束,整理所有物品、设备	19:00~19:30

七、四大维度抉择终端推广与广告

前面我们分别讲述了动销的重要手段——广告和促销活动。现在,问题来了，一些企业在资源有限的条件下不明白什么情况下采用广告手段、什么情况下使用促销手段，是两者同时进行还是选择其一。如果不明白这些，其结果一是大量浪费促销资源，二是动销的效果受到影响。这是存在于企业的一个普遍性问题。

什么情况下采用广告或促销手段，要认清这一问题的本质我们需要进行以下四个维度的思考。

（1）对产品及其依托的渠道的思考，即产品的特征和渠道的特征是什么。

（2）对区域布局的思考，即新品在多大的市场上市。

（3）对广告与促销活动的作用与特点的思考。

（4）对企业资源的思考，即企业能够投入的培育新品的资金有多少。

综合考量这四点，我们基本上知道什么时候开始及采用什么手段去推广新品。

（一）对产品及其依托的渠道的思考

快消品的零售渠道从业态特征上主要分为现代通路（量贩店、超市、连锁便利）、传统通路（社区便利店、食杂店）和特通渠道（学校、车站、宾馆酒店、KTV、铁路、航空）。做现代通路和传统通路，用习惯的说法就是做终端还是做流通。现代通路除连锁便利店外都是营业面积较大的大型终端（营业面积都在 1000 平方米以上）；传统通路多是 200 平方米以下的小店。做现代通路的产品称为终端型产品，做传统通路的产品称为流通型产品。有一些知名品牌的产品因为消费者的需要，能够覆盖大小终端，称为全渠道产品，宝洁、联合利华、康师傅、统一等公司的产品，尽管价格比其他品牌高，仍然在终端和流通渠道广泛分销。

大终端的特点就是营业面积较大、商品种类丰富、商品信誉度高、商品价格较高、客流量和影响力大、进场费用高、辐射多个社区，通常位于社区比较集中的大马路旁边，便利性较差，一个城市大终端的数量较少。

小终端的特点恰恰相反，就是营业面积较小、进场费用低或无费用、商品种类相对单一、商品信誉度一般、商品价格较低、客流量和影响力较小，通常位于社区内，辐射某一社区，便利性较好。一个城市小终端的数量较多，如果按全国范围计，小终端的数量有数百万家。

从我们对零售渠道的分析来看，走小终端的流通型产品，价格较低，容易实现首次购买尝试，终端网点数量多，应使用广告动销手段（这里暂不考虑渠道驱动因素，广告和终端促销二选一），而不宜采用终端促销活动的方式。小终端的特点是网点数量多而小、分布范围广、终端促销活动投入产出比非常低、动销的成本反而较高，而广告平均到每一个网点的成本较低，广告的高举高打也有利于覆盖范围较广的小网点。而终端型产品宜采用终端促销方式，尽管单店投入的成本较高，但产出也高，促销活动的地面拦截和一对一的沟通模式比广告更容易实现销售转化。如果新品进入的仅仅是数量较少的大终端卖场，稀疏的网点分布会造成广告资源的浪费。全渠道型产品既可以采用广告促销形式，也可以采用终端促销形式，通常是两者并用。

（二）区域布局对动销手段的影响

区域市场布局有广度和深度之分，相对于全国的广度来说，只做一个省份是深度布局；相对于一个省份的广度来说，只做一个城市是深度布局。一般来说，由于电视广告覆盖广阔，基本上以省为单位覆盖，区级或县级地方台由于传播媒体的分散、上星电视的全国覆盖、有限或数字电视的全面普及，这类地方性的媒体收视非常差。除卫视外，一些省会城市的频道也已经影响到地、县和乡村。如果新品的市场布局是以城市为单位深度精耕，以促销活动为主，选择广告投放既浪费，效果又不好；如果市场布局是以省为单位，区域相对广袤的，广告拉动是必不可少的，在广告的基础上针对重点城市或网点进行地面促销突破。

（三）广告与促销活动的作用与特点

广告的特点是覆盖广，千人成本较低，有画面更形象，比导购更有说服力，是大企业知名品牌的象征。缺点是一次性费用高、见效慢，往往需要三个月甚至半年以上才能迸发出威力。促销活动的特点则是一次性费用低，但千人成本高，一对一沟通，见效快。这一特点决定了资源较少、网点较少的中小企业应该以促销活动优先，广告活动其次。

很多中小企业的渠道网络不健全，新品上市伊始，销售网点较少的情况下，采用终端地面促销推广（如试吃、导购员推销等）能迅速提升产品销量，达成短期内的销售目标，为品牌初建期积累资金，是投入产出比最经济的做法。但随着终端网点的增多，如果继续投入更多的地面资源，很快会发现投入产出比会失调，原来的营销经验被新的市场问题颠覆。

下面我们用图11-1阐明促销活动与高空广告在什么时候进行切换比较好。

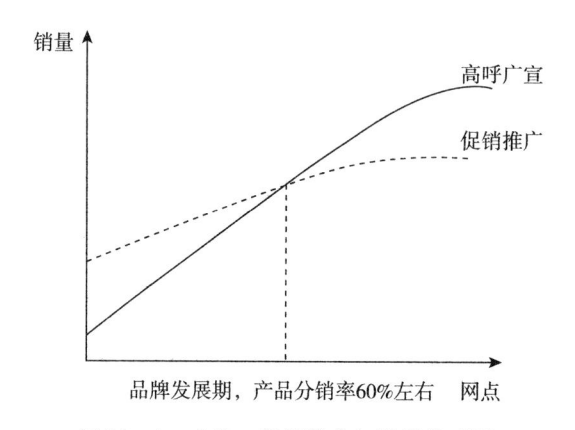

图11-1 广宣、促销推广与销量关系图

从图中，我们可以看到，在品牌导入期，销售网点较少的情况下，引导消费者主动购买产品并形成习惯是提升销量的核心，试吃、导购员推销、赠品促销等地面促销推广活动正是通过主动性的引导迅速提升产品销量，短期内达到销售目标，为初建期的品牌积累资金，使品牌顺利走出生存期。此阶段地面促销推广的动销效果更好，投入产出比更经济，而高呼广宣在短期内对销量的提升不显著。当然，这一时期高呼广宣在潜移默化地对消费者进行品牌价值教育，循序渐进地在消费者心智中建立品牌认知起积极作用的。当品牌进入发展期，终端网点的数量增多时，地面促销推广与高呼广宣形成一个交叉点，此阶段以后地面促销推广的劣势凸显出来，不仅是地面促销推广的费用超越广告费用而占据营销投入的大部分比例，动销的整体效果也不如广告。广告对销售的促进作用开始优于地面促销推广，此时应该导入广告促销的手段。而且持续性的地面促销推广将使消费者对促销形成依赖性，甚至导致"有促才销，不促不销"，无法建立品牌忠诚度。

因此，在销售网点较少的品牌导入期，高呼广宣和促销推广在促进动销上，促销推广具有显著性。而在销售网点较多的品牌成长期，促销推广促进动销的作用乏力，需要进行大众范围的品类价值教育，提升品牌势能，驱动消费者主动购买品牌，高呼广宣正是起到这样的作用，促进消费者自主购买品牌。

没有广告的产品很难成为一线品牌，消费者对知名品牌的认定中，有没有广告、是不是广告产品也是一个非常重要的评判指标。一个典型案例是 ABC 卫生巾，作为一款终端型品牌，该品牌在导入期通过终端促销推广建立了品牌知名度，但一直以促销推广手段促进动销，在消费者心目中始终是二线品牌形象，至今不能跻身一线品牌行列。

（四）对企业资源的思考

企业能够投入的培育新品的资金有多少，归根到底，都是钱多少的问题。如果不是为了更好地节约资源，考虑的问题会简单、粗暴。宝洁新品上市时，尽管首先在局部城市试销，广告也是满天飞，不差钱。所以，选择广告和促销最后的关键还是企业的资源状况，再结合上述三点最终对广告和促销资源进行综合调配。

第四篇
上市管理

引言　神童的陨落

宋朝有一个神童叫方仲永，非常聪明，虽不曾认识笔、墨、纸、砚，但无师自通，五岁就会写诗，声名鹊起，闻达于乡里——产品力非常强。他的父亲认为有利可图，不让他学习，每天带着方仲永四处拜访同县的人，获取蝇头小利。成为父亲的摇钱树的方仲永由于疏于学习，没有被好好地教育，最后"泯然众人也"。

新品也一样，如果上市管理不当，产品力再强，营销策略再正确，也可能逃脱不了"方仲永"的命运。

第十二章
Chapter 12

新品上市前的准备工作

一、新品的评审

新品完成了产品立项、产品研发、品牌定位、产品创意、产品线规划、产品包装设计、广告创意等策略工作后，进入上市前的准备阶段。这时候，首先要启动新品的评审程序，评估和完善新品上市的各个流程环节，以提高新品上市的成功率。

评审小组的成员一般由市场（品牌）中心、研发中心、供应链系统、销售部、质量管理部等部门组成。新品所属的事业部收集准备新品的各项测试报告，比如，研发中心的《小批量试产评审》《新品外观评审》、市场研究部的《市场调研报告》、质量管理部的《产品测试报告》及实物样品等，经事业部整合形成《新品信息报告》。完成《新品信息报告》后，由事业部牵头组织产品评审小组进行新品上市前的最后评审，确认还有什么环节存在瑕疵，如未获得评审小组全部成员的同意，则根据评审小组提出的意见进行改进，并编制《产品整改报告》。《产品整改报告》经会审确认后，发给相关部门执行，事业部跟进，确保产品如期整改。完成了新品的评审工作后，一个"身体健康、聪明伶俐"的新品就可以大规模面世了。

一些中小企业一直不明白，为什么大企业的新品上市花那么长的时间，半年甚至一年才将新品推向市场，那么没有"效率"。看了这个流程你就会明白，人家的效率高着呢！"磨刀不误砍柴工"，只是准备时间长一些，减少新品上市过程中可能出现的瑕疵，这样才能一战而胜。

没有充分的准备工作，中小企业推出新品死亡的概率非常大，一些企业就将原因归结为品牌没有知名度。这是不负责任的做法，没有深挖问题根源，吃一堑也没有长一智，新品的上市推广还会重蹈覆辙。

二、拟订新品上市规划

新品上市工作实际上是由销售人员执行的，新品上市规划就是向销售人员介绍清楚，新品与竞品比有哪些优势和利益点？市场的潜力为什么好？新品在上市推广的过程中会有哪些渠道政策？有哪些广告支持？有哪些消费者促销活动？什么时候开展？在什么地点开展……让销售人员对新品上市心中有数，增强他们的信心，指引他们进行新品上市推广。

新品上市规划就是要对新品上市的每一项工作做出具体的规划和安排，确保上市各项活动有条不紊地进行，而不是销售人员凭经验任意作为。一个新品的上市规划通常包含两大块内容。

（一）介绍新品

首先，介绍新品的市场竞争环境，新品的差异化在哪里；新品在公司产品群中的战略地位和目标；新品所属品类市场的市场潜力和总体趋势分析（新品类用地区发展趋势印证，非新品类用数据印证）；新品迎合了哪个市场机会，消费者的问题点在哪里，新品的消费者测试结果怎么样等（与竞品进行匿名测试的结果统计，消费者对产品概念或品牌定位的测试结果统计等）。

其次，介绍新品的产品线规划和核心利益点。这些产品同本公司已有的产品进行对比，说明新品无论是在创新上还是在丰富、改良产品线上，都有推出的必要。将新品与竞品在产品功能、价格、规格方面对比，这样规划的优势在哪里。对新品的功能、卓越的产品体验、包装、规格、目标消费群等要素也要进行详细的描述。最后，介绍新品的价格体系、本品零售价的竞争力、本品在渠道利润方面比竞品有多少优势等。

介绍新品的目的就是告诉销售人员新品是什么，新品的市场潜力为什么这么好，新品与竞品相比有哪些优势，新品与本公司其他产品相比有哪些差异性、互补性或改进措施。通过对新品的描述，树立销售人员对新品的信心，销售人员更重视新品推广。

（二）新品上市的具体行动计划

新品试销计划：新品是否进行试销，如果试销选择哪些区域进行试销，试销的时间是多长。

区域布局计划：新品经过试销后，进行扩区销售，是全国市场布局还是局部市场销售，新品在各区域上市的时间安排是什么样的。

分销推进计划：确定上市的区域，产品在各区域内完成从经销商到分销商、零售渠道的分销推进计划，要求各地销售人员在规定的时间达到多少铺货家数和铺货率。

品牌传播计划：新品上市后，在哪些媒体、在什么时间段投放广告，媒体投放广告的具体时间、频次。

渠道及消费者促销活动：针对经销商或分销商订货有什么奖励政策，针对零售商的铺市分销有什么激励政策，在有影响力的商超开展什么样的消费者促销活动，具体的时间、地点、方式等细节的落实。

促销资源分配计划：各种广宣品、助销物料、样品、赠品各区域的分配计划，投放的时间等。

需要注意的是，针对销售人员的上市计划除了第一部分进行分析阐述外，上市的具体行动计划不需要做过多的分析性描述，只需清楚、简单、明白如何做、什么时间做、如何奖罚即可。在对资源的分配上，新品上市计划往往只能分配到省区，具体到更细节的终端资源分配，需要当地的市场推广经理或省区经理进行二次分配，将上市规划转化为更具体的销售执行方案。

三、助销品准备

在新品上市规划里，广宣品、助销道具、赠品等是非常重要的推广工具，是新品成功上市的重要保障。很多企业在新品上市过程中犯的最大错误不是策略上的错误，而是在广宣品等的设计印刷采购环节出现了失误，没有将这项工作当成重要的事情，导致新品已经铺上终端了，助销品还没有影子，打乱了新品上市推广的节奏，甚至导致新品推广的失败。遗憾的是一些企业还没有认识到这种行为的危害性，把这种行为当成小事。

广宣品、赠品等助销品是新品上市前准备工作的重要一环，其工作推进一定要进行时间排期。一般来说，这些助销品有些是随货配送的、有些是发往区域办事处的，不管发往何处，完成这项工作的最后时间点应该是产品上市前。也就是说，助销品作为新品上市的"军备物资"，要像产品一样，提前或同时储备在公司及经销商的仓库里，不能等新品开赴前线战场，助销品还无影无踪。

广宣品等助销品的启动时间可根据每项工作的环节、步骤及每个环节所花费的时间设定，当然，还要预留公司内部审批流程花费的时间。比如，货架贴的制作先后经历"物料设计——物料设计定稿——联系印刷厂——价格谈判——打样——样稿确定——印刷"，每个环节需要多长时间都需要精心计算，而且要预留一些不可控因素带来的延期时间，从上市时间倒推后确定项目启动的时间，才能确保此项工作如期完成。

四、合理的生产计划

生产计划的制订也是新品上市前非常重要的工作，生产计划包含两个非常重要的要素：一是生产开始及完成的时间，能满足新品上市时间的要求；二是生产数量是否科学、是否符合需求，既不影响铺市，又谨防新品动销不畅造成积压给公司带来损失。

因生产不及时、新品上市延迟而导致的后果是非常严重的，一些企业没有充分认识到问题的严重性，认为差十天半个月不影响新品推广，这是非常错误的。对渠道成熟的企业来说，其危害可能不大，但是对刚刚进入某一领域，经销商渠道还不完善的企业来说，会在营销的第一个环节——招商环节，被竞争对手打败。对这些企业来说，抢先招商才能赢得先机，经销商都跑到竞争对手那儿去了，今年就没你什么事儿了。不要幻想后发先至，考量一下你的品牌影响力、差异化的品类或产品价值、丰厚的渠道利润、有力的动销力度，看看哪些比竞争对手强，是否值得经销商舍弃竞争品牌而选择你。

洗涤化妆品类新品的上市时间最能说明抢先上市是重要的营销战略。近年来一些厂家的秋季招商会时间逐渐从9月初提前到8月底，甚至提前到8月中上旬。

生产原料的采购周期、包材的采购、日产量、公司其他产品的生产排期等都会影响生产时间，产品经理在推算产品生产周期时一定要全面考虑这些因素。

新品也一定要进行销量预估，参考各销售区域销售预估的数据进行生产，既要避免因生产不足导致产品不够铺市，又要避免因产能过大，一旦新品推广失败，产品滞销带来的损失。前者对动销产生非常不利的影响，后者对公司利润产生非常不利的影响。各销售区域新品的销量预估要充分考虑经销商的网点数量，对经销商网络不成熟的企业来说，还要考虑招商情况，以多批次、少批量为原则确定生产的数量。

第十三章
Chapter 13

新品上市推广的七大节奏

第十三章
新品上市推广的七大节奏

营销推广节奏是近年来比较热的词汇。广大的营销人士发现，并非营销策略方法正确就一定能够取得良好的营销效果，同样的营销手段，为什么有些企业取得成功而有些企业不能成功呢？这与推广节奏有很大的关系。节奏不一样，营销结果也不一样。

新品推广节奏混乱，资源没有很好地为产品动销服务是新品推广失败的重要因素。新品上市推广必须建立在科学的推广节奏和良好的推广机制上。新品的推广节奏通常要控制以下方面。

一、上市时机

上市时机就是产品的生辰八字，上市时机不当也能造成产品夭折。尤其是对淡旺季比较明显的产品，上市时机尤为重要。新品上市伴随着攻城（攻下经销商）、攻巷（攻下零售商）、攻心（攻下消费者）的三攻策略，只有攻心战与产品的旺季保持一致才是最佳的上市时机。一般来说，在产品旺销期或接近旺销期，新品必须确保攻城、攻巷工作进展60%~70%，以便旺季到来时进入攻心环节。企业应该根据产品的攻城和攻巷时间倒推出最佳的上市时机。

当然，攻城和攻巷与企业掌握的渠道资源戚戚相关，渠道资源越好，花费的时间越短，产品上市的时间越容易把握，上市时间的弹性越大。对一线知名品牌来说，攻城和攻巷通常在1个月就可以全部完成进入攻心阶段，而二、三线品牌，攻城和攻巷则需要2~3个月甚至更长时间。因此，对于一线品牌来说，旺季倒推1个月是最佳的上市时间，而二、三线品牌在产品旺销期前3个月是最佳的上市时间。产品的上市期按照这样的节奏有助于新品销售。

比如，饮料行业的旺季通常从5月开始，6月、7月、8月进入绝对的销售旺季。如果是一线品牌操作，3月、4月、5月、6月都是可以考虑上市的时间，当然时间越靠前越好，而二、三线品牌或新品牌新品，如果错过了3月和4月的上市时间，选择5月、6月看似正是旺季上市，但完成铺市工作就到8月底了，结果是死路一条。退一步讲，即便新品不死，投入的资源和累积的品牌效应也会随着淡季的到来而归零。毕竟推广时间较短，消费者对该品牌的记忆太浅。

案例1：清扬洗发水上市时机的选择

2007年2月28日，清扬洗发水全线上市。由于联合利华有比较成熟的经销网络，可以在1个多月内完成从经销商进货到分销铺市的全部工作，刚好赶上在4月份旺季来临时开展对消费者的攻心战。2007年4月27日，清扬去屑洗发露产品的新品发布会在北京举行，在洗发水旺季到来时全面起到市场拉动作用。清扬洗发水的上市时机把握得非常好，为清扬能在宝洁海飞丝的打压下立足市场奠定了胜利的基础。严格地说，洗发水虽然也有夏冬的淡旺季之分，但并没有饮料这么泾渭分明，但清扬仍然选择进入夏季推出新品，足见对上市时机的重视。

案例2：山西某饮料品牌上市时机的选择

2014年9月，山西某饮料企业推出了一款饮料产品，选择在9月份上市，撇开影响新品成败的其他因素，仅仅上市时机这一点就注定不能成功。果不其然，当年市场反响平平，连经销商这一环节都没有打通。经过半年的折腾，到了2015年，该品牌只好在3月份重新在山西省太原市召开经销商订货会，回归到正确的上市时机。但是，新品上市半年来的所有资源投入都打了水漂，还遗留了一批库存产品，这些产品生产期过了半年，零售商根本不会接受，分销都分销不出去，成了名副其实的滞销产品，新品推广以失败告终。

二、分销铺市节奏

分销铺市是新品上市推广重要的节奏点，它关乎产品能否很好地动销，以及企业能否实现盈利。正确的分销铺市节奏主要控制点在两个方面：一是分销时间一定要紧凑，不能拖，至少在 1 个月内完成 40% 以上网点的分销覆盖。节奏拖沓，2~3 个月铺市还不彻底的品牌基本上没有出路。节奏紧凑的好处：第一，在大规模的终端推广活动实施以前消费者能随处见到新品，营造出一种热烈的上市氛围，在极短的时间里聚焦新品信息波冲击消费者的心智，给消费者造成"难道今年流行××"的印象。第二，能让终端推广活动的受益网点最大化。推广活动一定要起到以点带面的作用，推广活动不仅仅为活动网点服务，更重要的是通过推广活动使消费者认知品牌、认知新品，消费者才能在更多的网点购买到新品，如果铺市不力，就没有更多的受益网点。

对一线知名品牌来说，拥有优质的经销商、优质的渠道资源，1 个月内做到 80% 以上的分销覆盖不是难事，娃哈哈号称一周内能将新品铺进中国的村级市场。一线知名品牌精耕了几十年有这样的成绩也很正常，可国内三、四线品牌怎么办？没有品牌知名度，没有足够的推广资源，也要在 1 个月内完成 60% 以上网点分销覆盖，只有在渠道利润上下功夫，通过促销手段获得零售商的支持，也许这是一笔赔钱的交易，但是必须做。当然，这样做的前提是企业树立好分销节奏非常重要的营销意识，没有这样的营销意识，也就没有行动上的支持。

正确的分销铺市节奏第二个主要控制点是渠道推进节奏。渠道推进节奏又表现在两个方面：第一，必须优先聚焦最适合企业现状或产品特性的核心类型渠道，逐渐向其他类型渠道推进。比如，毛利率低的产品优先进入流通渠道，企业资源短缺的优先进入 B、C 类渠道，价位高的产品优先进入 KA 渠道，待这些渠道良性运转后再向全渠道逐步覆盖，而不是大干快上，全渠道出击。第二，渠道推进时不能只追求铺市率，犯了"铺货率崇拜症"，把铺货率作为唯一重要的考核指标，结果造成"货铺得到处都是，就是不动销"。

某调味品企业在完成了对副食店，B、C 类超市乃至 KA 卖场的分销覆盖后，向方便面、饮料等行业品牌的渠道看齐，大举挺进这类产品的毛细渠道，结果耗费了大量的人力、物力，分销仍不令人满意。以强力的促销手段铺进后，又面临产品不动销的问题，原本在其他渠道销售较好的，在毛细渠道遭遇了滑铁卢，最终以失败告终，渠道不得不收缩回归到原来设计的渠道上来。

笔者服务的吉林金翼蛋品有限公司也曾经走过推进节奏不当的弯路，该企业是国内最大的蛋制品加工企业之一，其蛋鸡养殖场位居全国前列，其蛋粉、蛋液等已经在全国实现了良好的销售。2015年，推出了针对商超渠道的卤蛋产品。在2015年10月笔者接手营销服务前，广州某咨询公司为其提供营销服务，这家咨询公司机械地认为2元高端蛋一定要以KA渠道为主，因此大举进入KA卖场并全渠道推进。经过半年的运营，费用花了数千万元，销售额却不到200万元，而且终端网点呈非良性状态，营销以失败告终。

2015年10月，笔者团队接手后，通过对卤蛋市场的洞察与分析，认为卤蛋是一个市场成熟但产品亟待升级、市场上没有强势品牌、毛利率不高的品类，加之当时的产品线单一，做KA必定几年内都不会盈利。根据卤蛋品类的这些特点，提出了先做低费用和无费用渠道，逐步向KA渠道覆盖的渠道战略思想，并重新制定了销售政策，开发了更多口味的新品，选择匹配渠道的经销商，逐步扭转了营销局面，市场呈积极健康的状态，2元蛋在B、C类终端也表现出良好的动销势头。各地经销商踊跃加入，成为金翼公司的合作伙伴。

渠道推进节奏不对，可能带来两个恶果：一是产品特点与渠道不匹配，导致动销乏力，某调味品就曾犯过这样的错误。二是给公司带来亏损，某咨询公司操作的金翼卤蛋就犯了这样的错误。

三、区域布局

对全国性品牌来说，企业的经销网络已经遍布中国，自然是全国市场布局，不存在区域布局问题。但是对一些经销商网络不健全或从零起步的企业来说，区域布局异常重要，不仅关系到企业营销资源的投入，还关系到项目的时间成本及新品能否动销。对这些企业来说，区域布局就是非常重要的推广节奏。那么，怎么把控区域布局的节奏呢？

(一) 根据企业的资源规模状况进行布局

企业的软硬资源是进行区域布局的重要考量要素,软性资源指的是人力资源和管理能力;硬性资源指的是资金,企业的硬实力。企业没有硬实力,肯定不能进行全国布局,没有力量打透每一个市场,只有进行区域突破,成为区域强势品牌,再逐渐谋求全国市场。江苏的特种兵椰子汁就是采用这种布局方式,积累了一定的企业资源后逐渐向全国市场发力。

企业仅有硬资源没有软资源也不宜进行全国市场布局,人力资源是核心竞争力,没有合格的人才,市场不宜开拓,更不宜管理,否则市场要么不能开拓成功,要么一团糟,还没有等到良性运转的那一天就崩盘。笔者了解的一家企业是不差钱的企业,对市场支持绝对到位,一开始就进行全国市场的布局,但由于市场管理很差,或者说基本上没有管理,经销商"野草式"成长,结果并不是市场快速成长起来,而是在拿到厂家优厚的政策支持后,迅速以低价冲击市场,导致正价不能销售,最后的结局是经销商赚钱了,市场死了。可见,一软一硬,文武之道,缺一不可,否则,就在区域市场摸着石头突破吧。

(二) 根据新品品类成熟度进行布局

任何一个新品的品类成熟度从消费者的认知接受程度上都可以分为成熟品类或非成熟品类。比如,牛奶是一个成熟品类,人们已经接受它了,若干年前它是一个非成熟品类;凉茶现在也可以称为成熟品类了,因为王老吉、加多宝、和其正已经将这一品类教育成熟了;苹果醋还不能称为成熟品类,因为很多消费者还不认识它、不接受它。这里需要特别说明的是,新品类指的是营销学意义的新品类,而非产品的物理或化学属性上的新品类。新品类不一定是非成熟品类,也可能是成熟品类。比如,花生牛奶刚上市时是营销学上的新品类,因为它开创了不同的品类价值,但在消费者认知里,它是一个成熟品类,是一个加了花生的牛奶产品。

区分一个新品是成熟品类或非成熟品类和区域布局戚戚相关,如果新品是成熟品类,消费者已经认可这个品类,只存在品牌层面的选择了,可以考虑进行全国布局，渠道的推力会帮助产品动销；如果新品类是一个非成熟品类，还需要对消费者进行品类教育，企业没有足够的推广资源，不适合进行全国布局，必须先在局部市场试销。因为渠道的力量不足以完成对品类的教育，产品动销难度大，新品推广成功的可能性小。

（三）根据新品品类在不同市场的发育程度进行布局

一些品类在全国的市场发育度是不同的，品类发育越成熟的市场，新品成功的难度越小，相反，品类发育不成熟的市场，新品推广的难度就越大。根据新品品类在不同市场的发育程度进行布局，先易后难。苹果醋饮料市场就是典型的例子，苹果醋在广东市场经过天地一号的品类教育，市场已经比较成熟，湖南、江西等临近广东的省份，消费者对苹果醋也有一定的认知，推广难度不大。因此，这些市场的苹果醋饮料品牌较多，市场比较活跃。其他地区对苹果醋饮料的接受程度非常低，甚至不喜欢其偏酸的口感，推广难度较大。如果不是实力雄厚的企业，最好不要做拓荒牛的工作。

（四）围绕核心市场进行布局

相邻市场会相互渗透，从而营造出一种良好的市场氛围，围绕核心市场进行布局，将相邻市场尽可能连成一片对新品成长有利。所以，我们经常会看到某品牌在某些区域成为强势品牌，正是围绕着核心市场进行布局的结果。如果这些企业的营销资源许可，围绕更多的核心市场进行布局，就有机会发展成为全国性的品牌。

（五）根据地域经济差距、市场难易程度、营销费用高低、运输半径等进行布局

中国是一个国情复杂，经济发展不平衡的国家。经济发展不平衡，消费能力也存在较大差距，经济发达的地区市场潜力更大，新品更容易成活并发展。如果新品是一款高端产品，对消费群有一定的选择，那么选择区域市场时，更应选择经济基础较好的省份和地区。

市场进入的难易程度、营销费用高低也是进行区域布局的重要考虑因素。比如，北京、上海是全国公认的营销费用高、对知名品牌忠诚度较高的城市，市场攻坚难度较大，一般来说都是新品最后攻占的市场，是企业的收官之战。

运输半径也是不少企业在布局时考虑的因素，尤其是低毛利产品，如食品对运输半径的要求较高，企业要将物流成本控制在一定的范围内，必须舍弃一部分市场。大企业往往通过建设分厂解决运输半径问题，那么中小企业只能通过区域布局对市场进行取舍。中国的西北市场，幅员辽阔、人口稀少、运输半径大，而市场潜力不大，很多企业都将这类市场视为边际市场，尤其是低毛利的产品，不愿意主动进入这些市场。

（六）布局的优化调整

对符合条件可以进军全国市场的新品来说，区域布局还有一个优化调整的环节，即逐步放弃或粗耕现阶段表现不好的市场，而对表现较好的重点市场进行精耕。将资源聚焦在能够给公司带来销量、利润的市场。有些营销人可能会问："为什么不直接选择某些市场进行精耕？而是绕一圈又重新回到局部区域精耕的路线上？"答案很简单，没有绕这一圈，怎么精确地判断哪些是有潜力的精耕市场？精耕市场在实践中确立起来更靠谱，而不是拍脑袋决定出来的。

区域的优化调整甩掉了不良市场这个包袱，聚焦人力资源和营销资源，公司的战斗力更强，盈利能力更强。当这些精耕市场表现得非常好时，再回到原来甩掉的市场，你会发现，市场推广的难度变小了，因为精耕市场的渗透，这些市场已经喷薄欲出了。

当然，区域布局从来不是从单一的维度考量，需要从上述综合因素考虑，这样区域布局才更符合市场的需求，切合市场的节拍。

四、助销品配送节奏

助销品配送节奏是指广宣物料、促销品等促销辅助工具的制作、分配、运输节奏。前面已经讲了广宣助销品在新品推广中的重要性，一定得赶在产品上市前完成制作，不影响渠道推广和消费者终端推广活动的开展。这里将这件事放在新品推广节奏的高度，可见其对新品上市成败的影响度。

很多企业都经历过这样的事情，产品已经铺到终端卖场了，广宣品、赠品迟迟不到位，如果开展活动效果出不来；如果不开展活动，新品上市不能迅速引起消费者关注，不能迅速实现销售，不能实现品牌的快速转换，最终新品推广失败。

五、推拉节奏

推力、拉力没有有效结合，节奏不和谐也是新品失败的重要因素之一。

我们通常把渠道促销、分销铺市称为市场的推力，而广告宣传及消费者促销活动称为市场的拉力。这两种力是"动销三力"中重要的两力。这两种力的有机结合是保证新品成功上市的重要因素。

但是，营销实践中有两种状况出现：

一种情况是销售经理把产品铺到各个零售终端的货架上，甚至铺货率超过预期，终端零售网点也进行了较好的陈列，但因为消费者拉动迟迟不见动静，品牌宣传及消费者活动迟迟没有到位或没有开展，产品动销很慢，影响零售商经销的积极性，也打击了经销商重复进货的积极性。

另一种情况是按照新品上市计划的时间推进，市场部门如期在既定的媒体上进行高密度的广告宣传活动（提前计划并购买的媒体，改变时间已经来不及了），并积极在有影响力的终端开展免费试吃、试饮等产品体验活动，路演活动也有效地提升产品知名度和初次尝试率。但是由于产品铺货率极低，使得消费者无法方便性购买，推广活动没有起到以点带面的作用。这种市场拉力在前的做法对动销没有起到作用，庞大的市场推广费用也因为渠道推力的不足而打了水漂。对大多数企业来说，推广资源都是有限的，过早地透支市场推广费用将造成以后"无米下锅"的尴尬局面。因此，一些企业在市场投入尤其是投入广告资源时，都有一个明确的铺市率目标，达到80%至少不低于60%才允许投入广告资源。

推力和拉力有效结合，才能保证新品的上市推广进入"铺之能动，重复进货"的良性轨道。为保证这一点，新品的上市规划中一定要对分销及消费者拉动的时间推进进行清晰的界定，明确到责任人，并对结果进行检查及考核，以保证这两项工作按时按质完成。

六、促销资源配置节奏

广告、地面推广活动等促销资源必须围绕着不同时期和重要销售节点进行轻重缓急的配置。

资源配置节奏的核心要义有二：一是不要一次性释放完所有资源，一把火只能点亮市场不能点燃市场，市场只有短暂的温度没有足够热量是不行的。二是不要平均分配资源，而是根据不同时期和重要程度分次释放。推广新品如果一次把推广政策释放完，通路一定会一次性消化掉，甚至经销商有可能将政策转化为价格冲击市场。笔者服务过的一家客户，在我们接手服务之前就出现过将陈列费用违规转化为价格，导致产品以市场零售价的一半销售的情况，将市场彻底做死。没有持续的资源促销投入，新品市场很快就会归于沉寂，最终淹没在快速更迭的新品群中。2014年，笔者在某卫视上见到一款玫瑰花汁饮品进行大规模电视广告拉动，但产品在终端的铺市率较低，几个月后电视广告停播了，产品也彻底淡出了消费者的视线。

推广新品是爆发力和耐力的结合，没有爆发力只有耐力，市场不会有高潮；只有爆发力没有耐力，市场不会持久。

促销资源的配置节奏围绕以下三方面进行。

（1）**广告拉动节奏**。根据"新品预热期、新品启动期、旺销拉动期、淡季维持期"等不同阶段进行广告资源的投放。在前面我们已就这个问题进行了论述。

（2）**终端促销推广节奏**。铺市分销需要一个过程，比如，完成铺市率目标（铺市率达到80%）可能需要40天或者60天。那么，终端促销推广什么时候开始启动呢？是在完成分销覆盖后爆发式启动还是边铺市边启动？活动开展晚了产品动销受到影响，给零售商留下产品滞销的印象；活动开展早了，铺市率较低，难以起到以点带面的作用。

解决这一看似矛盾的问题其实很简单，只要我们对促销活动、终端、消费者产生的影响有清楚的认知，就不难把控终端推广的节奏。在众多推广活动中，导购、赠品促销、产品陈列等的影响力更多的是作用于活动店本身，作用于活动店覆盖的消费者。一旦铺市就可以选择销售潜力较大的店开展促销推广活动，活动以店内促为主，而路演等户外促销活动等需要在大终端或城市中心广场开展的活动，因其影响范围更广，可以在分销铺市率达到既定目标后开展。通过单店的促销活动促进各个网点的产品销售，各网点良性运转，以星星之火蔓延市场；通过大规模的路演等户外促销活动点燃整个市场。

在促销推广活动的规模和数量上，铺市前期以小规模、少量的店内促预热市场，铺市率达到既定目标后大规模、多地点地开展户外促，将终端推广资源运用到极致。

（3）**销售波峰节奏**。在促销资源的分配上，围绕着销售波峰配置资源是资源配置节奏的重点。产品的旺销季节、国家法定的节假日就是销售的波峰，促销资源在这个时段投放对销售能起到直接的、立竿见影的作用。

销售波峰投入的促销资源不仅是消费者促销资源，渠道资源也是投入的重点。针对经销商进行渠道促销，向经销商压货，同竞品争夺资金和经销商的销售团队，也是一场重要的后方战役。

销售波峰与新品的上市时间一定要重合，否则资源配置矛盾，严重影响新品推广。

七、产销节奏

产销节奏是企业最不重视的节奏，因为是内控问题，而不是营销问题，往往被营销负责人忽视。其实产销脱节既可能导致新品推广失败，也可能给企业带来库存风险。产品的生产和销售一定要保持动态的和谐，既不因销售强劲而导致终端断货，也不因生产过量而导致库存积压。前者因断货而给竞争对手机会，后者使企业风险增加，浪费企业资源。

基于对风险的控制，很多企业的生产计划都是保守性地制订，企业老板总是告诉销售人员放心大胆地销售，产品生产快得很。殊不知，这样做的危害性非常大，对市场带来的伤害是看不见的、不可弥补的。新品刚刚进入市场，大量的广告传播和促销活动会吸引消费者转换品牌尝试新品。一旦上市初期发生断货，消费者必然会转向购买竞品，同时竞品也会抢夺市场，"持币待购"的现象在产品极大丰富时代不存在了。如果断货一段时间又卷土重来，你会发现在消费者眼里你已经不新了，你已经不能激起消费者的"尝新愿望"了。你没有培养好的消费者购买习惯被竞争对手培养好了，而且渠道商的积极性受到重挫，担心货源不稳不愿进货、分销。

断货可怕，盲目地备货带来的风险更可怕，尤其是中小企业。前者只是失去了一次机会，后者可能影响企业的生存。河南的一家调味品公司贸然进入方便面行业并储备了大量的库存，结果企业几年的利润亏在这个项目上，至今没有缓过劲。

根据各销售区域新品的销量预估制订生产计划，而销量预估建立在充分考虑经销商的网点数量、铺市率的基础上，还要考虑招商情况，以多批次、少批量为原则确定生产数量。

第十四章
Chapter 14

建立新品的推广机制

第十四章
建立新品的推广机制

新品的推广机制作为一种制度，从营销实践中得来，是总结了很多新品推广成败得失的经验得出的，并升华成为制度，用于指导新品推广。建立新品的推广机制目的在于规避一切可能导致新品上市失败的营销行为，提升新品上市的成功率。

一、如何处理新老产品的推广关系

新老产品的推广一定要分开进行。新老产品分开推广有两层含义：一是指形式上的分开，即新老产品不在一起进行推广活动；二是在营销资源的分配上，因新品属于培育期，营销资源的投入远比老产品高，不能像老产品一样执行一致的费率。

动销是一个品牌永恒的话题，新品和老产品都需要不间断地市场推广，一些企业或经销商习惯将新品和老产品放在一起推广，其实对新品的成长非常不利。他们这样做的目的很明确，一是以节约营销成本，分开推广需要两支团队，合在一起一支团队就够了；二是提升投入产出率，有老产品的参与，活动的总体销量肯定比单独推广新品大得多；三是新品的推广支持肯定比老产品大，老产品搭上新品推广的顺风车，挪用点赠品等，更容易提高活动销量（主要是老产品的销售贡献）。混合推广从短期利益来看的确比分开推广好，效果更显著，但从新品成长来看，是万万要不得的。这样做有三大弊端，对新品的成长是致命打击。

（1）追求短期利益的经销商和销售人员都会挪用新品促销资源，使新品成长的"营养"不足。经销商和销售人员对公司推出的新品不感兴趣，更热衷推广成熟的通货型产品，就会出现资源被老产品侵占等影响新品推广的现象。

（2）新品的形象不容易独立展示出来。新品上市，消费者需要对产品的形象有深刻的记忆，而多产品推广势必会稀释消费者对新品的印象，第一印象往往是深刻的，活动期新品不能给消费者留下印象，以后就更难了。

（3）新品的品类或产品价值无法有效传播。推广不等于促销，新品推广的重要手段是向消费者传播品类或产品的独特价值，这才是消费者购买新品的原动力。价值不清晰，消费者因促销利益而购买，只会造成不促不销。

因此，必须建立新品和老产品分开推广的机制，由市场部门全面掌控新品推广的费用，销售人员按规定执行市场部推广策略，进行市场培育，并制定严格的检查考核制度，严禁经销商和销售人员违规操作。

在营销资源的投放上，新品不能和老产品处于一个等量级，新品要成功立足市场，要有比老产品高得多的费率。不要指望新品盈利，上市第一年零利润已经是不错的结局。培育新品就像养小鸡，不是一生下来就能下蛋，小鸡成为下蛋母鸡需要一个过程，"养"的过程是最耗资源的过程。笔者接触过不少企业老板，新品上市的第一年就寄予很高的盈利期望，市场费用空间略高于老产品，结果事与愿违，新品活得很辛苦，甚至夭折。

在对待新老产品上，一定是以老养新，以新换老。

二、如何处理不同新品间的推广关系

企业同时推广两个以上新品的情况司空见惯，很多企业是多品类运作，每年有很多新品面市，如何处理不同新品间的推广关系非常重要。从推广新品的角度来看，如果只有一个操作团队，在推广新品时一定要注意以下两大雷区。

（1）**经销渠道不兼容的 2 个或 2 个以上新品**。什么是渠道不兼容？一个走 KA 渠道，一个走传统流通渠道就是渠道不兼容；一个走百货专柜，一个走普通商超也是渠道不兼容……经销商和销售人员的客情和优势不在于新渠道，新渠道一定做不好。

中国日化××是传统渠道的佼佼者，推广洗发水可谓屡战屡败，因为渠道不兼容；推广奥妮洗发水时，市场部督管的试销市场试销期销售很好，在某县级试销市场短期业绩一度超越霸王，但扩区销售完全交给经销商操作，立马"熄火"，成为不能走出实验室的温室之花；某洗发水一直长于传统流通渠道，冲击 KA 渠道时也是毫无悬念地败走麦城；长于大终端渠道的西麦麦片一直不能在小终端渠道大放异彩，销量逐步被桂格赶超，成为西麦麦片的心病。此类案例不胜枚举。

（2）**品类价值不同的2个或2个以上战略性新品**。这里指的是战略性新品，不需要投入大量营销资源的跟随性产品不在此范围。竞争高度激烈的时代，培育一个新品需要广告、地面活动、新媒体、经销商、零售商、销售团队等紧密配合，就像打一场战役一样，同时打两场硬仗不是仅仅靠信心和口号就能做到的。有时你也许赶上了好运气获得了成功，但运气不会总是那么好。不需要花费大量推广资源及不需要独立销售团队的跟随性新品不在此范围内。

当然，如果企业组建不同的操作团队，甚至成立不同的公司，选择匹配的经销商，在资源许可的情况下，推广2个以上的战略性新品是可行的。比如，康师傅多品类都由独立的团队和经销商操作，不存在上述问题，不会阻碍新品成长。

三、新品试销机制

很多企业不重视试销，认为试销耽误上市时机，不如尽快全面上市，更早获利。实际上，这样做的风险非常大。有数据显示，新品推广的成功率不到10%，失败率高达90%。对企业来说，新品不能推广成功的最好结局是尽快失败，这样造成的损失才是最小的，而试销就是尽快失败的市场浓缩版和先知版。企业往往因为没有局部试销而全面铺开，最后因产品滞销及营销资源的投入而损失了巨大的资源。尤其是耗费大量营销资源的终端型产品，一定要经过局部市场的试销再向全国市场铺开。

（一）新品试销的好处

1. 检验产品品质的稳定性

产品品质是营销的基础，品质不好营销只会加快其死亡。无论是小试还是中试，都不如大规模生产更能检验产品品质的稳定性。在试销中及时发现产品品质问题并改进品质，有助于扩区销售时提供更高品质的产品。

某饮料企业，产品生产过程前期就曾经出现罐体砂眼、氮气冲不足、打码机喷涂不上等问题，这些问题是部分产品发到市场才发现。好在只在一个省试销，问题及时发现及时解决。如果是全国上市，在储备大量产品的情况下，这些问题产品都将成为市场上的滞销品或不符合法规的产品，容易引起渠道反弹。即便回收产品，调整需要时间，也会影响各地市场的发货，造成市场断货等问题，新品上市由于这一原因肯定就失败了。

2. 检验产品力

产品创意规划前，你也许做了大量的内测和外测工作，产品力的评分都高于竞品，从而欢天喜地地将新品推向市场了。可是，你会吃惊地发现，消费者似乎"特别挑剔了"，你的产品不能很好地打动他们，消费者面临真正的选择时的影响因素远非进行消费者测试时那么纯粹，只有真正地放到市场上进行试销，才能真正地看到产品力高低。

3. 推广方式的检验和调整

试销市场是检验上市推广方案效果的一种最经济的做法。在试销市场探索出最佳的、最有效的推广手段，以便扩区销售时复制。

没有任何一种新品事前就可以肯定地说采用某种推广方式就能获得成功，产品是否真正满足消费者需求、企业执行力的差异、企业资源的差异、经销商能力的不同、渠道的差异等都决定不能简单复制别人的成功经验，必须是在借鉴成功品牌的基础上，通过推广测试找到适合自己的推广模式，再进行复制才能大范围内获得成功。

4. 试销最大化降低了企业的风险

从产品原料、包材、成品到推广资源等方面，如果按照试销市场配置，即便损失也是最经济的最小单位的损失。如果按照全国市场配置，一旦产品滞销，大部分资源就浪费了。

5. 打造可以复制的样板市场

从试销市场中重点选择1~2个城市打造样板市场，样板市场不仅可以探索推广手段的可行性，还对招商有重要作用，尤其是渠道不健全的新生企业。

试销一定要沉住气，不怕慢。史玉柱曾经说过："试销市场快不得，全国市场慢不得。做试销市场一定要给予充足的时间，把试销市场做足。

试销市场做足了,运营手册形成,全国市场就可以很快铺开。既然第一个点是成功的,下一个点基本可以成功,从 1 个点到 1000 个点是很快的。"

其一,新品导入市场的时候,很多困难是想不到的。不管调研得多么充分,不管经验多么丰富,不管新品上市计划书多么详细,当你将新品真正导入市场的时候,很多困难在你想不到的时候蹦出来。困难来临的时候,也许你不知道怎么尽快解决。做一个试销市场的时候,你有精力解决样板市场出现的问题,如果市场太多,一旦出现问题就很难解决。人力、物力和财力都难以解决,一旦资金链出现问题,公司就面临生死存亡的危险。

其二,做好样板市场,可以为我们做其他市场提供宝贵的经验。认真地、仔细地做好样板市场,了解这个市场的每一点,并且随时记录出现的困难,可以为我们做其他市场做好准备并提供宝贵的经验。因为成功的经验和成功的盈利模式是开拓其他市场所需要的。

其三,全国市场慢不得也非常重要。市场机会稍纵即逝,只有抓住市场机会、扩大市场规模、抢占市场,才能形成规模,保证市场竞争,打败其他竞争对手。

(二) 试销市场选择的六大原则

1. 兼顾特殊性和普适性,市场基础好的和市场基础大众化的各选一,不选择特差的和特大城市

基础好的市场试销可以排除产品分销、人员执行力等因素的干扰,全力检验终端拉动策略的正确性。如果在基础好的市场,我们的推广手段不能奏效,说明拉动策略有问题,或者说产品力有问题,必须调整到正确的方向上。

大众化的市场选择是因为具有广谱性,可能全国大部分市场都是这样的条件,如果这样的市场推广策略能成功,基本上可以全国复制。

2. 最多只选择两个试销市场,便于公司的市场人员跟进监控

试销的主要目的是检验产品力、检验产品质量、检验推广策略,试销市场不易太多,一两个市场就能达到检验的目的。试销期的监控工作非常细致，工作量巨大，对销售人员现有的工作节奏是一个巨大的考验和冲击，甚至需要市场部人员紧盯着销售人员推动新品。因此，过多的市场势必分散市场部的精力，不利于对试销市场的管控，不能真正检验市场。

3. 选择的市场有利于整合企业自身的资源

企业如果在某一市场能够充分调动资源为推广产品所用，就是比较好的试销市场的选择，更容易成功。比如，某企业在当地的影响力首屈一指，能充分调动政界、商界资源，在普通消费者眼里也是正面形象，在推出新品时可以优先将当地市场作为试销市场，有利于快速招商、快速分销。如果选择其他省份，一、二级网络的构架都成问题。

4. 根据产品匹配的渠道选择市场

产品是匹配传统流通渠道还是现代渠道需要做好选择，流通型产品应该选择流通型市场进行试销，比如，河南、湖南、湖北等市场的批发业较为发达。终端型产品应该选择现代渠道较发达的市场进行试销，比如江浙一带。这样做也体现了做市场先易后难的原则。

5. 根据产品的拉动方式选择试销单位

如果是广告型产品，以全省为试销单位，单个城市难以整合电视等媒体资源；如果是终端型产品，可以以某个城市为试销单位，以地面推广活动启动市场。

6. 慎选全国 KA 系统作为试销市场

一是全国 KA 系统较分散，不利于广告资源的投入；二是卖场费用高、风险大；三是产品本身的品质、生产供应等还不完善，不适合进入对产品要求严苛的大卖场。即便选择大卖场，一般也是选择地方性 KA 进行试销。

（三）判断新品是否试销成功的五大标志

新品试销什么时候才算成功，试销多长时间开始扩区销售？这是企业非常关心的、也是标准模糊的问题。扩区销售早了，担心新品在试销市场不是真正动销；扩区销售晚了，怕影响新品在全国市场的上市时机，时机错过了，一年就过去了，也担心给竞品带来机会。

判断新品是否试销成功有五大标志，符合这些标准，新品可以放心地

第十四章
建立新品的推广机制

铺向全国市场。

1. 新品在终端卖场能够自然动销，或者在导购推介、赠品促销情况下能够动销

不经任何推荐能自然动销，证明了新品的产品力能够打动消费者，即便在其他市场只要将产品陈列出来，产品也能动销。退一步讲，即便不能自然动销，但在导购推介和赠品促销情况下能够动销，也表明新品是一个能满足消费者需求的产品，消费者还是愿意接受它的。须知，有赠品促销而不能获得消费者认可的新品有很多，只要在常态的促销手段下能够动销的新品都可以视为可动销产品，扩区销售一样能够获得成功。实现多少销售额才是成功的动销，需要综合考量同类产品在该卖场的销售情况，不能简单地给出数字。

2. 经销商多次进货，零售商出现二次或二次以上返单

对没有终端导购员的产品来说，没有数据判断产品在终端动销的情况，甚至也不能逐一考察零售终端，这时候判断新品是否动销需要从经销商进货和零售商二次返单上进行定性判断。经销商多次进货可能是首批铺市需要，也可能是零售商二次返单，因此，需要对经销商的进货数据进行分析和调查，以此判断新品是否真正动销。实地考察零售终端也是一个方法，零售商也许不能准确地回答销售本品的具体数字，但一定能说清楚是否返单。

3. 销售额等各项指标达到上市规划中预先设计的标准

新品上市规划对试销市场都有销售目标的预估，一般来说，达到预估的销售目标，至少说明在经销商这一环节是达标的。经销商对新品的态度一般趋于保守，能够达成目标一定是建立在多次进货的基础上。保守的经销商并不是按照自己辖区的所有网点数量一次性进足分销所需的货，往往是看看零售终端的反映情况和动销情况决定是否二次乃至多次进货，所以，达成销售预估目标从定性上判断试销是成功的。当然，不排除压货等因素实现了销售预估目标，这一标准同上述两个标准配合使用准确度更高。

4. 地面资源的投入在预算范围内或月度呈递减之势

不考虑广告资源的情况下，地面资源的投入在预算范围内，或者月度费用呈递减之势，才具有大面积复制推广的可能性。新品推广前期市场费用高点很正常，花费过高则说明在新品动销过程中促销力的作用远大于产品力，外力作用大于内力，新品推广的难度有点大。如果接下来月度费率没有下降，则说明新品是一个过于依赖促销外力的产品，硬性地扩区销售会大大吞噬企业的利润，甚至造成巨亏，不适合大面积复制推广。当然，不差钱的企业除外。如果你的企业没有那么大的体量就"趁早收兵"。

5. 经消费者检验没有出现大的质量问题和投诉、产品包装也没有引起经销商和消费者投诉，没有明显阻碍产品销售

产品品质、产品包装是重要的产品力要素，必须确保没有任何问题，这是产品动销的重要支撑，也是扩区销售的基础。如果没有这一条，扩区销售仍然不能进行，不能把带病的产品扩展至全国市场。

那么，完成这些标志工作到底需要几个月？是否这五大标志工作都做到了才能扩区上市呢？当然不是，我们不能机械地看待规则，需要综合产品的特性等因素综合判断，产品不同试销的周期也不同。一般来说，传统渠道的产品、食品饮料类产品试销期较短，最多设计为 3 个月，3 个月内出现上述关键性标志，就可以视为试销市场成功，以抢占市场先机。比如，某饮料经试销评估，上市 1 个月就符合上述标志的第一项和第五项，为抢占市场，可以迅速地扩区上市。而终端型产品试销期较长，3~6 个月甚至更长，一定要等到真正试销成功后再扩区上市。如果错过了最佳上市时间，宁可在第二年扩区上市。如果是对淡旺季不敏感的产品，选择的空间就更大了。

第十五章
Chapter 15

新品上市的监控追踪与分析调整

第十五章
新品上市的监控追踪与分析调整

新品上市初期必须以周甚至以日为单位追踪与反馈市场情况，并对市场情况进行分析，判断新品上市以来面临的问题和动销情况。通常需要对下述指标进行追踪。

一、销量追踪

销量追踪是市场追踪最重要的手段，没有销量，一切营销效果归零，没有任何价值可言。销量追踪一是追踪经销商的进货率和回转率，累计销量、周销量、月销量，各品项销量占比、各规格销量占比，并绘制销售曲线图。二是追踪新品在各区域市场、各渠道的累计销量、周销量、月销量，各品项销量占比、各规格销量占比。每天掌控新品销量进度，了解新品的动销状况。

（一）经销商进货率和回转率追踪分析

对经销商进货率和进货回转率的追踪，有助于我们了解经销商分销新品的参与率、经销商分销进展及动销情况。经销商进货率就是经销新品的经销商数量占总经销商数量的比率，考察的是经销商对新品的接受程度。一般来说，这个数字低于60%说明经销商群体不看好新品，高于80%说明经销商普遍看好新品。进货回转率是指某一经销商在一定的时间内多次进货回转的次数，考察的是该市场零售商对新品的接受程度及动销情况。比如，某洗发水上市，在试销区域对广东、湖南市场的两个客户的进货回转率进行追踪（如表15-1所示）。

表15-1　经销商进货回转率追踪分析表

时间：4月1日—4月30日

区域	广东		湖南	
城市	番禺	肇庆	邵阳	资兴
第一次提货	108	108	111	60
第二次提货	118	108	10	100

续表

区域	广东		湖南	
城市	番禺	肇庆	邵阳	资兴
第三次提货	168	30	10	/
第四次提货	48	30	8	/
第五次提货	20	20	10	/
第六次提货	58	56	/	/
第七次提货	40	54	/	/
第八次提货	30	/	/	/
合计（件）	590	406	149	160
回转率	8次/月	7次/月	5次/月	2次/月
追踪分析	回转率很好，零售商比较认可新品，零售终端可能已产生动销，经销商比较有信心		回转率良好，零售商比较认可新品	回转率较差，零售商不认可新品

（二）销售走势曲线图

从销售走势曲线图上能分析和判断出新品在整体市场的销售情况、经销商的进货情况，图15-1是某洗发水3月—5月试销市场的销售走势曲线图。

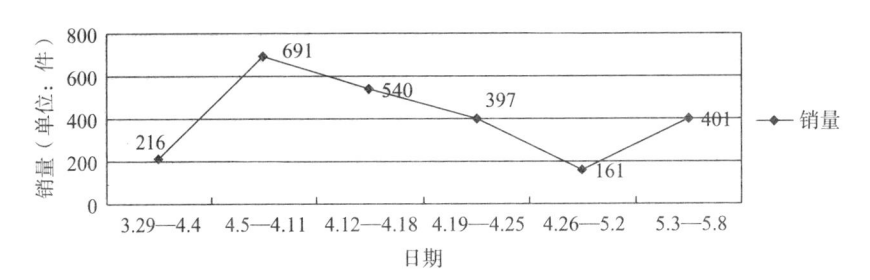

图15-1 某洗发水3月—5月试销市场的销售走势曲线图

从图中可以看出，4月11日以前，是经销商首次进货阶段，销量逐渐攀升至最高点；4月11日至4月底，多数经销商处于二次或多次进货阶段，产品向零售终端分销；4月底5月初，销售处于最低谷，说明经销商基本上完成了铺市分销，不再进货分销；5月2日以后销售开始反弹，反映了零售终端出现动销的迹象，经销商开始进货，对零售终端进行二次铺货。如果这个曲线继续上扬，说明终端动销情况良好，如果短期上扬后重新跌回较低位置，说明终端动销情况较差，需要对市场进行精准追踪，寻找影响新品动销的原因。

试销期内销售走势曲线图能从宏观层面上清晰地判断新品试销的成败情况，是试销追踪的必备工作之一。

（三）销售日报、周报、月报

销售人员的销售日报、周报、月报（如表 15-2 所示）一般是多品项集中汇报，汇报的是总业绩。新品推向市场后，一定要开辟新品一栏，将各级销售人员的注意力引向新品，让各级销售人员时刻感受到新品的压力，更好地促进新品成长。如果不对新品进行特殊的标注，各级销售人员就会只盯着总销量和任务完成率。由于成熟品项起量快，销售人员就会将所有的精力和资源用在成熟品项上，没有人特别关注新品项，没有人真正用心推新品，导致新品推广失败。

表 15-2 销售日报、周报、月报表

品项	区域 1		区域 2		区域 3		合计	
	销量	占比	销量	占比	销量	占比	销量	占比
品项 1								
品项 2								
新品								
月目标								
今日销量								
本周累计销量								
本月累计销量								
完成率								

从表 15-2 中，销售经理可以清楚地了解各区域的日、周、月销量，以及各区域累计销量和达成率；了解各品项尤其是新品的日、周、月出货量，以及各品项占总销量的比重；知晓新品在不同区域市场的日、周和月度销售情况，了解哪些是新品的强势市场，哪些是新品的弱势区域，及时

发现新品销售异常势头,跟进强势及弱势区域,并进一步深入探究导致销售差距的原因。通过追踪,我们可以清楚地知道销售好的市场的主要原因,有哪些经验和手法可供借鉴,销售比较差的弱势区域市场的障碍点在哪里。通过对不同区域市场的研究,修正原来上市方案中不足之处,并向其他区域推广。

根据需要,在进行上述表格设计时还可以添加渠道内容,了解 KA、二批经销商、便利店、餐饮的每周及每月的销量情况,以便清楚地知道哪些是强势渠道,哪些是弱势渠道,以及如何调整渠道策略。

二、市场执行状况追踪

前面两项只是对结果进行追踪分析,要想让结果比较满意,对市场状况进行过程追踪至关重要,在追踪过程中发现问题并及时调整。对市场执行状况的追踪从分销铺市率、终端陈列及生动化、产品价格执行、消费者产品评价等方面市场情况的反馈,以及收集来自销售团队、客户的一线建议,选择可行性建议执行完善方案。

(一) 铺货率追踪与调整

1. 铺货率追踪方法

最少追踪前 3 个月的铺货率,前 2 个月甚至以 15 天为时间单位追踪铺货率,比如,分别追踪前 15 天、第 1 个月、第 45 天、第 2 个月、第 3 个月的铺货率。

铺货率的调查一定要确保数字的真实可信度,让各区销售人员报铺货率往往有水分,这样的数据没有任何意义。如何保证铺货率的真实性?一般有三种方式:第一种方式是总部人员亲自调查,市场部或高层销售经理进行实地调查,一般适用于中小企业开拓区域市场。第二种方式是抽查法,对全国性市场来说,凭总部人员调查铺货率的可能性很不现实,需要各区销售人员报铺货率,总部进行抽查。抽查法一定要配合考核措施,对虚报现象予以严惩。第三种方式是聘请第三方协助调查,大学生是最佳群

第十五章 新品上市的监控追踪与分析调整

体,既节约了调查费用,又扩大了调查的范围。

实际运用中如何计算铺货率?不同的企业有不同的标准,企业通常采用以下两个标准。

一是以主要竞争品牌的铺市店面为分销参考标准,凡是主要竞争品牌已进店的各类渠道作为新品的抽查店面,抽查门店数量根据总网点数给予一个标准。各城市抽检铺货率时,一定要在城市的东、西、南、北、中五个区域分散抽样,店面抽查实行逢三抽一的原则,这样才能使样本点更均匀、更有代表性。

一般来说,按这种方式计算铺市率的品牌往往有非常明确的主要竞争对手,比如某中草药洗发水选择霸王品牌作为主要竞争对手,其铺货率就可以以霸王品牌的铺市作为分销参考标准,而不是在全部零售店面的基础上进行抽查。

二是以所有同类产品的店面为分销参考标准,这是严格意义上的铺货率,一线品牌往往采用这种方式计算铺货率。抽查的方法同上。

铺货率一定要同奖罚结合起来,否则,销售人员就不会重视铺货率,铺货率的追踪也失去了意义。表15-3是某饮料品牌某城市上市前3个月铺货率追踪调查表。

表15-3 某饮料品牌某城市上市前3个月铺货率追踪调查表

渠道	总家数	铺市率目标及达成情况									
		4月15日—30日		5月1日—15日		5月16日—31日		6月1日—15日		6月16日—7月15日	
		目标	达成	目标	达成	目标	达成	目标	达成	目标	达成
餐饮	1000	30%	25%	40%	45%	50%	45%	60%	46%	80%	82%
便利店	3000	30%	26%	40%	48%	50%	48%	60%	48%	80%	76%
商超	300	30%	28%	40%	45%	50%	45%	60%	47%	80%	81%
奖罚措施		各类渠道未达成铺市率目标的80%各罚款200元;达成80%~110%,不奖不罚;达到铺市率目标110%以上,各奖励200元									
奖罚结果		不奖不罚		超过铺货率目标的110%,奖励600元		不奖不罚		餐饮和商超铺货率不达标,罚款400元		不奖不罚	

2. 铺货率问题原因及调整措施

常见的问题是铺货率低下或铺货率高低反弹，最终达不到公司制定的铺货率目标。导致铺货率问题的主要原因有以下方面。

(1) **经销商客情原因**。经销商与零售商的客情是一个长期积累的过程，与经销商的实力戚戚相关，不是一蹴而就的。经销商客情不佳只能说明新品上市时，在选择经销商方面欠缺长远的眼光，急于找到合作伙伴造成的，当然不排除新品牌新品选择面窄。企业只能通过加大铺市力度弥补客情短板，其中的利润损失只能是企业买单。

(2) **产品价格或铺货政策原因**。零售商不接受产品价格或铺货政策，这个问题相对来说比较容易处理，最直接的方法是调整铺货政策，间接的方法就是从品类、产品价值、市场前景、后期的动销支持等方面继续晓之以理，让零售商看到经营本品的前景，树立经营本品的信心，直到零售店接纳新品。

(3) **销售人员激励不够**。公司的政策一般都是给到经销商层面，如果经销商不下放新品销售奖励，销售人员就不会重视新品销售，精力仍然放在成熟产品上。这种情况下，最好的处理方式是同经销商沟通，针对新品制定高于成熟产品的销售奖励及铺市不力的处罚制度，必要时厂方销售经理专门同经销商、经销商的销售人员一起召开新品会议，提高经销商的销售人员对新品的关注度。

(4) **动销不畅或铺市力度减小或竞品反击**。这三种情况都会导致零售店铺货率不升反降，动销不畅反映了新品的推广节奏出了问题，对已经铺市零售店中本品的消费者促销没跟上，拉力不足。动销不畅，零售店经营本品有风险，不愿二次进货，铺货率因此下降。二次铺货时政策力度小了，有些零售店也会以此为借口拒绝二次进货。竞品加大了铺市政策力度，抢占货架，也会挤压本品的生存空间。其实，这三个问题最根本、最好的解决方法只有一个，就是加强动销。只要动销了，后两个问题就迎刃而解。仅仅通过追加政策解决问题，不仅牺牲了公司利润，还助长了零售店坐地起价的气焰。因此，只要第一次铺货成功，加强动销是重中之重。

还有一种情况需要警惕，就是新品的销量一直呈快速上升趋势，但铺货率数据却没有随之提升，极有可能是大力度的渠道政策导致经销商或二批经销商囤货造成的。这时，一定要停止对渠道的促销，帮助经销商和二批经销商进行分销，提高铺货率、消化库存。

铺货率出了问题，一定要查明真实原因，如果是整片区域市场都出现了问题，极有可能是政策出了问题。如果是部分区域或部分渠道出了问题，极有可能是负责铺货的销售人员铺货不力造成的。总之，解决问题的方法因问题的原因而异。

（二）终端陈列及生动化追踪与调整

终端陈列及生动化追踪与调整是一个"比、学、赶、超、异"的过程。"比"就是比较，找差距；"学"就是学习，向竞争对手学习；"赶"就是追赶，奋起直追；"超"就是超越，比竞争对手做得好；"异"是差异化，与竞争对手不同。"比"是基础，"学"是核心，"赶"是行动，"比""学""赶"都不是目的，"超"才是目的，而"异"则上了一个台阶，是用心思考做事的结果。

1. 终端陈列及生动化追踪

对快速消费品而言，产品终端陈列和生动化是最重要的营销手段，产品能否占据更大的货架、最有利的位置、产品的独特价值及促销信息能否及时被消费者发现和认知，直接决定着产品销量。新品上市后，领导层和市场部必须对终端陈列及生动化进行监控追踪。

企业在进行终端陈列及生动化的工作时一般采取两种方式：一是我行我素型，即公司按照自己设想的思路进行产品陈列和生动化工作。这种情况往往是在进行顶层设计时资源的初步调配，或受资源的限制，只能在资源有限的情况下，选择性地对终端网点进行营销资源的分配。二是紧盯主要竞争对手，即将 1~2 个主要竞争品牌作为对手和参考标准，自己品牌的产品陈列和生动化一定要超越竞争品牌，不计代价地同对手开展争夺战，抢夺竞争对手的生意机会。这种情况往往是在第一种方式的基础上，对重点市场加强投入。

无论采用哪种方式开展终端陈列及生动化工作，其监控追踪工作都要选择 1~2 个主要竞争对手作为参照物，否则，工作的好坏就缺乏客观的评判标准。因此，在执行这项工作时，要锁定主要竞品，进店统计本品及竞品的陈列排面数、特殊陈列情况、终端物料的生动化等要素，必要时拍下照片。通过对比寻找本品在终端陈列及生动化达成情况方面的差距。如表15－4所示。

表15－4 终端陈列及生动化监控追踪表

店名	品牌	货架排面（cm/个·层）	特殊陈列（平方米）	POP数量、种类及位置	改善建议
××超市	本品				
	竞品1				
	竞品2				
××超市	本品				
	竞品1				
	竞品2				
……	本品				
	竞品1				
	竞品2				

当然，在对终端陈列和生动化的追踪过程中，非主要竞争品牌如果在终端生动化方面做得较好、有借鉴意义的也可以作为本品改进的参照物。

2. 终端陈列及生动化调整

通过上述对本品及竞品生动化的追踪，我们找到了本品在各渠道市场表现上的差距与机会。这是"比"的过程，是找差距的过程。找到差距后，就要"学""赶""超""异"。

"学"是最低层次的调整，有学有样，特别适合人才匮乏、缺乏创意的小企业，自己不知道怎么做，就向领导品牌学习，领导品牌做了爆炸贴、货架看板生动化效果很好，直接跟进就行了。"学"用一句话总结，就是"人有我有"。

"赶"是思考和行动过程，看到差距后找各种方法调整，不满足于"学"，以便追赶和超越竞争对手。"赶"用一句话总结，就是"立即行动"。

"超"就是目的和结果。一种方式是从规模上、数字上超越对方,这种方法简单、粗暴,成本又高。比如,发现竞品在超市买下了1平方米的堆头,为期2个档期,本品立即买下2平方米的堆头,为期4个档期。零售店外的堆箱数量少于竞品,立即开展零售店堆箱陈列奖励活动以超越对手。另一种方式是从创意上、技巧上超越对方。比如,竞争对手做了2平方米的堆头陈列,本品也做2平方米的堆头陈列,但堆头异形堆放、借助POP进行更加生动的布置,更吸引消费者的眼球。在不增加成本的情况下,这种超越方式更值得借鉴。"超"用一句话总结,就是"人有我优"。

"异"是超越的最高境界。"超"有时需要付出更高的成本和代价,而"异"另辟蹊径,以最低的成本达到超越竞争对手的效果。比如,如果发现本品在大卖场的特殊陈列不占优势,而且根本没有办法再向卖场申请到陈列资源,这种情况下可以通过导购员进行店内促、免费产品体验、大力度的买赠活动等方式发起攻击,其效果比特殊陈列还要好,费用投入不一定比特殊陈列高。"异"用一句话总结,就是"人优我异"。

(三) 价格执行追踪与调整

1. 价格执行情况追踪

价格定乾坤,这话一点都不夸张。无论是渠道价格还是终端零售价都决定了产品的最终销量。价格是渠道的常态驱动力,分销商没有合适的毛利,就不会积极地向零售商分销;零售商没有合适的毛利就不愿意进货,产品无法同消费者见面,或不愿意积极地向消费者推荐,产品动销就不好;渠道商利润满意了,但零售价偏高了,消费者就可能买不起也不愿意买了。

在经销商的操作下,新品的价格体系在执行过程中通常有哪些问题发生?我们应该监控追踪哪些环节?

问题1:从经销商到零售商,如果只追求自己环节利润最大化,而不是执行公司的价格体系,最后导致零售价偏高,最终由消费者买单,严重影响新品动销。

问题2:新品一旦良性动销后,渠道商纷纷降低利润追求销量,导致产品利润稀薄，渠道商经营积极性降低，最终影响品牌的成长，导致新品未老先衰。

问题3：零售商要求天价毛利，经销商客情不佳或业务人员谈判不力，不能通过谈判解决零售商高毛利要求，导致经销商不得不抬升零售价。很多卖场对新品要求很高的毛利，甚至倒扣30%~40%（知名品牌的顺加毛利往往只有10%~15%），可谓敲骨吸髓，不利于新品成长。

这些价格问题中，零售价问题是显性的，渠道价格问题虽然是隐性的，但最终会通过产品的零售价暴露出来。因此，对新品的监控可以从新品的零售价入手，发现问题，追根溯源并分头解决。

价格追踪以月度为时间单位，可分不同的零售渠道进行。除了追踪本品外，还必须对竞品的零售价进行追踪，以了解本品在终端的价格竞争力。首先对本品和1~2个主要竞品在各零售渠道的零售价进行追踪记录，再汇聚成一张总表。总表会将各零售渠道的零售价分成不同的价格带，进行价格带的分类统计，并计算出不同价格带的占比。通过价格带占比的数字，我们就能掌握本品及主要竞品在市场上的主流价格。如表15-5、15-6所示。

表15-5　某饮料品牌月度价格追踪表（餐饮/便利店/KA渠道）

区域/城市	渠道类型	店名	本品零售价	竞品1零售价	竞品2零售价

表15-6　某饮料品牌月度价格追踪总表

渠道类型	价格带	价格带占比		
		本品	竞品1	竞品2
餐饮渠道	价格带1			
	价格带2			
	价格带3			

续表

渠道类型	价格带	价格带占比		
		本品	竞品1	竞品2
便利店	价格带1			
	价格带2			
	价格带3			
KA卖场	价格带1			
	价格带2			
	价格带3			
说明	价格带在餐饮渠道可以以0.5元为一个坎级，在商超渠道以0.3元为一个坎级进行统计			

如果销售人员的信息渠道畅通，我们还可以了解到各渠道主要竞品的进出货价格，这样知晓本品与竞品各阶利润对比状况，确定是否有优势。

当本品占比最大的价格带即主流价格带与公司价格体系相吻合时，是最好的市场价格状况，否则说明该市场部分售点价格偏高或偏低，该区域价格控制存在问题。当最高或最低价格带占比过大，则市场价格畸形，需迅速进行价格控制。

2. 价格调整

新品的价格体系经过慎重的市场研究，综合考虑经销商、零售商、竞品、消费者、公司等多方利益而得出的，不能只考虑某一方利益的最大化而忽视其他方利益。因此，各环节价格必须以新品指导的价格体系为准绳，上下波动在一定范围内（一般在5%以内）。在价格体系环节中，零售价是影响动销的关键环节，因此，价格的调整重点是对零售价的管控调整。

一是同经销商沟通。如果零售商的价格虚高或偏低是经销商的供价导致的，必须从经销商源头上调整供货价格。

二是同零售商沟通。通常发生在价格竞争时，零售商为了获得竞争优势，通过降低价格的手段吸引消费者。

如果零售商确因利润空间不够而调高零售价，可通过加大渠道促销的方式，引导二批经销商降低价格。一旦价格降了下来，零售商再提价销售的可能性就小了，待价格恢复正常后，再停止渠道促销。

通过爆炸贴等终端物料明示新品的零售价，让零售价透明化，也是促使零售商降低零售价的一种方式。总有部分零售店是遵循公司的市场指导价的，从这些门店入手，张贴爆炸贴等POP物料，明示新品的价格行情，这些信息最终会传递到价格较高的零售店里，从而迫使这些零售店调整价格。

还有一种曲径通幽的方式就是利用KA卖场的价格指导作用，引导便利店等调整零售价，通过加强KA卖场的终端生动化建设，积极开展卖场消费者促销，消费者快速知晓新品的价格信息，让价格在消费者心智中生根，从而有效调控市场零售价。

（四）竞品追踪与政策调整

知彼知己既是赢得战争胜利的先决条件，也是商战赢得胜利的前提和基础，否则一定会走弯路。新品上市规划虽然有计划、有策略，但跟不上市场的变化。市场一直是动态的，追踪竞品在渠道促销、终端促销、广告等方面有什么动作，根据竞品促销动态，我们才能有针对性地调整本品促销策略，应对竞品的打压。

在对本品的价格、终端陈列和生动化追踪过程中，我们已经对竞品的价格、陈列及生动化方面进行了追踪。但是这还远远不够，还必须对竞品在铺市等渠道政策、终端促销措施等方面进行追踪。

竞品在铺货方面的政策是研究的重点，尤其是同级别、同样远景目标的品牌，这才是本品的主要竞争对手，它们的政策最具参考价值。为什么要强调同样远景目标？不同目标的企业市场操作的思路绝对不一样，矢志做品牌的企业和圈钱走人换品牌的企业不会是一样的操作思路。所以，在选择主要竞争对手时，一定要对竞品进行综合分析，否则政策将左右摇摆。

笔者在操作某饮料品牌时发现，同样的铺市政策（10搭1）在其他区域都没有遇到问题，但在山西市场遇到了阻力。通过市场追踪发现，当地一个饮料品牌采用5搭1的措施铺货。针对这一情况，我们针对山西市场进行了特别调整，将陈列支持和铺货政策捆绑在一起，整体上既没有提升市场费用，又解决了铺货力度不大的问题，终端表现也得到改善。

有一种思路要摒弃，那就是和杂牌比价格，和知名品牌比费用，拿所有竞争品牌的优势对比本品的劣势。经常有销售人员在销售例会上抱怨："某品牌才卖2元/罐，我们的3.9元/罐；某品牌铺货5搭1，我们10搭1根本铺不下去；某品牌多个卫视都投了广告，我们的广告太少……"他们说的品牌压根儿不是某一个品牌，而是很多品牌。把市场上很多品牌的政策闪光点拿来和本品比，是没有可比性的。公司只能在资源上左右平衡，选择某一优势应对竞争。

在应对竞争对手的促销时，不一定采取硬碰硬的激烈对抗手段，这通常是大企业的玩法，中小企业一定不要采用硬碰硬的激烈对抗手段。别人做1平方米的堆头，你就做2平方米的堆头，这不是最好的选择。也许当对手加大对大卖场的投入时，在抢不到位置或承担不起高昂的卖场费用时，将促销投入的重点放在渠道促销，可能事半功倍。比如，竞品某阶段将商超作为重点渠道给予大量投入，其在终端陈列、生动化及销量等方面均超过本品，本品因各种原因来不及在大卖场阻击竞品。这时，最好的策略就是针对分销商和小店零售商开展促销，如针对批发商10赠1、针对零售店给每月1件货的陈列费用支持，促进销售从而使零售店终端表现突出。一场促销战下来，我们会发现，本品的市场总体销量不输于竞争对手。当然，商超的影响力是很大的，本品暂时的放弃并不等于不重视，有合适的机会时我们可以先于竞品抢到好的陈列位置。

竞争信息的收集一方面是通过销售人员调查收集竞品铺货、价格、促销活动等相关信息；另一方面是市场部或企业高层亲自走访市场，观察竞品铺货及终端表现，探查竞品的零售价、批发价、终端促销活动等信息，取得第一手竞品资料。

三、消费者追踪及策略调整

对消费者追踪得出的结果也是检验新品上市推广策略是否正确的重要参考依据。通过对品牌知名度、产品体验情况、品牌转换及回购情况等方面进行抽样调查，了解新品在市场的表现。通过对消费者的追踪，可以看出新品是否被消费者接受、目标消费群定位是否存在偏差，从而针对变化调整策略。消费者追踪可以在各区域选取有代表性的城市进行抽样调查，必要时可以邀请专业的调研公司。

品牌知名度是检验新品广告传播、地面活动传播成败的重要手段，品牌知名度高说明广告策略初步见效，消费者已经记住品牌，为消费者选择本品打下基础。品牌知名度的调查可以从提示品牌和非提示品牌角度出发，非提示知名度越高则品牌效应越好。对品牌知名度的追踪不是一次性完成的，试销期3~6个月最好每月进行一次调查，了解品牌知名度的变化情况。

如果品牌知名度低，可能有两个原因：一是广告投放的媒体、投放的频次及投放的时段不合适，消费者接受的信息较少，有效刺激不够；二是广告的诉求没有击中消费者内心，消费者没有记住广告和品牌。对消费者追踪一定要了解真实的原因，找到真实原因后，该调整媒体的调整媒体，该更换电视广告片版本、调整广告诉求的也要重新进行广告创意，调整后要继续追踪品牌知名度，以观察调整后的效果。

如果更换电视广告，一定要同步调整平面广告的诉求，与电视媒体保持一致，重新印刷各类POP，并更新批发市场、便利店、KA卖场等售点的POP，绝不能出现电视和平面媒体传播不一致的情况。

产品体验及综合评价追踪主要是检查消费者对产品品质是否认可，品质获得消费者认可是一个新品能够发展壮大的基础和前提，不同的品类测评的项目也不尽相同。比如，食品饮料类通常需要从产品包装设计、产品概念、产品口味、产品口感等维度进行测评。产品价格也是消费者评价产品的一个重要指标，是消费者乐得买的重要标志。

产品体验的样本不能低，如果在这一环节的追踪中发现，筛选到有过对本品体验经历的消费者数量很少，说明在新品推广活动中，产品体验环节做得不到位，需要加强对消费者的新品试吃（试饮、试用）率。一定要选择最有效的产品体验方式，加大产品体验促销活动的力度，增加促销活动的规模和次数，扩大首次接触新品的人群。

某洗发水上市后，通过消费者座谈会，消费者对产品的综合评价如下。

（1）产品品质：消费者均对产品品质认知良好，没有负面评价。

（2）产品香型：90%的消费者反映比较喜欢该洗发水香型。

（3）产品包装设计：消费者对产品的包装风格持认可态度。

（4）产品概念：消费者对皂角去屑、首乌黑亮的概念是接受和认可的。

（5）产品线：消费者反映产品线比较单一，缺少美发护发类产品，希望使用同一品牌的洗发护发产品。

（6）产品价格：40%的消费者认为价格有点高，超过飘柔等知名品牌。

品牌转换及回购率则是检验新品的动销情况及动销的稳定性。消费者从原来的品牌向本品牌转换，说明促销活动的有效性或者产品价值起了作用。出现两次以上的回购，说明产品体验让消费者非常满意，愿意成为本品的忠诚消费者，新品的动销稳定。

产品回购率较低的市场，一定要持续加强终端动销的力度，鼓励消费者二次、三次乃至多次购买，当消费者三次以上使用本品时，才可能逐渐建立消费习惯，并进一步从消费习惯过渡为品牌忠诚。同时，对于不愿二次购买的消费者，一定要了解原因，为改进产品提供参考意见。

四、内控追踪与调整

内控不好也会影响销售，相比市场因素和竞争的艰难程度，内控是相对容易解决的问题。对企业来说，绝不能因为内控原因失去市场竞争力，这是不能原谅的错误。通常出现的内控问题主要有以下两个方面。

（一）广宣品、赠品等助销品追踪

广宣品、赠品等助销品是拉动市场的重要支撑，是保证推拉紧密结合的不可或缺的要素，是市场推广节奏中重要的一环。广宣品、赠品的供应追踪主要从以下三个方面着手。

一是内控追踪。追踪采购部门有没有在规定的时间内完成广宣品及赠品的采购及制造工作，追踪物流部门有没有在规定的时间内将广宣品及赠品发到各省区办事处。

二是对外追踪。追踪各省区有没有及时将广宣品及赠品发到客户手中，确保各环节不存在因供应不到位导致无法执行的问题。

三是执行追踪。追踪经销商是否及时将助销品配送到零售终端，并执行到位。

如果广宣品和赠品是直接配送到客户手中的，需要了解是随货配送还是单独配送。如果是随货配送，就需要了解客户的过往订货记录、了解其月度订货频次，以便在恰当的时间内完成配送。

（二）生产供应追踪

在了解市场销售情况后，还必须了解生产供应情况，才能保证产销动态和谐。追踪库存动态，了解供应链系统的工作状态和生产档期，并根据销售进度提前下达科学的生产计划，既能确保市场供应，又能避免库存积压。

一般来说，市场部人员必须从原料库存、采购供应周期、生产周期、生产时间、设备情况等方面了解生产供应的环节和细节，才能准确地追踪生产供应，也能及时发现问题和解决问题。比如，某洗发水品牌通过对洗发用品生产供应的追踪发现：

（1）袋装洗发水的生产设备比较落后，更换日期批号耗时，需要1天时间。

（2）原料供应。目前的原料仅够试销期使用，扩区上市需要重新采购原料。

（3）护发素的灌装生产设备落后，导致盖子的开口有时不能位于正面，需要二次人工操作。

了解了这些情况，在下达生产计划时就能卡位时间点，确保生产更好地供应市场。

五、新品的坚持与底线

新品推广一定要摒弃一个认识误区：一铺货就希望快速看到动销。过半的经销商代理新品——尤其是三、四线品牌时都习惯这样操作，打一点款进首批货，象征性地铺 30~50 家网点，然后等着看动销情况，动销好了才决定二次乃至多次进货分销，动销不好就不再进货乃至申请退货。

这种操作新品的思路多半不会推广成功，新品推广不仅需要铺市氛围，更需要坚持，坚持也是一种策略。没有一劳永逸的市场推广，新品上市不会一帆风顺，有相当一段时间的坚持才能成功。就像打井，没有坚持，打下的都是不出水的废井。不鼓励一条道走到黑，但不能放弃得太快。市场上畅销的产品，往往都是坚持数年持续推广的结果。

纳爱斯超能皂于 2006 年上市，上市快一年时销售仍然不温不火，竞争对手甚至预言这个产品没有市场前途。按照急功近利的公司的做法，可能就要退市了。但是，纳爱斯继续对这个产品进行支持，2008 年以后，经过近 2 年的坚持推广，这个产品的命运发生逆转，不但活了下来，而且活得很好，现在成了纳爱斯集团的超级大单品。

100 年润发洗发水，在没有找到品牌差异化价值时，企图以情感诉求打动消费者，在上市之初，举数亿元广告之力猛攻市场，但效果不佳。营销界差评如潮，纷纷不看好产品。从新品推广的角度看，100 年润发在打造产品力上确实做得不好，但难能可贵的是 100 年润发顶住了各种压力，坚持对这一产品投入。现在，我们依然在各大卖场看到它的踪影。

纳爱斯为什么一直坚持新品推广，除了老板具有坚持的个性外，正是在多年的新品推广历程中，尝到了坚持推广新品而后获得丰厚回报的甜头。

红牛 2015 年销售业绩达到了 230 多亿元，其辉煌业绩的背后是相当长一段时间的坚持。红牛自 1995 年进入中国市场，因为坚持高端价格，市场、销售疲软，但红牛并没有放弃，最终造就今天的地位。

很多时候，产品在市场上被加温到 99°，差 1° 就开了，缺少 1° 的坚持，市场就前功尽弃。

坚持是一种策略，那么，坚持到什么时候才合适呢？**从两个维度考**

虑：一是资源维度；二是观察维度。

资源维度就是公司实力，毋庸置疑，大企业实力强，对新项目的坚持更持久，即便不成功也不会伤及主业和元气；而小企业必须在坚持的基础上见好就收，否则伤及元气，不仅新品没有培育成功，还耽搁了成熟产品的市场。见好就收需要学会观察新品在市场上的表现，学会从新品表现中看出端倪，看新品能否有出头之日，预估凭自己的资金实力能否坚持到出头之日。

所谓观察维度就是给新品一段时间的观察期。新品退市的时候一定要慎重，毕竟新品上市花费了市场部门大量的心血、耗费了巨大的营销资源，贸然退市损失了时间成本和营销资源。每一类产品都有观察周期，如食品一般是一年、日用品则需要两年，两三个月或半年销售不力不能说明该产品不适合市场。在评估一个新品是否应该退市时，我们必须认真地思考并回答几个问题。

（1）新品在各渠道的铺货率是否达到了目标要求？

（2）经销商、分销商是否积极配合新品的推广？

（3）新品的终端表现是否达到要求，或者说至少不与竞争对手相差甚远？

（4）新品的推广节奏是否按计划开展？

（5）消费者拉动活动是否如期顺利开展？

（6）产品是动销没有达到预期目标还是根本就不动销？

如果六条中前五条都没有做到，就不是新品本身产品力的问题，而是销售执行力的问题。换句话说，如果前五个问题解决得不好，再换一个新品照样不会推广成功。相反，如果前五条做得很好，产品的动销只是没有达到预期，产品仍然不能退市，也许是我们对新品制定的目标不客观。如果产品仍然不动销，而且新品的观察周期也结束了，方可考虑新品退市。

第十六章
Chapter 16

营销竞争战略的系统论

第十六章
营销竞争战略的系统论

一、营销竞争战略系统论的内涵

（一）盲人摸象

盲人摸象是一则起源于印度《百喻经》的寓言故事，讲的是有四个盲人很想知道大象是什么样子，可他们看不见，只好用手摸。有的盲人摸到了大象的牙齿，有的盲人摸到了大象的耳朵，有的盲人摸到了大象的腿，有的盲人摸到了大象的尾巴。于是，他们分别描述大象就像一个光滑的大萝卜、就像一把大蒲扇、就像一根大柱子、就像一根草绳。四个盲人争吵不休，都说自己摸到的才是大象真正的样子。实际上，他们一个也没说对。

盲人摸象的寓意是不能只看到事物的一部分，应综观全局，那样才能全面和真实地了解事物。之所以引用这则寓言，是因为营销界在对营销竞争战略的描述上，也存在着盲人摸象一般的偏见和认知。有人把战略看成是一个方向和选择取舍；有人把战略看成是一种独特的价值和差异化的品牌定位；有人把战略看作是打造品牌形象和视觉符号；有人认为营销战略就是营销4P组合；有人认为产品包装也是一种战略；有人认为战略蕴藏在战术中并由战术发展而来……不一而足。争论并不可怕，可怕的是他们认为只有自己的观点才是真正的营销竞争战略。对于这样的偏见认知，重提盲人摸象的故事是对他们最好的提醒。

（二）营销竞争战略系统论的内涵

实际上，上述关于营销竞争战略所持的观点只是构成营销竞争战略中的其中一环，都不能单纯地说是营销竞争战略的全部。营销竞争战略其实是一项系统化的营销工程，这一营销工程的设计是以"促进产品动销"为根本目的。为了达到这一目的，必须针对营销运营过程中的相关环节做到"攻城、攻巷和攻心"三攻策略，并把握好营销节奏推进和成本、效率、风险控制，最终将产品快速送到消费者的手里，完成产品与消费者的交易。一切不能最终促进消费者购买行为的营销竞争战略都是伪战略。

要达到"促进产品动销"这一根本目的，营销竞争战略系统必须包括五部分内容：竞争导向和消费需求下的差异化价值，以及在品牌价值基础上的产品战略、价格战略、渠道战略和推广战略，即"差异化价值、产品、价格、渠道和推广"构成营销竞争战略系统的五环。战略五环以差异化价值为核心，并将差异化价值融入其他四环，按照"攻城、攻巷、攻心、节奏、控制"的步伐推进，推动着营销竞争战略系统向消费者形成购买习惯这一端运行。

二、营销竞争战略五环的交叉和驱动

营销竞争战略五环并不是孤立地运行，交叉和驱动才是其动态表现。理解营销竞争战略五环首先要理解五环是如何交叉和驱动的，交集的部分是什么，产品、价格、渠道和推广又是如何驱动的。

（一）差异化价值与产品的交集就是差异化价值的基因

差异化价值已成为产品基因片段中的一个重要遗传基因，是产品的DNA，产品的规划方向及产品线的发展不能脱离差异化价值这一DNA遗传信息而另起炉灶。盲目地开发不同价值取向的产品不仅稀释了品类差异化价值，也不利于聚焦资源进行产品上市推广。用一个通俗的比喻来说，差异化价值就是"父精"，企业的产品开发能力就是"母血"，产品就是"父精""母血"的结晶，偏离了"父精"而开发产品，只能是别人的孩子。

在企业的生存阶段一直采取的是追随策略，其产品开发涉及多个品类，带有明显的跟随性和盲动性。比如养元企业，初期的产品线有含乳类、碳酸类、果汁类等市面上的主流饮料，甚至还有"八个核桃"这种价值重复的核桃乳产品。六个核桃在确立了"健脑"这一差异化价值后，在产品的规划上果断地放弃了与这一差异化价值背离的其他产品，简化了产品线，聚焦了品类差异化价值，取得了巨大的成功。

（二）差异化价值与价格的交集是其对价格定位产生影响

做到差异化应当物有所值。迈克尔·波特也认为，差异化为支付略高一点的价格购买某项产品或服务提供了理由。因此，差异化价值能显著提升产品的价格定位，对企业利润做出巨大的贡献。消费者对价格带的心理认知上有一个地图——品类价格带地图，受品类价格带现状潜移默化的影响，消费者对品类的价格带有一个潜在的认知，没有充分的理由，产品的定价不要跳出这个认知范围。但差异化价值可以改变消费者这一品类价格带认知，提升其产品价格定位。

六个核桃虽然从产品物理属性上仍然隶属于植物蛋白饮料，但其塑造了"健脑"这一差异化的类功能的品类价值后，价格比其他植物蛋白饮料高1元仍被消费者接受。昆仑山等水产品也通过差异化价值很好地提升了产品价格定位。消费者对水产品原来的价格认知是1~2元，昆仑山通过诉求"无污染雪山水"这一差异化价值，建立了5~8元的高端价格带。

（三）差异化价值的渠道信心教育

渠道是看似与差异化价值风马牛不相及的一环，实则不然。在产品上市推广的过程中，渠道推广即"攻城和攻巷"是首要的一步，没有这一步，产品就不能面向消费者，就没有"攻心"的基础。而渠道推广并不是简单地依靠渠道政策和渠道关系就能完全解决的，渠道信心教育即差异化价值的宣贯是渠道推广的重要举措。经销商和零售商往往对公司推出新品不感兴趣，更热衷推广成熟的通货型产品。所以，即便是成熟的厂商关系也会面临经销商或零售商推广新品不力的情况，最终导致新品推广失败。通过对渠道进行差异化价值教育则可以从根本上提升经销商对产品的信心，激发经销商的经销激情。

对没有渠道资源的新企业新品牌来说，一款有差异化价值的产品更重要。经销商在选择代理产品时，一个非常重要的评判标准是是否与其已经代理的产品存在差异性、是否与市场上的竞品存在差异性，差异性往往意味着更小的竞争难度,更容易突破市场屏障而获得经销商的认同。

六个核桃在渠道升级精耕时,也践行着渠道信心教育与渠道政策并重的策略。2012年推出六个核桃高考季战略时,养元着重开发了校园渠道,并对渠道商重点宣贯了产品对高考考生的健脑价值,使得渠道商对六个核桃产品信心大增,迅速赢得了渠道商的信任,最大化地实现了厂商利益的一致性,明显提升了对企业的忠诚度,从而形成更加紧密的战略合作伙伴关系。

(四)差异化价值沟通是消费者推广的核心

消费者促销推广本质就是差异化价值的心智复制,是针对消费者"攻心"的过程。通过价值沟通树立消费者购买和体验的理由。一切促销活动——样品派发、终端特殊陈列、人员导购、终端生动化包装、特价促销、赠品促销、抽奖、免费试用、试吃、新品专题路演活动、广告传播、网络传播、公关事件行销等,都应该是差异化价值与消费者沟通的表现形式和借力的平台。如果这些促销活动不向消费者传播产品的差异化价值,就是一场没有灵魂的促销活动,这样的促销活动不利于品牌资产的有效积累,甚至导致不促不销。

清扬上市伊始,除了高空广告外,地面活动紧紧围绕着品牌价值开展。"挑战零头屑"的地面推广活动,让消费者在游戏之余记住了清扬的品牌价值。

(五)营销竞争战略四环的相互关联和驱动

产品、价格、渠道、推广战略四环之间是相互关联和驱动的。产品的差异化价值、产品成本等因素是制定产品价格的重要参考因素,而竞争导向的定价对产品成本也起到反制作用;产品价格和渠道的关系更是如影随形,渠道对零售价及价格体系的设计有一定的发言权,终端型产品零售价及渠道利润率更高一些,而流通型产品则必须做到低价格低毛利。不同类型的渠道决定不同的推广方式,不同价格的产品其推广方式也不尽相同。

以产品、价格、渠道任何一环为核心进行营销运营设计,都将决定其他两环和推广环的运作,它们之间有着巨大的关联性。比如洗发水品牌,拉芳洗发水上市伊始,攻击的是宝洁洗发水的三、四线市场,即流通渠道覆盖的市场,以渠道为核心设计营销运营,其产品价格紧随渠道特点走低端路线,其推广形式也是高空广告为主,符合流通渠道的推广方式。

营销竞争战略四环之间的驱动水到渠成。产品开发完成后推动企业尽快以合适的价格体系向渠道进行分销,为产生终端动销,消费者推广随之而来,而产品的动销则推动着产品的持续生产、成本降低、产品完善、渠道优化、价格坚挺及加大促销的利润空间,市场运营进入良性循环。反之,产品上架后动销不力,则生产停滞、固定成本摊销、渠道退货压力加大,企业推广后劲乏力,进入恶性循环。

三、营销竞争战略系统论的五环战略

(一) 基因环——差异化价值

营销竞争战略系统论的基因环是为品类寻找一个差异化价值。动销的原始驱动力来源于消费者需求,在现实的竞争环境下,以认知为前提,洞察需求,从需求和竞争角度给消费者一个差异化价值来满足需求。这里所说的差异化性不局限于事实上的差异化,还指认知上的差异化。产品就是这个差异化价值的载体,品牌则是其指代。

迈克尔·波特在论述战略时也指出,竞争战略的首要条件就是为品牌寻找一个差异化的价值取向,这个价值取向具备了选择消费者并以独特的方式满足了消费者某种需求的能力。差异化价值能为品牌的发展带来跨越式的提升。六个核桃、五谷道场、农夫山泉等品牌就是典型的代表。

六个核桃是差异化价值创造营销奇迹的典型代表。六个核桃在养元的生存阶段采取追随策略,是植物蛋白饮料的追随者和参与者,这是营销竞争战略的阶段性所决定的。养元企业在逐渐走出生存期的时候,通过对六个核桃产品自身属性及消费者需求的洞察和解读,对六个核桃重新塑造了差异化价值,将六个核桃从风味型植物蛋白饮料系列中分化出来,重新定义为类功能"健脑"饮料，从而开创了新品类，成为新游戏规则的制定者。六个核桃也从 2008 年销售额 3 亿多元跃升到 2010 年销售额 15 亿元，并在短短几年内成为饮料行业百亿俱乐部成员。

五谷道场是差异化价值创造奇迹的又一个典型代表。五谷道场提出了"非油炸"差异化价值，打破了方便面按口味划分的游戏规则，以"油炸和非油炸"重新定义方便面，在康师傅、今麦郎、白象和统一四大巨头的夹缝中脱颖而出。

农夫山泉以一个搬运工的身份将水划分为工业净化水和天然水，借助这种差异化价值从一个初生牛犊跻身于"大老虎"行列。

差异化价值是营销竞争战略系统论的核心 DNA，这一 DNA 信息将会逐级注入其他战略四环中。通过其他战略四环的驱动，最终将品牌差异化价值注入消费者的心智中。这是一个差异化价值复制的过程，复制得越充分，动销得越彻底。

（二）核心环——产品战略

差异化价值作为营销竞争战略系统论的基因环，关注的是企业的外部，即消费者层面，这种由外而内的市场导向非常正确。但差异化价值取之于消费者最终还必须用之于消费者，即差异化价值的落地过程就是企业内部的营销运营，是由内而外的过程。

差异化价值落地过程的首要一环就是产品战略。产品战略是企业对其所生产与经营的产品进行全局性谋划。具有差异化价值基因的产品开发方向只是产品战略的原则之一，产品发展战略管理才是企业产品战略的重中之重。通过产品发展战略管理解决产品的发展方向、产品线规划、产品结构、产品延伸范围等全局性问题。产品是企业产生利润的源泉，但当某一产品发展进入规模和利润的瓶颈期时，企业就需要考虑如何进行产品结构调整、重新规划产品线或进行产品延伸来破局突围。

产品的发展规划是市场部门的重要课题。产品发展规划必须以消费者为导向，摒弃理论上的教条主义。比如，食品口味多样化是消费者选择的需要，单薄的产品线和产品结构连渠道商都会拒绝。康师傅是红烧牛肉面的代表，如果康师傅只生产红烧牛肉面，它不可能有今天的规模和利润。

经常用脑的人群是非常广泛的人群，因此，六个核桃在产品战略上并不坚持单一的产品结构，而是分别开发了儿童成长型、磷脂加强型、精品型、木糖醇型和香纯型产品，以满足不同消费人群的次级价值和口味的需求。

（三）利润环——价格战略

在营销竞争战略系统的五环中，其他四环都是"花钱"的角色，唯有价格是"挣钱"的角色。价格战略是营销竞争战略系统中的重要一环，它不是一道由加、减、乘、除得来的数学公式，而是产品参与市场竞争的犀利武器。价格定对了，满盘皆活；价格定错了，满盘皆输。

价格竞争战略的重点是知己知彼和掌握主动权，避免恶性价格竞争。决定价格战略的因素通常由产品成本、营销成本、竞争导向、渠道态度、消费者态度等因素构成。

价格战略由价位和价盘两部分策略构成，价位即产品的价格定位及零售价确立，价盘则是产品价格体系的设计。

价格定位是决定产品零售价进而决定产品竞争力的先锋策略。产品生态圈往往都会有高端、中端、低端的价格带，价格定位就是确立自己的品牌占据哪一类价格带。做出这个判断一定要胸怀全局，从品类价值对应的价格带、拟进入渠道、企业自身资源、主要竞争对手，乃至价格体系设计推演等多维度考虑。

价格定位确立后还必须树立价格标杆。价格标杆就是主要竞争对手的价格，参考价格标杆设计更精准的零售价。

价格定位及零售价确立后，紧接着是价盘即价格体系的设计。价格体系是渠道的常态驱动力，是产品动销尤其是渠道推广的关键环节。以动销为目的，通过对渠道模式（长度、宽度、深度）的设计，设定产品的出厂价（到岸价）、分销价、二批经销商价、售点供货价、售点零售价。产品价格体系设计必须遵照市场导向，由外而内先确定零售价，再倒推出各级价格体系。即"零售价——渠道价格体系——出厂价（到岸价）"，而非"成本价——出厂价——渠道价格体系——零售价"。确立零售价后，根据设定的渠道商较为满意的利润率才能推导出合理的结算价。满意的利润率参考标准往往是竞争对手，当然也与自身的品牌力戚戚相关。

渠道驱动力是新品能否被渠道推动的重要保证，渠道驱动力越大越有利于产品分销，但渠道驱动力并非越大越好，市场不仅仅是由渠道构成，消费者、竞争对手等环节的利益也需要通过价格体系的设计来平衡。价格体系的设计往往需要在公司盈利、经销商合理毛利、零售商更愿意卖（即比相应竞品盈利高）、零售价竞争力之间寻找平衡点。

（四）触角环——渠道战略

渠道战略对降低企业成本和提高企业竞争力具有重要意义。随着市场发展进入新阶段，企业的营销渠道也在不断发生新的变革，企业营销渠道的选择将直接影响其他营销决策，如产品的定价。渠道战略的设计通常从渠道的长度、宽度和深度着手。渠道长度即产品从出厂到达终端，最后卖给消费者的销售环节；渠道宽度就是在同一市场区域，选择终端的类型；而渠道深度则是在一个行政区划内，将基本经销商单元设计在省一级、地级市一级，或县级、乡镇级。

渠道长度的设计应根据产品的分销覆盖率要求，以及分销商对销售网点的覆盖能力而定。对流通型产品来说，产品的分销覆盖率和便利性很重要，渠道长度的设计要充分考虑二批经销商，即厂家——经销商——二批经销商——零售商，以保证产品分销的无缝隙覆盖。对终端型产品来说，网点质量比覆盖率更重要，便利性也不是购物首选，经销商完全有能力实现产品的分销覆盖，渠道的设计可以考虑取消二批经销商这一环节，以保证渠道利润丰厚。

渠道宽度设计是对渠道零售业态类型的选择，是向铺市要销量的重要手段。决定渠道宽度设计的重要因素是消费者的购买方式和行为。当然，产品属性、经销商渠道能力、企业自身资源状况等也是影响渠道宽度设计的重要因素。比如，儿童购买休闲小零食通常会在社区小超市、校园店，渠道宽度设计就需要考虑 CVS 渠道和流通渠道。对六个核桃来说，不管是节日购买还是日常消费，箱货都是消费者购买的主要单位，消费者的这种购买方式和行为，要求在渠道宽度设计上既要考虑 KA 卖场，又要考虑 CVS 渠道、流通渠道。

渠道深度设计应向扁平化方向发展。扁平化的渠道结构不仅能使渠道成员获得更可观的利润率，提高其经营的积极性，还有助于拓展更多的网点数量，提升产品的分销覆盖率，有效地提高产品销量，提高企业对渠道的控制力。六个核桃在渠道战略的设计上非常注重深度的拓展，营销的重点已深入到县、乡一级，将县级、乡级市场作为战略市场，稳扎稳打、精耕细作，打造出一批样板市场，再进行营销模式的滚动复制，连点成面，最终形成大范围市场优势。

（五）沟通环——推广战略

推广战略是指导消费者促销推广的价值灵魂。消费者促销推广有很多创新的内容和形式，但必须始终在坚守推广战略的基础上推进实施。构成推广战略的三大核心策略：差异化价值的构建、视觉符号的形成和有效的传播沟通。

1. 差异化价值的构建

消费者因为产品价值而购买产品，价格仅仅是反映其愿意为价值付出的成本而已。差异化价值是所有推广动作的"核弹头"，没有这颗"核弹头"，推广行动就不够锐利，品牌也不会有积累。推广行动很大程度上就是在消费者心智中复制这个差异化价值而已。

2. 视觉符号的形成

差异化价值不仅体现在语言传播上，当消费者能够将品牌与其差异化价值联系在一起时，最便捷的传播形式不再是品牌和其价值沟通语，更高的传播境界是通过视觉符号就能知道其品牌指代，进而明白其差异化价值。

加多宝与王老吉在争夺"怕上火，喝×××"这一品牌定位语的同时，不惜余力地争夺"红罐"这一产品包装设计的知识产权，因为"红罐"已成为品牌的视觉符号。看到"红罐"包装，就能准确地知道其代表的品牌，就能联想到"预防上火"这一品牌价值。如果当初加多宝不抓住"红罐"这一视觉符号，在不能提及王老吉品牌名称的情况下很难成功地实施加多宝改名策略，就很难实现消费者认知的置换，加多宝的"换头术"就不可能成功。

3. 有效的传播沟通

品牌的传播沟通不是比谁的广告投放量大，也不是比品牌知名度。有些品牌打了十几亿元的广告，获得了广泛的知名度，销售的促进效果仍然不好，原因在于品牌虽然传播了但没有做到品牌与消费者有效的沟通。有效的传播沟通必须具备三个条件：一是品牌与消费者保持较高的接触和黏合度，品牌信息不仅需要曝光，更需要接触；二是提高产品实物与消费者的接触度，尽可能获得体验；三是品牌或产品的价值信息，以及视觉符号形象能被消费者获知和理解，并在心智中留下划痕。

因此，推广所需的工具——广告、公关、促销活动的选择和实施都必须围绕着"有效传播沟通"进行，达到传播的有效性要求。

六个核桃在全国投放的广告量并不大，100亿元的销售规模只有3亿多元的广告，即3%的广告费率。这在快消品行业非常罕见，因为其核心的品牌价值被消费者深度理解和认知，达到了"有效传播沟通"这一效果，所以有力地促进了销售。

在传播渠道的选择上，虽然现在网媒崛起，但电视还是不可替代的主流媒体。因此，六个核桃以央视及重点市场的卫星电视为核心传播渠道，持续进行品类教育和品牌影响。电视广告作为重要的营销手段，其职能是精准传播营销信息，创意必须让位于营销信息的精准表达。因此，六个核桃的广告一切围绕着信息的精准表达开展。在进行有益大脑的品类价值传导时，锁定用脑典型人群——学生，进行"辛苦地复习，紧张地考试"情景状态表现，强化潜在消费者对"用脑"状态的关注，唤起他们对健脑、益脑的需求，从而让"经常用脑，多喝六个核桃"的沟通口号转化为消费驱动。

四、营销运营"三攻和三要"的两大关键要素

营销竞争战略系统论的战略五环仅仅是从方法论的角度探讨品牌应该如何开展市场竞争,实施五环战略还必须从营销运营,即"三攻和三要"的角度考虑如何推进及控制,两大关键要素就是节奏的推进和成本、效率、风险的控制。

(一) 推进节奏

营销竞争战略推进的节奏由两部分构成:**一是内部运营节奏,二是竞争导向节奏。**

产品从创意开始到产品的开发生产、价格体系设计、渠道设计与建设、消费者推广,这一系列过程在时间(季节、节点、波段)和空间(区域布局)上的推进,构成了内部运营节奏。内部运营节奏的关键点是步调上协调一致,做好这一点必须有一个周密的时间进度推进表,推进表里要清晰地计算出每一个环节的进度,不同运营环节在什么时间节点上进行配合和对接。

针对竞争对手进行特定地打击措施则构成了竞争导向的节奏,目的是削弱竞争对手在某一方面的影响。这一节奏可能是提前规划的,也可能是临时性的举措。

(二) 成本、效率、风险控制

企业的经营风险有很多种,这里只谈不当的营销竞争战略带来的风险。企业经营的终极目的是盈利,无论营销竞争战略对动销产生多么积极的影响,如果是以企业持续亏损为代价,那就不是一个好的营销竞争战略。因此,在营销运营过程中一定要做好风险控制,防止企业因持续的负利率导致经营危机乃至生存危机,尤其是中小企业在生存中求发展才是最靠谱的选择。

做好风险控制的关键是紧抓成本控制和提升运营效率。成本控制需要

从成本总量和费效比两个方面进行控制。前者通常适用于新品，后者通常适用于老产品。成本总量是指在不考虑产出的情况下投入的营销总体费用。营销竞争战略的实施推进需要进行前置性投入，尤其是新品，市场的培育需要一定的时间，这段时间需要硬性的资源投入却不能保证产出，需要用成本总量进行控制。这个成本总量一定是在企业可控的风险范围内，即便亏了，也不会对企业的正常经营和生存构成重大影响。费效比则是一个安全的风险控制方法，更适用于老产品。

运营效率的提升也是间接地降低成本控制风险的举措。提升营销运营效率需从组织架构和人员配置角度入手。组织结构决定了公司整体运作效率，决定了公司内部交易成本、管理成本、组织运作风险。一个好的组织结构应当是职责清晰、权责利高度匹配，组织内部高效协同、沟通顺畅、分工合理、结构稳定、反应快速，效率与柔性兼得。

作为营销研究者，我们经常发现一个现象：某品牌入市时轰轰烈烈，但不到半年时间就销声匿迹，而有些品牌一直不温不火，但几年、十几年下来，它仍然陈列在货架的某个位置。这就是两种典型的企业运营思路带来的不同结果，前者为成功背水一战而忽略了对成本和风险的控制导致企业倒闭，而后者注重控制风险的稳健发展反而存活下来。对一些品牌来说，活下去就是一种胜利，发展是在活着的基础上。

营销竞争战略的系统论告诉我们，纵观全局才能一览众山小，才不至于"横看成岭侧成峰"，才能在全局的高度上取得营销竞争的胜利。

推荐作者得新书！
博瑞森征稿启事

亲爱的读者朋友：

感谢您选择了博瑞森图书！希望您手中的这本书能给您带来实实在在的帮助！

博瑞森一直致力于发掘好作者、好内容，希望能把您最需要的思想、方法，一字一句地交到您手中，成为专业知识与管理实践的纽带和桥梁。

但是我们也知道，有很多深入企业一线、经验丰富、乐于分享的优秀专家，或者往来奔波没时间，或者缺少专业的写作指导和便捷的出版途径，只能茫然以待……

还有很多在竞争大潮中坚守的企业，有着异常宝贵的实践经验和独特的闪光点，但缺少专业的记录和整理者，无法让企业的经验和故事被更多的人了解、学习、参考……

这些都太遗憾了！

博瑞森非常希望能将这些埋藏的"宝藏"发掘出来，贡献给广大读者，让更多的人得到帮助。

所以，我们真心地邀请您，我们的老读者，帮助我们一起搜寻：

推荐作者。

可以是您自己或您的朋友，只要对本土管理有实践、有思考；可以是您通过网络、杂志、书籍或其他途径了解的某位专家，不管名气大小，只要他的思想和方法曾让您深受启发。

推荐企业。

可以是您自己所在的企业，或者是您熟悉的某家企业，其创业过程、运营经历、产品研发、机制创新，等等。不论企业大小，只要乐于分享、有值得借鉴书写之处。

总之，好内容就是一切！

博瑞森绝非"自费出书"，出版项目费用完全由我们承担。您推荐的作者或企业案例一经采用，我们会立刻向您赠送书币 100 元，可直接换取任何博瑞森图书的纸质版或电子版。

感谢您对本土管理的支持！感谢您对博瑞森图书的帮助！

推荐邮箱：bookgood@126.com   推荐手机：13611149991

与主编加为好友：

博瑞森管理图书网：http://www.bracebook.com.cn/index.html

1120 本土管理实践与创新论坛

这是由100多位本土管理专家联合创立的企业管理实践学术交流组织,旨在孵化本土管理思想、促进企业管理实践、加强专家间交流与协作。

论坛每年集中力量办好两件大事:第一,"**出一本书**",汇聚一年的思考和实践,把最原创、最前沿、最实战的内容集结成册,贡献读者;第二,"**办一次会**",每年11月20日本土管理专家们汇聚一堂,碰撞思想、研讨案例、交流切磋、回馈社会。

论坛理事名单(以年龄为序,以示传承之意)

常务理事:

彭志雄　曾　伟　施　炜　杨　涛　张学军　郭　晓
程绍珊　胡八一　王祥伍　李志华　陈立云　杨永华

理　　事:

卢根鑫	曾令同	宋杼宸	张国祥	刘承元	曹子祥	宋新宇	吴越舟
吴　坚	戴欣明	刘春雄	刘祖轲	段继东	何　慕	秦国伟	贺兵一
张小虎	郭　剑	余晓雷	黄中强	朱玉童	沈　坤	阎立忠	张　进
丁兴良	朱仁健	薛宝峰	史贤龙	卢　强	史幼波	叶敦明	王明胤
陈　明	岑立聪	方　刚	张东利	郭富才	叶　宁	何　屹	沈　奎
王　超	马宝琳	谭长春	夏惊鸣	张　博	李洪道	胡浪球	孙　波
唐江华	刘红明	杨鸿贵	伯建新	高可为	李　蓓	孔祥云	贾同领
罗宏文	史立臣	李政权	余　盛	陈小龙	尚　锋	邢　雷	余伟辉
李小勇	全怀周	沈　拓	徐伟泽	崔自三	王玉荣	蒋　军	侯军伟
黄润霖	金国华	吴　之	葛新红	周　剑	崔海鹏	柏　椟	唐道明
朱志明	曲宗恺	杜　忠	远　鸣	范月明	刘文新	赵晓萌	张　伟
熊亚柱	孙彩军	刘　雷	王庆云	俞士耀	丁　昀	黄　磊	罗晓慧
伏泓霖	梁小平	鄢圣安					

企业案例·老板传记

	书名．作者	内容/特色	读者价值
企业案例·老板传记	娃哈哈区域标杆：豫北市场营销实录 罗宏文　赵晓萌　等著	本书从区域的角度来写娃哈哈河南分公司豫北市场是怎么进行区域市场营销，成为娃哈哈全国第一大市场、全国增量第一高市场的一些操作方法	参考性、指导性，一线真实资料
	像六个核桃一样：打造畅销品的36个简明法则 王超　范萍　著	本书分上下两篇：包括"六个核桃"的营销战略历程和36条畅销法则	知名企业的战略历程极具参考价值，36条法则提供操作方法
	六个核桃凭什么：从0过100亿 张学军　著	首部全面揭秘养元六个核桃裂变式成长的巨著	学习优秀企业的成长路径，了解其背后的理论体系
	借力咨询：德邦成长背后的秘密 官同良　王祥伍　著	讲述德邦是如何借助咨询公司的力量进行自身与发展的	来自德邦内部的第一线资料，真实、珍贵，令人受益匪浅
	解决方案营销实战案例 刘祖轲　著	用10个真案例讲明白什么是工业品的解决方案式营销，实战、实用	有干货、真正操作过的才能写得出来
	招招见销量的营销常识 刘文新　著	如何让每一个营销动作都直指销量	适合中小企业，看了就能用
	我们的营销真案例 联纵智达研究院　著	五芳斋粽子从区域到全国/诺贝尔瓷砖门店销量提升/利豪家具出口转内销/汤臣倍健的营销模式	选择的案例都很有代表性，实在、实操！
	中国营销战实录：令人拍案叫绝的营销真案例 联纵智达　著	51个案例，42家企业，38万字，18年，累计2000余人次参与……	最真实的营销案例，全是一线记录，开阔眼界
	双剑破局：沈坤营销策划案例集 沈坤　著	双剑公司多年来的精选案例解析集，阐述了项目策划中每一个营销策略的诞生过程、策划角度和方法	一线真实案例，与众不同的策划角度令人拍案叫绝、受益匪浅
	宗：一位制造业企业家的思考 杨涛　著	1993年创业，引领企业平稳发展20多年，分享独到的心得体会	难得的一本老板分享经验的书
	简单思考：AMT咨询创始人自述 孔祥云　著	著名咨询公司（AMT）的CEO创业历程中点点滴滴的经验与思考	每一位咨询人，每一位创业者和管理经营者，都值得一读
	边干边学做老板 黄中强　著	创业20多年的老板，有经验、能写、又愿意分享，这样的书很少	处处共鸣，帮助中小企业老板少走弯路
	三四线城市超市如何快速成长：解密甘雨亭 IBMG国际商业管理集团　著	国内外标杆企业的经验+本土实践量化数据+操作步骤、方法	通俗易懂，行业经验丰富，宝贵的行业量化数据，关键思路和步骤
	中国首家未来超市：解密安徽乐城 IBMG国际商业管理集团　著	本书深入挖掘了安徽乐城超市的试验案例，为零售企业未来的发展提供了一条可借鉴之路	通俗易懂，行业经验丰富，宝贵的行业量化数据，关键思路和步骤

互联网+

	书名．作者	内容/特色	读者价值
互联网+	触发需求：互联网新营销样本·水产 何足奇　著	传统产业都在苦闷中挣扎前行，本书通过鲜活的案例告诉你如何以需求链整合供应链，从而把大家熟知的传统行业打碎了重构、重做一遍	全是干货，值得细读学习，并且作者的理论已经经过了他亲自操刀的实践检验，效果惊人，就在书中全景展示
	移动互联新玩法：未来商业的格局和趋势 史贤龙　著	传统商业、电商、移动互联，三个世界并存，这种新格局的玩法一定要懂	看清热点的本质，把握行业先机，一本书搞定移动互联网
	微商生意经：真实再现33个成功案例操作全程 伏泓霖　罗晓慧　著	本书为33个真实案例，分享案例主人公在做微商过程中的经验教训	案例真实，有借鉴意义
	阿里巴巴实战运营——14招玩转诚信通 聂志新　著	本书主要介绍阿里巴巴诚信通的十四个基本推广操作，从而帮助使用诚信通的用户及企业更好地提升业绩	基本操作，很多可以边学边用，简单易学

续表

	书名·作者	内容/特色	读者价值
互联网＋	今后这样做品牌:移动互联时代的品牌营销策略 蒋军 著	与移动互联紧密结合,告诉你老方法还能不能用,新方法怎么用	今后这样做品牌就对了
	互联网＋"变"与"不变":本土管理实践与创新论坛集萃.2016 本土管理实践与创新论坛 著	本土管理领域正在产生自己独特的理论和模式,尤其在移动互联时代,有很多新课题需要本土专家们一起研究	帮助读者拓宽眼界、突破思维
	创造增量市场:传统企业互联网转型之道 刘红明 著	传统企业需要用互联网思维去创造增量,而不是用电子商务去转移传统业务的存量	教你怎么在"互联网＋"的海洋中创造实实在在的增量
	重生战略:移动互联网和大数据时代的转型法则 沈拓 著	在移动互联网和大数据时代,传统企业转型如同生命体打算与再造,称之为"重生战略"	帮助企业认清移动互联网环境下的变化和应对之道
	画出公司的互联网进化路线图:用互联网思维重塑产品、客户和价值 李蓓 著	18个问题帮助企业一步步梳理出互联网转型思路	思路清晰、案例丰富,非常有启发性
	7个转变,让公司3年胜出 李蓓 著	消费者主权时代,企业该怎么办	这就是互联网思维,老板有能这样想,肯定倒不了
	跳出同质思维,从跟随到领先 郭剑 著	66个精彩案例剖析,帮助老板突破行业长期思维惯性	做企业竟然有这么多玩法,开眼界

行业类:零售、白酒、食品/快消品、农业、医药、建材家居等

	书名·作者	内容/特色	读者价值
零售·超市·餐饮·服装·汽车	1. 总部有多强大,门店就能走多远 2. 超市卖场定价策略与品类管理 3. 连锁零售企业招聘与培训破解之道 4. 中国首家未来超市:解密安徽乐城 5. 三四线城市超市如何快速成长:解密甘雨亭 IBMG国际商业管理集团 著	国内外标杆企业的经验＋本土实践量化数据＋操作步骤、方法	通俗易懂,行业经验丰富,宝贵的行业量化数据,关键思路和步骤
	涨价也能卖到翻 村松达夫【日】	提升客单价的15种实用、有效的方法	日本企业在这方面非常值得学习和借鉴
	零售:把客流变成购买力 丁昀 著	如何通过不断升级产品和体验式服务来经营客流	如何进行体验营销,国外的好经营,这方面有启发
	餐饮企业经营策略第一书 吴坚 著	分别从产品、顾客、市场、盈利模式等几个方面,对现阶段餐饮企业的发展提出策略和思路	第一本专业的、高端的餐饮企业经营指导书
	赚不赚钱靠店长:从懂管理到会经营 孙彩军 著	通过生动的案例来进行剖析,注重门店管理细节方面的能力提升	帮助终端门店店长在管理门店的过程中实现经营思路的拓展与突破
	汽车配件这样卖:汽车后市场销售秘诀100条 俞士耀 著	汽配销售业务员必读,手把手教授最实用的方法,轻松得来好业绩	快速上岗,专业实效,业绩无忧
耐消品	跟行业老手学经销商开发与管理:家电、耐消品、建材家居 黄润霖 著	全部来源于经销商管理的一线问题,作者用丰富的经验将每一个问题落实到最便捷快速的操作方法上去	书中每一个问题都是普通营销人亲口提出的,这些问题你也会遇到,作者进行的解答则精彩实用
白酒	变局下的白酒企业重构 杨永华 著	帮助白酒企业从产业视角看清趋势,找准位置,实现弯道超车的书	行业内企业要减少90%,自己在什么位置,怎么做,都清楚了
	1. 白酒营销的第一本书(升级版) 2. 白酒经销商的第一本书 唐江华 著	华泽集团湖南开口笑公司品牌部长,擅长酒类新品推广、新市场拓展	扎根一线,实战

续表

白酒	区域型白酒企业营销必胜法则 朱志明 著	为区域型白酒企业提供35条必胜法则,在竞争中赢销的葵花宝典	丰富的一线经验和深厚积累,实操实用
	10步成功运作白酒区域市场 朱志明 著	白酒区域操盘者必备,掌握区域市场运作的战略、战术、兵法	在区域市场的攻伐防守中运筹帷幄,立于不败之地
	酒业转型大时代:微酒精选2014-2015 微酒 主编	本书分为五个部分:当年大事件、那些酒业营销工具、微酒独立策划、业内大调查和十大经典案例	了解行业新动态、新观点,学习营销方法
快消品·食品	乳业营销第一书 侯军伟 著	对区域乳品企业生存发展关键性问题的梳理	唯一的区域乳业营销书,区域乳品企业一定要看
	食用油营销第一书 余盛 著	10多年油脂企业工作经验,从行业到具体实操	食用油行业第一书,当之无愧
	中国茶叶营销第一书 柏龑 著	如何跳出茶行业"大文化小产业"的困境,作者给出了自己的观察和思考	不是传统做茶的思路,而是现在商业做茶的思路
	调味品营销第一书 陈小龙 著	国内唯一一本调味品营销的书	唯一的调味品营销的书,调味品的从业者一定要看
	快消品营销人的第一本书:从入门到精通 刘雷 伯建新 著	快消行业必读书,从入门到专业	深入细致,易学易懂
	变局下的快消品营销实战策略 杨永华 著	通胀了,成本增加,如何从被动应战变成主动的"系统战"	作者对快消品行业非常熟悉、非常实战
	快消品经销商如何快速做大 杨永华 著	本书完全从实战的角度,评述现象,解析误区,揭示原理,传授方法	为转型期的经销商提供了解决思路,指出了发展方向
	一位销售经理的工作心得 蒋军 著	一线营销管理人员想提升业绩却无从下手时,可以看看这本书	一线的真实感悟
	快消品营销:一位销售经理的工作心得2 蒋军 著	快消品、食品饮料营销的经验之谈,重点图书	来源与实战的精华总结
	快消品营销与渠道管理 谭长春 著	将快消品标杆企业渠道管理的经验和方法分享出来	可口可乐、华润的一些具体的渠道管理经验,实战
	成为优秀的快消品区域经理 伯建新 著	37个"怎么办"分析区域经理的工作关键点	可以作为区域经理的'速成催化器'
	销售轨迹:一位快消品营销总监的拼搏之路 秦国伟 著	本书讲述了一个普通销售员打拼成为跨国企业营销总监的真实奋斗历程	激励人心,给广大销售员以力量和鼓舞
	快消老手都在这样做:区域经理操盘锦囊 方刚 著	非常接地气,全是多年沉淀下来的干货,丰富的一线经验和实操方法不可多得	在市场摸爬滚打中的"老油条",那些独家绝招妙招一般你问都是问不来的
	动销四维:全程辅导与新品上市 高继中 著	从产品、渠道、促销和新品上市详细讲解提高动销的具体方法,总结作者18年的快消行业经验,方法实操	内容全面系统,方法实操
农业	中小农业企业品牌战法 韩旭 著	将中小农业企业品牌建设的方法,从理论讲到实践,具有指导性	全面把握品牌规划,传播推广,落地执行的具体措施
	农资营销实战全指导 张博 著	农资如何向"深度营销"转型,从理论到实践进行系统剖析,经验资深	朴实、使用!不可多得的农资营销实战指导
	农产品营销第一书 胡浪球 著	从农业企业战略到市场开拓、营销、品牌、模式等	来源于实践中的思考,有启发
	变局下的农牧企业9大成长策略 彭志雄 著	食品安全、纵向延伸、横向联合、品牌建设……	唯一的农牧企业经营实操的书,农牧企业一定要看

续表

分类	书名/作者	内容简介	推荐理由
医药	新医改下的医药营销与团队管理 史立臣 著	探讨新医改对医药行业的系列影响和医药团队管理	帮助理清思路,有一个框架
	医药营销与处方药学术推广 马宝琳 著	如何用医学策划把"平民产品"变成"明星产品"	有真货、讲真话的作者,堪称处方药营销的经典!
	新医改了,药店就要这样开 尚锋 著	药店经营、管理、营销全攻略	有很强的实战性和可操作性
	电商来了,实体药店如何突围 尚锋 著	电商崛起,药店该如何突围?本书从促销、会员服务、专业性、客单价等多重角度给出了指导方向	实战攻略,拿来就能用
	在中国,医药营销这样做:时代方略精选文集 段继东 主编	专注于医药营销咨询15年,将医药营销方法的精华文章合编,深入全面	可谓医药营销领域的顶尖著作,医药界读者的必读书
	OTC医药代表药店销售36计 鄢圣安 著	以《三十六计》为线,写OTC医药代表向药店销售的一些技巧与策略	案例丰富,生动真实,实操性强
	OTC医药代表药店开发与维护 鄢圣安 著	要做到一名专业的医药代表,需要做什么、准备什么、知识储备、操作技巧等	医药代表药店拜访的指导手册,手把手教你快速上手
	引爆药店成交率1:店员导购实战 范月明 著	一本书解决药店导购所有难题	情景化、真实化、实战化
	引爆药店成交率2:经营落地实战 范月明 著	最接地气的经营方法全指导	揭示了药店经营的几类关键问题
	医药企业转型升级战略 史立臣 著	药企转型升级有5大途径,并给出落地步骤及风险控制方法	实操性强,有作者个人经验总结及分析
建材家居	建材家居营销实务 程绍珊 杨鸿贵 主编	价值营销运用到建材家居,每一步都让客户增值	有自己的系统、实战
	建材家居门店销量提升 贾同领 著	店面选址、广告投放、推广助销、空间布局、生动展示、店面运营等	门店销量提升是一个系统工程,非常系统、实战
	10步成为最棒的建材家居门店店长 徐伟泽 著	实际方法易学易用,让员工能够迅速成长,成为独当一面的好店长	只要坚持这样干,一定能成为好店长
	手把手帮建材家居导购业绩倍增:成为顶尖的门店店员 熊亚柱 著	生动的表现形式,让普通人也能成为优秀的导购员,让门店业绩长红	读着有趣,用着简单,一本在手、业绩无忧
	建材家居经销商实战42章经 王庆云 著	告诉经销商:老板怎么当、团队怎么带、生意怎么做	忠言逆耳,看着不舒服就对了,实战总结,用一招半式就值了
工业品	销售是门专业活:B2B、工业品 陆和平 著	销售流程就应该跟着客户的采购流程和关注点的变化向前推进,将一个完整的销售过程分成十个阶段,提供具体方法	销售不是请客吃饭拉关系,是个专业的活计!方法在手,走遍天下不愁
	解决方案营销实战案例 刘祖轲 著	用10个真案例讲明白什么是工业品的解决方案式营销,实战、实用	有干货,真正操作过的才能写得出来
	变局下的工业品企业7大机遇 叶敦明 著	产业链条的整合机会、盈利模式的复制机会、营销红利的机会、工业服务商转型机会……	工业品企业还可以这样做,思维大突破
	工业品市场部实战全指导 杜忠 著	工业品市场部经理工作内容全指导	系统、全面、有理论、有方法,帮助工业品市场部经理更快提升专业能力
	工业品营销管理实务 李洪道 著	中国特色工业品营销体系的全面深化、工业品营销管理体系优化升级	工具更实战,案例更鲜活,内容更深化
	工业品企业如何做品牌 张东利 著	为工业品企业提供最全面的品牌建设思路	有策略、有方法、有思路、有工具
	丁兴良讲工业4.0 丁兴良 著	没有枯燥的理论和说教,用朴实直白的语言告诉你工业4.0的全貌	工业4.0是什么?本书告诉你答案

续表

分类	书名·作者	内容/特色	读者价值
工业品	资深大客户经理：策略准，执行狠 叶敦明 著	从业务开发、发起攻势、关系培育、职业成长四个方面，详述了大客户营销的精髓	满满的全是干货
工业品	一切为了订单：订单驱动下的工业品营销实战 唐道明 著	其实，所有的企业都在围绕着两个字在开展全部的经营和管理工作，那就是"订单"	开发订单、满足订单、扩大订单。本书全是实操方法，字字珠玑、句句干货，教你获得营销的胜利
金融	交易心理分析 （美）马克·道格拉斯 著 刘真如 译	作者一语道破赢家的思考方式，并提供了具体的训练方法	不愧是投资心理的第一书，绝对经典
金融	精品银行管理之道 崔海鹏 何屹 主编	中小银行转型的实战经验总结	中小银行的教材很多，实战类的书很少，可以看看
金融	支付战争 Eric M. Jackson 著 徐彬 王晓 译	PayPal 创业期营销官，亲身讲述PayPal 从诞生到壮大到成功出售的整个历史	激烈、有趣的内幕商战故事！了解美国支付市场的风云巨变
房地产	产业园区/产业地产规划、招商、运营实战 阎立忠 著	目前中国第一本系统解读产业园区和产业地产建设运营的实战宝典	从认知、策划、招商到运营全面了解地产策划
房地产	人文商业地产策划 戴欣明 著	城市与商业地产战略定位的关键是不可复制性，要发现独一无二的"味道"	突破千城一面的策划困局
房地产	电影院的下一个黄金十年：开发·差异化·案例 李保煜 著	对目前电影院市场存大的问题及如何解决进行了探讨与解读	多角度了解电影院运营方式及代表性案例

经营类：企业如何赚钱，如何抓机会，如何突破，如何"开源"

分类	书名·作者	内容/特色	读者价值
抓方向	让经营回归简单．升级版 宋新宇 著	化繁为简抓住经营本质：战略、客户、产品、员工、成长	经典，做企业就这几个关键点！
抓方向	公司由小到大要过哪些坎 卢强 著	老板手里的一张"企业成长路线图"	现在我在哪儿，未来还要走哪些路，都清楚了
抓方向	企业二次创业成功路线图 夏惊鸣 著	企业曾经抓住机会成功了，但下一步该怎么办？	企业怎样获得第二次成功，心里有个大框架了
抓方向	老板经理人双赢之道 陈明 著	经理人怎养选平台、怎么开局，老板怎样选/育/用/留	老板生闷气，经理人牢骚大，这次知道该怎么办了
抓方向	简单思考：AMT 咨询创始人自述 孔祥云 著	著名咨询公司（AMT）的 CEO 创业历程中点点滴滴的经验与思考	每一位咨询人，每一位创业者和管理经营者，都值得一读
抓方向	企业文化的逻辑 王祥伍 黄健江 著	为什么企业绩效如此不同，解开绩效背后的文化密码	少有的深刻，有品质，读起来很流畅
抓方向	使命驱动企业成长 高可为 著	钱能让一个人今天努力，使命能让一群人长期努力	对于想做事业的人，'使命'是绕不过去的
思维突破	移动互联新玩法：未来商业的格局和趋势 史贤龙 著	传统商业、电商、移动互联，三个世界并存，这种新格局的玩法一定要懂	看清热点的本质，把握行业先机，一本书搞定移动互联网
思维突破	画出公司的互联网进化路线图：用互联网思维重塑产品、客户和价值 李蓓 著	18 个问题帮助企业一步步梳理出互联网转型思路	思路清晰，案例丰富，非常有启发性
思维突破	重生战略：移动互联网和大数据时代的转型法则 沈拓 著	在移动互联网和大数据时代，传统企业转型如同生命体打算与再造，称之为"重生战略"	帮助企业认清移动互联网环境下的变化和应对之道
思维突破	创造增量市场：传统企业互联网转型之道 刘红明 著	传统企业需要用互联网思维去创造增量，而不是用电子商务去转移传统业务的存量	教你怎么在"互联网+"的海洋中创造实实在在的增量
思维突破	7 个转变，让公司 3 年胜出 李蓓 著	消费者主权时代，企业该怎么办	这就是互联网思维，老板有能这样想，肯定倒不了

续表

	书名·作者	内容/特色	读者价值
思维突破	跳出同质思维，从跟随到领先 郭 剑 著	66个精彩案例剖析，帮助老板突破行业长期思维惯性	做企业竟然有这么多玩法，开眼界
	麻烦就是需求 难题就是商机 卢根鑫 著	如何借助客户的眼睛发现商机	什么是真商机，怎么判断、怎么抓，有借鉴
	互联网+"变"与"不变"：本土管理实践与创新论坛集萃·2016 本土管理实践与创新论坛 著	加速本土管理思想的孕育诞生，促进本土管理创新成果更好地服务企业、贡献社会	各个作者本年度最新思想，帮助读者拓宽眼界、突破思维
财务	写给企业家的公司与家庭财务规划——从创业成功到富足退休 周荣辉 著	本书以企业的发展周期为主线，写各阶段企业与企业主家庭的财务规划	为读者处理人生各阶段企业与家庭的财务问题提供建议及方法，让家庭成员真正享受财富带来的益处
	互联网时代的成本观 程 翔 著	本书结合互联网时代提出了成本的多维观，揭示了多维组合成本的互联网精神和大数据特征，论述了其产生背景、实现思路和应用价值	在传统成本观下为盈利的业务，在新环境下也许就成为亏损业务。帮助管理者从新的角度来看待成本，进一步做好精益管理

管理类：效率如何提升，如何实现经营目标，如何"节流"

	书名·作者	内容/特色	读者价值
通用管理	1. 让管理回归简单．升级版 2. 让经营回归简单．升级版 3. 让用人回归简单 宋新宇 著	宋博士的"简单"三部曲，影响20万读者，非常经典	被读者热情地称作"中小企业的管理圣经"
	分股合心：股权激励这样做 段 磊 周 剑 著	通过丰富的案例，详细介绍了股权激励的知识和实行方法	内容丰富全面、易读易懂，了解股权激励，有这一本就够了
	边干边学做老板 黄中强 著	创业20多年的老板，有经验、能写、又愿意分享，这样的书很少	处处共鸣，帮助中小企业老板少走弯路
	阿米巴经营的中国模式 李志华 著	让员工从"要我干"到"我要干"，价值量化出来	阿米巴在企业如何落地，明白思路了
通用管理	中国式阿米巴落地实践之激活组织 胡八一 著	重点讲解如何科学划分阿米巴单元，阐述划分的实操要领、思路、方法、技术与工具	最大限度减少"推行风险"和"摸索成本"，利于公司成功搭建适合自身的个性化阿米巴经营体系
	欧博心法：好管理靠修行 曾 伟 著	用佛家的智慧，深刻剖析管理问题，见解独到	如果真的有'中国式管理'，曾老师是其中标志性人物
流程管理	1. 用流程解放管理者 2. 用流程解放管理者2 张国祥 著	中小企业阅读的流程管理、企业规范化的书	通俗易懂，理论和实践的结合恰到好处
	跟我们学建流程体系 陈立云 著	畅销书《跟我们学做流程管理》系列，更实操，更细致，更深入	更多地分享实践，分享感悟，从实践总结出来的方法论
质量管理	1. ISO9001:2015新版质量管理体系详解与案例文件汇编 2. ISO14001:2015新版环境管理体系详解与案例文件汇编 谭洪华 著	紧密围绕2015新版，逐条详细解读，工具也可以直接套用，易学易上手	企业认证、内审必备
战略落地	重生——中国企业的战略转型 施 炜 著	从前瞻和适用的角度，对中国企业战略转型的方向、路径及策略性举措提出了一些概要性的建议和意见	对企业有战略指导意义
	公司大了怎么管：从靠英雄到靠组织 AMT 金国华 著	第一次详尽阐释中国快速成长型企业的特点、问题及解决之道	帮助快速成长型企业领导及管理团队理清思路，突破瓶颈
	低效会议怎么改：每年节省一半会议成本的秘密 AMT 王玉荣 著	教你如何系统规划公司的各级会议，一本工具书	教会你科学管理会议的办法

续表

分类	书名/作者	内容简介	推荐语
战略落地	年初订计划,年尾有结果:战略落地七步成诗 AMT 郭晓 著	7个步骤教会你怎么让公司制定的战略转变为行动	系统规划,有效指导计划实现
人力资源	回归本源看绩效 孙 波 著	让绩效回顾"改进工具"的本源,真正为企业所用	确实是来源于实践的思考,有共鸣
人力资源	世界500强资深培训经理人教你做培训管理 陈 锐 著	从7大角度具体细致地讲解了培训管理的核心内容	专业、实用、接地气
人力资源	曹子祥教你做激励性薪酬设计 曹子祥 著	以激励性为指导,系统性地介绍了薪酬体系及关键岗位的薪酬设计模式	深入浅出,一本书学会薪酬设计
人力资源	曹子祥教你做绩效管理 曹子祥 著	复杂的理论通俗化,专业的知识简单化,企业绩效管理共性问题的解决方案	轻松掌握绩效管理
人力资源	把招聘做到极致 远 鸣 著	作为世界500强高级招聘经理,作者数十年招聘经验的总结分享	带来职场思考境界的提升和具体招聘方法的学习
人力资源	人才评价中心·超级漫画版 邢 雷 著	专业的主题,漫画的形式,只此一本	没想到一本专业的书,能写成这效果
人力资源	走出薪酬管理误区 全怀周 著	剖析薪酬管理的8大误区,真正发挥好枢纽作用	值得企业深读的实用教案
人力资源	集团化人力资源管理实践 李小勇 著	对搭建集团化的企业很有帮助,务实,实用	最大的亮点不是理论,而是结合实际的深入剖析
人力资源	我的人力资源咨询笔记 张 伟 著	管理咨询师的视角,思考企业的HR管理	通过咨询师的眼睛对比很多企业,有启发
人力资源	本土化人力资源管理8大思维 周 剑 著	成熟HR理论,在本土中小企业实践中的探索和思考	对企业的现实困境有真切体会,有启发
人力资源	HRBP是这样炼成的之"菜鸟起飞" 新 海 著	以小说的形式,具体解析HRBP的职责,应该如何操作,如何为业务服务	实践者的经验分享,内容实务具体,形式有趣
企业文化	华夏基石方法:企业文化落地本土实践 王祥伍 谭俊峰 著	十年积累、原创方法、一线资料,和盘托出	在文化落地方面真正有洞察,有实操价值的书
企业文化	企业文化的逻辑 王祥伍 著	为什么企业之间如此不同,解开绩效背后的文化密码	少有的深刻,有品质,读起来很流畅
企业文化	企业文化激活沟通 宋柠宸 安 琪 著	透过新任HR总经理的眼睛,揭示出沟通与企业文化的关系	有实际指导作用的文化落地读本
企业文化	在组织中绽放自我:从专业化到职业化 朱仁健 王祥伍 著	个人如何融入组织,组织如何助力个人成长	帮助企业员工快速认同并投入到组织中去,为企业发展贡献力量
企业文化	企业文化定位·落地一本通 王明胤 著	把高深枯燥的专业理论创建成一套系统化、实操化、简单化的企业文化缔造方法	对企业文化不了解,不会做? 有这一本从概念到实操,就够了
生产管理	高员工流失率下的精益生产 余伟辉 著	中国的精益生产必须面对和解决高员工流失率问题	确实来源于本土的工厂车间,很务实
生产管理	车间人员管理那些事儿 岑立聪 著	车间人员管理中处理各种"疑难杂症"的经验和方法	基层车间管理者最闹心、头疼的事,'打包'解决
生产管理	1. 欧博心法:好管理靠修行 2. 欧博心法:好工厂这样管 曾 伟 著	他是本土最大的制造业管理咨询机构创始人,他从400多个项目、上万家企业实践中锤炼出的欧博心法	中小制造型企业,一定会有很强的共鸣

续表

	书名，作者	内容/特色	读者价值
生产管理	欧博工厂案例1：生产计划管控对话录 欧博工厂案例2：品质技术改善对话录 欧博工厂案例3：员工执行力提升对话录 曾伟 著	最典型的问题、最详尽的解析，工厂管理9大问题27个经典案例	没想到说得这么细，超出想象，案例很典型，照搬都可以了
	苦中得乐：管理者的第一堂必修课 曾伟 编著	曾伟与师傅大愿法师的对话，佛学与管理实践的碰撞，管理禅的修行之道	用佛学最高智慧看透管理
	比日本工厂更高效1：管理提升无极限 刘承元 著	指出制造型企业管理的六大积弊；颠覆流行的错误认知；掌握精益管理的精髓	每一个企业都有自己不同的问题，管理没有一剑封喉的秘笈，要从现场、现物、现实出发
	比日本工厂更高效2：超强经营力 刘承元 著	企业要获得持续盈利，就要开源和节流，即实现销售最大化，费用最小化	掌握提升工厂效率的全新方法
	比日本工厂更高效3：精益改善力的成功实践 刘承元 著	工厂全面改善系统有其独特的目的取向特征，着眼于企业经营体质（持续竞争力）的建设与提升	用持续改善力来飞速提升工厂的效率，高效率能够带来意想不到的高效益
	3A顾问精益实践1：IE与效率提升 党新民 苏迎斌 蓝旭日 著	系统的阐述了IE技术的来龙去脉以及操作方法	使员工与企业持续获利
	3A顾问精益实践2：JIT与精益改善 肖志军 党新民 著	只在需要的时候，按需要的量，生产所需的产品	提升工厂效率
员工素质提升	跟老板"偷师"学创业 吴江萍 余晓雷 著	边学边干，边观察边成长，你也可以当老板	不同于其他类型的创业书，让你在工作中积累创业经验，一举成功
	销售轨迹：一位快消品营销总监的拼搏之路 秦国伟 著	本书讲述了一个普通销售员打拼成为跨国企业营销总监的真实奋斗历程	激励人心，给广大销售员以力量和鼓舞
	在组织中绽放自我：从专业化到职业化 朱仁健 王祥伍 著	个人如何融入组织，组织如何助力个人成长	帮助企业员工快速认同并投入到组织中去，为企业发展贡献力量
	企业员工弟子规：用心做小事，成就大事业 贾同领 著	从传统文化《弟子规》中学习企业中为人处事的办法，从自身做起	点滴小事，修养自身，从自身的改善得到事业的提升
	手把手教你做顶尖企业内训师：TTT培训师宝典 熊亚柱 著	从课程研发到现场把控、个人提升都有涉及，易读易懂，内容丰富全面	想要做企业内训师的员工有福了，本书教你如何抓住关键，从入门到精通

营销类：把客户需求融入企业各环节，提供"客户认为"有价值的东西

	书名，作者	内容/特色	读者价值
营销模式	动销操盘：节奏掌控与社群时代新战法 朱志明 著	在社群时代把握好产品生产销售的节奏，解析动销的症结，寻找动销的规律与方法	都是易读易懂的干货！对动销方法的全面解析和操盘
	变局下的营销模式升级 程绍珊 叶宁 著	客户驱动模式、技术驱动模式、资源驱动模式	很多行业的营销模式被颠覆，调整的思路有了！
	卖轮子 科克斯【美】	小说版的营销学！营销理念巧妙贯穿其中，贵在既有趣，又有深度	经典、有趣！一个故事读懂营销精髓
	弱势品牌如何做营销 李政权 著	中小企业虽有品牌但没名气，营销照样能做的有声有色	没有丰富的实操经验，写不出这么具体、详实的案例和步骤，很有启发

续表

分类	书名/作者	简介	评价
营销模式	老板如何管营销 史贤龙 著	高段位营销16招,好学好用	老板能看,营销人也能看
	动销:产品是如何畅销起来的 吴江萍 余晓雷 著	真真切切告诉你,产品究竟怎么才能卖出去	击中痛点,提供方法,你值得拥有
销售	资深大客户经理:策略准,执行狠 叶敦明 著	从业务开发、发起攻势、关系培育、职业成长四个方面,详述了大客户营销的精髓	满满的全是干货
	销售是门专业活:B2B、工业品 陆和平 著	销售流程就应该跟着客户的采购流程和关注点的变化向前推进,将一个完整的销售过程分成十个阶段,提供具体方法	销售不是请客吃饭拉关系,是个专业的活计!方法在手,走遍天下不愁
	向高层销售:与决策者有效打交道 贺兵一 著	一套完整有效的销售策略	有工具,有方法,有案例,通俗易懂
	卖轮子 科克斯【美】	小说版的营销学!营销理念巧妙贯穿其中,贵在既有趣,又有深度	经典、有趣!一个故事读懂营销精髓
	学话术 卖产品 张小虎 著	分析常见的顾客异议,将优秀的话术模块化	让普通导购员也能成为销售精英
组织和团队	升级你的营销组织 程绍珊 吴越舟 著	用"有机性"的营销组织替代"营销能人",营销团队变成"铁营盘"	营销队伍最难管,程老师不愧是营销第1操盘手,步骤方法都很成熟
	用数字解放营销人 黄润霖 著	通过量化帮助营销人员提高工作效率	作者很用心,很好的常备工具书
	成为优秀的快消品区域经理 伯建新 著	37个"怎么办"分析区域经理的工作关键点	可以作为区域经理的'速成催化器'
	一位销售经理的工作心得 蒋军 著	一线营销管理人员想提升业绩却无从下手时,可以看看这本书	一线的真实感悟
	快消品营销:一位销售经理的工作心得2 蒋军 著	快消品、食品饮料营销的经验之谈,重点突出	来源于实战的精华总结
	销售轨迹:一位快消品营销总监的拼搏之路 秦国伟 著	本书讲述了一个普通销售员打拼成为跨国企业营销总监的真实奋斗历程	激励人心,给广大销售员以力量和鼓舞
组织和团队	用营销计划锁定胜局:用数字解放营销人2 黄润霖 著	全方位教你怎么做好营销计划,好学好用真简单	照搬套用就行,做营销计划再也不头痛
	快消品营销人的第一本书:从入门到精通 刘雷 伯建新 著	快消行业必读书,从入门到专业	深入细致,易学易懂
产品	产品炼金术Ⅰ:如何打造畅销产品 史贤龙 著	满足不同阶段、不同体量、不同行业企业对产品的完整需求	必须具备的思维和方法,避免在产品问题上走弯路
	产品炼金术Ⅱ:如何用产品驱动企业成长 史贤龙 著	做好产品、关注产品的品质,就是企业成功的第一步	必须具备的思维和方法,避免在产品问题上走弯路
	新产品开发管理,就用IPD 郭富才 著	10年IPD研发管理咨询总结,国内首部IPD专业著作	一本书掌握IPD管理精髓
品牌	中小企业如何建品牌 梁小平 著	中小企业建品牌的入门读本,通俗、易懂	对建品牌有了一个整体框架
	采纳方法:破解本土营销8大难题 朱玉童 编著	全面、系统、案例丰富、图文并茂	希望在品牌营销方面有所突破的人,应该看看
	中国品牌营销十三战法 朱玉童 编著	采纳20年来的品牌策划方法,同时配有大量的案例	众包方式写作,丰富案例给人启发,极具价值
	今后这样做品牌:移动互联时代的品牌营销策略 蒋军 著	与移动互联紧密结合,告诉你老方法还能不能用,新方法怎么用	今后这样做品牌就对了

续表

	书名・作者	内容/特色	读者价值
品牌	中小企业如何打造区域强势品牌 吴之 著	帮助区域的中小企业打造自身品牌,如何在强壮自身的基础上往外拓展	梳理误区,系统思考品牌问题,切实符合中小区域品牌的自身特点进行阐述
渠道通路	快消品营销与渠道管理 谭长春 著	将快消品标杆企业渠道管理的经验和方法分享出来	可口可乐、华润的一些具体的渠道管理经验,实战
	传统行业如何用网络拿订单 张进 著	给老板看的第一本网络营销书	适合不懂网络技术的经营决策者看
	采纳方法:化解渠道冲突 朱玉童 编著	系统剖析渠道冲突,21个渠道冲突案例、情景式讲解,37篇讲义	系统、全面
	学话术 卖产品 张小虎 著	分析常见的顾客异议,将优秀的话术模块化	让普通导购员也能成为销售精英
	向高层销售:与决策者有效打交道 贺兵一 著	一套完整有效的销售策略	有工具,有方法,有案例,通俗易懂
	通路精耕操作全解:快消品20年实战精华 周俊 陈小龙 著	通路精耕的详细全解,每一步的具体操作方法和表单全部无保留提供	康师傅二十年的经验和精华,实践证明的最有效方法,教你如何主宰通路

思想・文化

	书名・作者	内容/特色	读者价值
思想・文化	每个中国人身上的春秋基因 史贤龙 著	春秋368年(公元前770-公元前403年),每一个中国人都可以在这段时期的历史中找到自己的祖先,看到真实发生的事件,同时也看到自己	长情商、识人心
	史幼波中庸讲记(上下册) 史幼波 著	全面、深入浅出地揭示儒家中庸文化的真谛	儒释道三家思想融汇贯通
	史幼波心经讲记(上下册) 史幼波 著	句句精讲,句句透彻,佛法经典的多角度阐释	通俗易懂,将深刻的教理以浅显的语言讲出来
	史幼波大学讲记 史幼波 著	用儒释道的观点阐释大学的深刻思想	一本书读懂传统文化经典
	史幼波《周子通书》《太极图说》讲记 史幼波 著	把形而上的宇宙、天地,与形而下的社会、人生、经济、文化等融合在一起	将儒家的一整套学修系统融合起来